中 国 现 实 经 济 热 点 问 题 系 列

国家社会科学基金资助项目(08BJY042)

# 中西部地区经济发展中的人才问题研究

# Study on the Talents Problem for the Economic Development in the Central and Western Regions of China

叶仁荪 黄顺春 等/著

**图书在版编目（CIP）数据**

中西部地区经济发展中的人才问题研究/叶仁荪，黄顺春等著. —北京：经济管理出版社，2011.4

ISBN 978 - 7 - 5096 - 1393 - 1

Ⅰ.①中… Ⅱ.①叶…②黄… Ⅲ.①人才资源开发—研究—中国 Ⅳ.①C964.2

中国版本图书馆 CIP 数据核字(2011)第 067659 号

出版发行：经济管理出版社

北京市海淀区北蜂窝 8 号中雅大厦 11 层

电话：（010）51915602　邮编：100038

印刷：北京银祥印刷厂　经销：新华书店

组稿编辑：杜　菲　责任编辑：杜　菲

技术编辑：杨国强　责任校对：超　凡

720mm × 1000mm/16　13.75 印张　260 千字

2011 年 6 月第 1 版　2011 年 6 月第 1 次印刷

定价：45.00 元

书号：ISBN 978 - 7 - 5096 - 1393 - 1

# 课题组成员名单

**课题负责人：**

叶仁荪　江西理工大学校长、教授、管理学博士、博士生导师

**课题组成员：**

黄顺春　江西理工大学教授、经济学博士

章征文　江西理工大学副教授

边俊杰　江西理工大学副教授、经济学博士

潘建华　江西理工大学讲师

郑延智　江西理工大学讲师

刘亦晴　江西理工大学讲师

胡雪梅　中共江西省委组织部人才工作处处长、法学博士

徐　忠　南昌铁路局副总经济师、高级经济师

唐春勇　西南交通大学教授、管理学博士

史百战　甘肃联合大学校长（原为兰州交通大学副校长）、教授

王光栋　华东交通大学教授

黎志明　江西理工大学副教授

胡　鹏　江西理工大学硕士研究生

周宇亮　江西理工大学硕士研究生

宁敏静　江西理工大学硕士研究生

陈国泳　江西理工大学硕士研究生

# 前　言

这部著作是以2008年国家社会科学基金资助课题“中西部地区经济发展中的人才问题研究”（课题编号：08BJY042）的研究报告为基础，经过整理、补充、改写而成的。该课题由江西理工大学、中共江西省委组织部、南昌铁路局、西南交通大学、兰州交通大学、华东交通大学等单位有关同志组成的课题组共同承担。在全国哲学社会科学规划办公室、江西省哲学社会科学规划办公室的有力指导和兄弟省市人才工作部门、企事业单位有关领导的帮助、支持下，于2010年10月顺利完成。

中西部地区地域辽阔、人口众多，在国民经济中具有非常重要的战略地位。改革开放以来，尤其是国家实施西部大开发、中部崛起战略以来，中西部地区经济实现了持续快速的增长，但经济总量仍然偏小：以2008年为例，中西部地区国土面积占全国的81.4%，人口占全国的54.2%，但其GDP总量只占了全国的37.11%，财政收入仅占了全国的33.38%。尤其引起我们关注的是，中西部地区与东部地区之间存在的经济差距近年来还在进一步扩大：1999年，中西部地区人均GDP是东部地区人均GDP的62.3%，而2008年仅为东部的40.7%；1999年，中西部地区人均财政收入是东部地区人均财政收入的55.6%，而2008年只有东部的51%。与此同时，中西部地区与东部地区之间存在的人才差距也呈扩大之势：1999年，中西部地区科技活动人数是东部地区科技活动人数的96.8%，而2008年只有东部的66.7%；2004年，中西部地区就业人口中研究生学历人数为东部的91.5%，而到了2008年则只有东部的56.2%。按照“人才资源是第一资源”的科学论断，中西部地区的人才资源理应在中西部地区经济发展中起着关键性的作用，为什么这10年间中西部地区与东部地区经济发展的差距不仅没有缩小，反而进一步扩大？这其中的原因是什么？人才到底扮演着怎样的角色？对这些问题的回答，对于促进中西部地区经济快速发展，进而推动国家区域协调发展，为我国在2020年全面建成小康社会和创新型国家，进入人才强国行列有着特别重要的现实意义。

近年来，尤其是2003年全国人才工作会议以来，学术界对人才问题的研究非常活跃，有关区域经济发展与人才问题的研究也备受关注。许多学者都在这方面进行了卓有成效的研究，这为本课题研究的开展提供了很好的帮助，但目前的研究大多集中在区域人才发展规划、人才战略、人才高地建设上。虽也有学者就人才对经济增长的作用、人才发展与经济发展的协调性等问题进行过研究，但所研究的区域基本上集中在具体的省或者市县，将中西部地区作为一个整体来研究经济发展中的人才问题，还没有见诸报道。因而，对这个问题进行研究也具有一定的理论价值。

在本课题研究即将进入尾声的时候，全国人才工作会议于2010年5月25～26日在北京隆重召开，这次会议的主要内容就是审议《国家中长期人才发展规划纲要（2010～2020年）》（以下简称《规划纲要》）。6月6日，经党中央、国务院批准，该《规划纲要》由新华社授权正式对外播发。全国人才工作会议的胜利召开和该《规划纲要》的正式发布，为我国今后一个时期的人才工作提供了理论指导，也为本课题的进一步研究提供了很好的帮助。它要求我们必须用新的视角、新的思路和新的方法来研究本课题。在这种情况下，我们要以科学发展观为指导，在认真学习、领会全国第二次人才会议精神和《规划纲要》的基础上，运用经济学、人才学、管理学及社会学等学科的基本理论，对近年来中西部地区经济发展及其与东部地区相比相对落后的原因进行实证分析，找出人才在中西部经济发展过程中的作用，然后对中西部地区经济发展过程中，人才总量、结构、素质与经济发展的协调性进行研究，从而分析出中西部地区人才问题之所在，通过对中西部地区人才资源开发与利用情况进行的调查，找出中西部地区在人才开发方面存在的共性问题，进而有针对性地提出加快中西部地区经济发展的人才对策建议。

为使研究更具实效性、针对性和可操作性，课题组除了利用多种数学模型对中西部地区经济增长与人才关系问题进行定量分析外，还设计了三份问卷，对全国近20个省市区的近3000名党政人才、经营管理人才、专业技术人才的开发利用情况进行了广泛的调查研究。

## 一、主要研究发现

通过运用数学模型对中西部地区经济增长与人才关系的研究，得出以下主要研究发现：

1. 中西部地区人才资源总量虽然快速增长，但近些年来采用的仍然是物质资本优先投入的发展方式

近15年来，中西部地区物质资本年均增长率达16.38%，高于东部地区年均增长14.35%的增速，说明国家西部大开发、中部崛起战略的实施，确实为中西部地区发展迎来了难得的历史机遇。但与此相应的是，中西部地区人才资本的年

均增长率只有4.74%，小于东部地区7.16%的增幅，说明中西部地区实行的仍然是物质资本优先投入的发展方式。虽然中西部地区各级政府对教育的投入非常重视，用于公共人才资源投入的增速也快于东部地区，但投入总量仍小于东部地区。

2. 促进中西部地区经济发展的主要生产要素仍然是物质资本，而非人才资本

近15年来，中西部地区经济取得了持续快速的发展，但在促进中西部地区经济发展的物质、人才、一般劳动力三个要素中，物质资本的贡献率最大，达55.69%，人才资本次之，为20.05%。这说明，促进中西部地区经济快速发展的第一贡献者仍然是物质资本，而非人才资本。相比东部而言，虽然东部经济发展的最大贡献者也是物质资本，但东部地区人才资本的贡献率已经达到25.46%，而且呈快速增长的态势。这说明，东部地区正在实现着经济发展方式的战略转型。

3. 中西部地区人才资本的贡献率和年均增长率近年来持续下降

近10年来，中西部地区人才资本的贡献率不仅没有物质资本高，而且逐年下降，从2000～2003年的22.27%下降到2004～2008年的19.88%。尤其值得关注的是，人才资本年均增长率也是下降的，即从1994～1999年的4.93%，下降到2004～2008年的3.11%。而同一时期，东部地区人才资本的增长率和人才贡献率却在不断上升：人才资本的增长率从4.74%增加到7.52%，其相应的人才贡献率也从13.66%提高跃升到41.64%。这说明，这些年来，中西部地区人才资本投入和人才作用的成效，并没有在西部大开发和中部崛起战略实施中实现同步的发展。这种状况如得不到高度关注，则中西部地区与东部地区的差距还会进一步扩大，中西部地区经济发展的可持续性将会受到威胁。

4. 人才因素是导致东、中、西部地区经济差距扩大的主要因素，政策因素和产业结构因素对地区经济差距有重要影响

人才因素对地区收入差距的拉大具有主导的影响作用；政策因素对地区经济差距和收入差距有重要影响；产业结构因素对东、中、西部地区经济差距和收入差距有显著的解释力。

5. 中西部地区人才资源与经济发展之间的总体协调性比东部地区要低，而且近十年来与东部地区协调性的差距在拉大

从产业结构分布上看，中西部地区第一、第二产业人才资源总量难以适应产业发展的需要，第三产业人才总量相对饱和。从人才要素结构上看，人才能力、总量对经济增长的贡献快速提升，人才流动的作用相对弱化。人才能力提升对东部地区经济发展的作用在不断强化，因此，尽快采取措施引导中西部地区人才资

源向第一、第二产业集聚，同时提升人才的能力和总量对于促进中西部地区经济的快速发展意义重大。

## 二、主要调查结论

通过对东、中、西三地党政人才、专业技术人才和企业经营管理人才所进行的问卷调查，对东、中、西部地区人才资源的开发与利用情况，得出如下结论：

1. 大部分人才精神状态良好、思想境界较高

83.1%的党政人才、74.4%的经营管理人才和70.4%的专业技术人才，认为自己能够胜任目前的工作，其中有半数以上认为自己非常愿意从事现在的工作，表明这些人才精神状态良好。同时，有40.1%的党政人才、47%的经营管理人才和43.7%的专业技术人才都将“实现自身价值”作为自己工作动力的第一选择，说明思想境界较高。

2. 人才使用效率不高，人才积极性没有得到很好发挥

党政人才、经营管理人才、专业技术人才认为自己的能力已经发挥了80%以上比例的分别只有5.3%、9.9%和5.1%。虽然东部地区能力发挥在80%以上的比例也没有超过11%，但东部地区能力发挥的整体情况均好于中、西部地区，西部地区专业技术人员能力发挥的程度最低。

3. 人才选拔、考核、分配的公平性受到高度关注

93.3%的党政人才认同“公正、透明的用人机制有利于党政人才的吸引”，但认为目前选拔机制很合理的只有26%，专业技术人才认为“我单位人才晋升机制科学合理”的只有32.5%，三类人才在其他有关考核公平、分配公平等选项上的认可比例都在50%以下，而且由东到西呈下降趋势。

4. 东、中、西三地人才工作的愉悦性、挑战性和自主性均呈递减趋势，但人才受到重视的程度却呈递增趋势

三类人才工作的愉悦性、挑战性和自主性指标得分虽不高，但东部高于中部，中部高于西部。而在人才受到重视方面，则正好呈相反的分布态势。这说明，东部地区的管理理念和方法可能比中西部地区更为先进有效。

5. 人才对学习型组织建设的期望值很高，但对现状并不十分满意

总体上看，78.2%的党政人才、64.1%的经营管理人才和82.5%的专业技术人才均认为，学习型组织建设对人才的成长非常重要，但只有不到55%的人才对本单位的人才培养工作持肯定态度。在人才培养方式的选择上，学习型组织的建设和到发达地区交流学习及在实践中学习等受到三类人才的普遍赞同。对于人才培养的作用，75.2%的专业技术人才甚至认为，“与提供良好的硬件设施相比，单位是否有重视人才培养的良好氛围对我来说更重要”。

6. 待遇、平台、经济发展状况仍是吸引人才的关键要素，但平台的重要性显著提升

待遇、科技平台及经济（含城市）发展状况是吸引人才的关键要素，对这些指标的认同度都在80%以上，其中经营管理人才认同“良好科技平台对企业吸引人才很重要”的比例达96%，认同“引进或留住一批有实力的企业，才能引进更多的企业经营人才”比例也达80.1%，专业技术人才在这两个选项中的比例也分别达到83.8%和81.1%。虽然党政人才、专业技术人才认可的最高项目仍然是待遇，但平台的重要性显著上升。

7. 市场化的人才配置方式受到普遍支持，但目前的配置比例仍然不高

86%的党政人才和87.7%的经营管理人才均认为，面向社会选拔人才是人才选拔方式的一种进步，但实际上，通过公开选拔或市场配置人才所占的比例仍然不高。党政人才只有25%、经营管理人才只有30.3%、专业技术人才只有32.3%是通过公开招聘或者市场配置方式选拔的。从东、中、西三个区域的比较来看，东部的市场化程度最高，中部次之，西部最低。

8. 人才重新择业时选择单位的标准突出了单位的发展前景和本人价值的实现，地理位置的重要性已被弱化

在10个候选因素中，“单位未来的发展前景”和“能否发挥好个人的作用，实现自身的价值”被排在前两位，排在最后的是单位的地理位置。研究还发现，在党政人才和专业技术人才中，能力发挥程度在80%以上的那部分人才选择“哪都一样”的比例高于能力发挥程度低的人才。

9. 党政机关成为人才重新选择的首选，创业受到认可

如果有机会重新选择，无论党政人才、经营管理人才还是专业技术人才，都首选党政机关，认同的比例分别达到42.4%、49.4%和24.9%。党政人才的第二选择是企业，占26.4%，而经营管理人才和专业技术人才的第二选择均为创业，比例分别为19.9%和18.5%。这说明，党政机关的吸引力仍然很高，人才的创业观念已被认可。

10. 专业技术人才最为紧缺，但不同地区之间紧缺的结构存在差异

东、中、西三类地区人才都认为，目前最缺专业技术人才，认同的比例分别达到57.7%、66.2%和51.0%，其次是经营管理人才。但党政人才认为，东部地区最缺高技能人才，认同比例为36.0%；中部地区最缺技术领军人才，认同比例为36.0%；西部地区最缺经营管理人才，认同比例是42.4%。

## 三、主要对策建议

根据定量分析和调查研究结果，我们提出了加快中西部地区经济发展的人才

对策建议：

1. 建议中央政府将中西部地区的人才工作上升到国家西部大开发、中部崛起战略高度予以重视，突出对人才工作的优先支持

建设小康社会和创新型国家、进入人才强国行列，重点在中西部，难点也在中西部。尽管这些年来，国家出台的许多扶持政策措施都涉及人才队伍建设，但同经济工作相比，人才工作的重要性仍然没有得到很好的显现。为此，我们建议，中央政府将中西部地区的人才工作上升到国家西部大开发、中部崛起战略高度予以重视，在两大战略实施中突出人才工作的优先发展地位，体现对人才工作的优先支持，变单一的资金支持为人才开发项目支持，从而在更高层面上解决好人才优先发展问题。

2. 建议中西部地区各级党委和政府加强对人才工作的宏观调控，切实解决好人才优先发展的战略布局问题

中西部各省市区高度重视人才工作，但与经济社会发展对人才的要求相比，重视程度还不够。为确立人才在经济社会发展中的优先发展地位，真正做到人才资源优先开发、人才结构优先调整、人才投资优先保证、人才制度优先创新，我们建议：中西部地区各级党委和政府要切实将人才发展规划纳入各地经济社会发展规划；在制定经济社会发展战略的同时，应优先制定相应的人才发展战略；在安排财政预算的同时，要优先考虑人才资本的投入；在决定项目设置、产业规划、区域布局的同时，要优先考虑人才的布局；在评价经济工作的同时，要优先评价人才工作；各级领导在抓经济工作的同时应高度重视人才工作，并力争使自己成为人才管理的专家。

3. 建议中西部地区各级政府加大人才资本积累的力度，努力做大人力资本总量

中西部地区人才资本对经济增长的贡献率不仅低于物质资本，而且逐年下降，但人才投资又是最有效益的投资。因此，要加快中西部地区经济的发展，必须加大人才资本积累的力度。由于中西部地区经济基础薄弱，近几年对公共教育投资的增幅虽高于东部，但其总量仍然偏低，所以单纯靠政府投入来积累人才资本的空间有限。为此，我们建议：在确保按照《规划纲要》规定比例投入外，要集中财力扩大基础教育，通过市场化运作大力发展职业技术教育，同时加大人才引进力度，做大人力资本总量。

4. 建议中西部地区各级政府注意优化人才资源结构，尽快提升人才服务发展的能力

中西部地区人才资源与经济发展的总体协调性比东部地区要低，要提升人才服务发展的能力，必须优化人才资源结构。一是要集中财力扩大基础教育，将人

口资源转化为人力资源；二是通过制度创新加快发展高等教育，将一般的人力资源转化为人才资源；三是走市场化道路大力发展职业技术教育，将一般的劳动力资源转化为技能型人才资源；四是加大高层次人才培养与引进力度，把更多的人才资源转化为领军人才。总之，要通过结构优化和能力建设，解决好人才不够用、不适用和不被用问题，把众多的人口资源转变为人力资源和人才资源，将中西部地区繁重的人口压力转化为人才优势，从而提升人才资源服务科学发展的能力。

5. 建议中西部地区各级领导注意提高人才开发的公平性、导向性、科学性和有效性，使人才资源能力得到有效的集聚

中西部地区人才资源的使用效率不高，人才积极性没有得到充分发挥，说明人才资源的集聚并不代表人才能力的集聚。研究发现，中西部地区人才考核分配的公平性、选拔任用的导向性、内部管理的科学性及外部环境的有效性是影响各类人才积极性的重要因素。要使中西部地区人才资源的能力得到有效的集聚，就应从如何提高考核分配的公平性、选拔任用的导向性、内部管理的科学性和外部环境的有效性入手。

6. 建议国家相关部门采取非均衡措施，加大对中西部地区科技、教育、产业平台建设的支持力度，使中西部地区人才资源有效集聚

待遇、科技平台及经济（含城市）发展状况是吸引人才的关键要素，而且平台的重要性明显上升。但现实情况是，中西部地区平台建设与东部地区的差距在拉大。如果国家有关部门能采取非均衡支持策略，对与中西部地区资源优势紧密相关的科技平台建设、博士单位建设、大型企业引进，甚至在即将开展的中西部地区重点建设高校方面给予更大的倾斜，则中西部地区就有可能留住或者吸引一些高素质人才，从而带动当地某一学科、专业甚至整个单位、企业、产业的发展。

7. 建议中西部地区各级领导开阔视野，积极拓宽人才培养渠道，努力提高人才资源的能力

中西部地区人才在思想观念、开放意识方面明显落后于东部地区。东、中、西三地人才对学习型组织建设的期望值均很高，但对现状并不十分满意。在人才培养方式的选择上，学习型组织的建设和到发达地区交流学习及在实践中学习等受到各类人才的普遍赞同。因此，营造良好的学习氛围，拓宽人才培养渠道，选派人才到发达地区交流学习对于提高人才资源能力很有帮助。

8. 建议中西部地区加强省市区间信息平台的建设，加快人才市场化配置进程，降低人才配置成本

市场化的人才配置方式受到普遍支持，但目前的配置比例仍然不高。从东、

中、西三个区域的比较来看，东部地区的市场化程度最高，中部次之，西部最低。推进中西部地区人才的市场化配置过程重点要解决的问题是信息沟通，通过对人才引进过程中相关政策、引进待遇等信息的沟通，降低配置成本。

9. 建议国家有关部门和中西部各省市区尽快出台政策，打通各类人才交流的渠道，引导人才资源向经济发展一线集聚

中西部地区当前最紧缺的人才是专业技术人才和经营管理人才，但各类人才却优先选择去党政机关。解决这个问题的关键是要解决好人才流动的障碍问题。即破除人才从机关到企事业单位流动的资格障碍；从企事业单位到机关流动的身份障碍；从机关、事业单位到企业流动的社会保障障碍。要对有企业工作经历或业绩优秀的企业经营人才优先进行选拔、培养与任用，对有企业工作经历的人才报考公务员要优先录用，以激励更多的优秀人才投身于企业经营管理和专业技术工作实践中。

由于地区经济增长与人才的关系问题极其复杂，许多问题还在进一步的探索之中，研究难度较大。尽管我们在研究时已付出了艰辛的努力，但由于水平有限，错误之处在所难免，我们诚心诚意地希望本书的出版能得到各界领导、专家和同仁的进一步批评与指正。

# 目　　录

# 第一章　导　　论

本章是本书的导引，本书是在这一章确立的研究框架内展开的。这一章首先介绍了研究的背景、目标及其对象，然后介绍了主要研究内容、研究思路和方法，最后指出了本书的主要观点及创新点。

## 第一节　问题的提出及研究目标

### 一、问题的提出

改革开放以来，中国社会发生了翻天覆地的变化，中国经济也取得了令世界瞩目的成绩：按 2008 年的总量计算，中国的 GDP 为 1978 年的 82.48 倍，年均增长 9.8%；人均 GDP 由 1978 年的 379 元增加到 2008 年的 22698 元，增长了近 60 倍；人民生活水平得到了大幅度的提高。数据显示，职工的年平均货币工资已经由 1978 年的 615 元提高到 2007 年的 29229 元，增长了 47.53 倍；城镇居民家庭年人均可支配收入由 1978 年的 343.4 元提高到 2007 年的 15780.76 元，增长了 45.95 倍；农村居民家庭年人均纯收入由 1978 年的 133.6 元提高到 2007 年的 4760.62 元，增长了 35.63 倍。世界银行《2008 年世界发展指标》（World Development Indicators）报告称，中国已经成为世界第二大经济体。[①] 古老的中华民族正在重新焕发出开放、向上的勃勃生机。

与国家整体经济持续、快速发展相对应的是中西部地区的经济也取得了巨大的发展，尤其是在国家实施西部大开发、中部崛起战略后，整个中西部地区更是呈现出喜人的发展局面。据资料分析，1999 ~ 2008 年的 10 年中，中西部地区国民生产总值年均增长了 15.39%，人均 GDP 年均增长了 15.28%，人均财政收入年均增长了 19.71%，居民消费水平年均增长了 12.43%，职工平均工资年均增长了 15.31%，城镇居民人均可支配收入年均增长了 11.30%，农民家庭人均纯

① http://www.caijing.com.cn/2008-04-11/100056282.html

收入年均增长了30.68%。广大人民群众在一心一意谋发展的同时，也从发展中得到了实惠。

但是，从中西部地区所拥有的资源状况看，中西部地区的经济发展却相对滞后。据资料分析，中西部地区所辖的18个省市区，国土面积占全国的81.4%，人口占全国的54.2%。其中，中部地区拥有的煤炭资源占全国的39.7%，铜矿资源占全国的49%，耕地面积占全国的23.8%；西部地区拥有的石油资源占全国的32%（全国总计包括海域，占13%），天然气资源占全国的82.4%，森林面积占全国的52%，铜矿资源占全国的39.1%，煤炭资源占全国的50.9%。然而，整个中西部地区2008年的GDP只占全国的37.11%，与东部地区占全国的54.27%相比，相差17.16个百分点。中西部地区的财政收入仅占全国的33.38%，与东部地区高达58.39%相比，相差25.01个百分点。中西部地区的财政收入只相当于东部地区的一半左右。

特别引起我们关注的，还不是中西部地区发展中存在的这种现实差距，而是差距发展的态势。据分析，1999年中西部地区国民生产总值相当于东部的73.71%，而到2008年只有东部的68.39%；1999年中西部地区年人均GDP相当于东部的62.27%，而到2008年时只有东部的40.69%；1999年中西部地区年人均财政收入是东部的55.6%，而到2008年时只有东部的51%。为什么这10年间中西部地区与东部地区发展的差距不仅没有缩小，反而进一步拉大呢？这其中的原因是什么？有没有人才这个第一资源在起作用呢？

从就业人员中受过本（专）科及研究生教育的人数看，1999年中西部地区人才总量相当于东部的101.15%，但到了2008年时，中西部地区人才总量只有东部的83.83%。从参加科技活动人员总数看，1999年中西部地区科技活动人员总数与东部不相上下，中西部是东部的96.8%，但到了2008年时，中西部地区科技活动人数仅为东部的66.7%。从高层次人才的分布情况看，2004年中西部地区就业人口中研究生数为东部的91.5%，而到了2008年时，则只有东部的56.2%。虽然近些年来，中西部地区的人才队伍也获得了快速的发展，但其增长率仍然落后于东部地区，因而，在人才队伍建设上的差距也在拉大。

那么，是因为经济差距的拉大才导致人才差距的拉大，还是因为人才差距的拉大才导致经济差距的拉大？在中西部地区经济发展的进程中人才到底扮演着怎样的角色？人才这个要素是在推动中西部地区经济的发展，还是在制约中西部地区经济的发展？中西部地区的人才队伍建设与经济发展是否协调？该怎样进行人才队伍建设才能更好地促进中西部地区经济又好又快地发展？

由于中西部地区地域辽阔、人口众多，在国民经济中具有非常重要的战略地位，因而，对中西部地区经济发展中的人才问题进行研究就具有特别重要的现实意义。

## 二、研究的理论价值和可行性

近些年来，尤其是2003年全国人才工作会议以来，学术界对人才问题的研究非常活跃，区域经济发展中的人才问题这个领域也备受关注。研究的关注点大多集中在区域人才发展规划、人才战略、人才高地建设上，也有研究人才对经济增长的作用，人才发展与经济发展的协调性等问题，但所研究的区域基本上集中在某个省或者市县，对中西部地区经济发展当中的人才问题进行系统研究的文献还未见诸报道。因而，对这个问题进行研究就具有一定的理论价值。

虽然中西部地区是一个大的区域范围，在这个区域里，不存在任何体制上的行政领导关系。但当我们对这个区域的自然资源、经济社会发展以及人才发展状况进行分析的时候，我们发现，中、西部这两个地区的资源结构、人口状况、主要经济指标的总量及其发展态势、人才队伍总量及其发展态势都存在明显的相似性。而且，这两个区域又都是国家西部大开发、中部崛起战略支持的对象，因而，将这两个区域作为一个整体进行研究，以寻找两个区域发展中的一些共性问题是可行的。

## 三、研究目标

通过研究，我们期望实现以下目标：

第一，对中西部地区人才发展的现状及其发展态势进行研究，并与东部地区进行比较。

第二，对中西部地区这些年来经济快速发展的原因进行分析，对人才在其中的作用进行研究。

第三，对导致中西部地区经济相对落后的成因进行分析，考察人才在其中的作用。

第四，对中西部地区经济发展与人才发展的协调性进行分析，考察人才的发展是否适应了经济的发展。

第五，对中西部地区人才资源的开发与利用状况进行调查分析。

第六，提出加快中西部地区经济发展的人才对策建议。

# 第二节 研究问题的界定

## 一、研究对象的界定

研究对象为中西部地区的经济发展和人才问题。中西部地区是指中部和西部地区的总称。中部是指国家在2003年提出中部崛起战略时确定的包括山西省、安徽省、江西省、河南省、湖北省和湖南省在内的6个省。西部是指2001年1月1日《国务院关于实施西部大开发若干政策措施的通知》中确定的西部大开发政策的适用范围，包括重庆市、四川省、贵州省、云南省、西藏自治区、陕西省、甘肃省、宁夏回族自治区、青海省、新疆维吾尔自治区、内蒙古自治区和广西壮族自治区。[①] 为研究方便，本书仅指上述12个省市区。

为了进行比较研究，我们会不断地将中西部地区的情况和东部地区的情况作比较。我们所指的东部，是指包括北京市、天津市、河北省、山东省、上海市、江苏省、浙江省、福建省、广东省和海南省在内的10个省市。

## 二、人才范围的界定

对人才的定义有很多种。刚刚发布的《国家中长期人才发展规划纲要（2010~2020年）》（以下简称《规划纲要》）对人才的定义有一个非常明晰、权威的表述，那就是：人才是指具有一定的专业知识或专门技能，进行创造性劳动并对社会作出贡献的人，是人力资源中能力和素质较高的劳动者。[②]

在定性研究中，我们按照《规划纲要》明确的这个定义进行思考、分析。但按这个定义进行定量研究仍存在困难，因为没有办法获得这一口径的统计资料。所以，在定量研究时，是根据研究的需要，以相关统计资料可以找到为依据来确定人才范围的。如进行人才总量分析时，就将就业人员中受过本（专）科及研究生教育人数、科技人员人数、每10万人口中本（专）科及研究生人数作为人才数量；进行人才对经济增长作用以及地区经济差距原因分析时，就以平均受教育年限来计算人才资源总量；而在人才与经济发展协调性分析时，则以中专及以上学历人数作为人才数量。考虑到以上研究主要是进行横向比较，因而在口径一致的情况下是可行的。

在人才类别的界定中，《规划纲要》将人才分为六类，即党政人才、经营管理人才、专业技术人才、高技能人才、农村实用人才、社会工作人才。在问卷调查时，考虑到调查的可行性，我们只对其中的党政人才、经营管理人才和专业技术人才进行了研究，并将这三类人才简称为“三类人才”。

---

① 国务院西部开发办在2001年8月28日的《关于西部大开发若干政策措施的实施意见》中将实施西部大开发若干政策措施的适用范围扩大到了12个省市区外的其他地区的民族自治州（湖南省湘西土家族苗族自治州、湖北省恩施土家族苗族自治州、吉林省延边朝鲜族自治州）。本书为了研究的方便，仅指西部12个省市区。

② http：//news. xinhuanet. com/politics/2010－06－06/c_ 12188202. htm

## 第三节 主要研究内容

本书以科学发展观为指导，在认真学习、领会全国第二次人才会议精神和《规划纲要》的基础上，运用经济学、人才学、管理学及社会学等学科的基本理论，对近些年来中西部地区经济发展以及落后于东部地区的原因进行实证分析，找出人才在中西部经济发展过程中的作用，然后对中西部地区经济发展过程中的人才总量、结构、素质与经济发展的协调性进行研究，从而分析出中西部地区人才问题之所在。通过对中西部地区人才资源开发与利用情况进行的调查，找出中西部地区在人才开发方面存在的共性问题，进而有针对性地提出加快中西部地区经济发展的人才对策建议。

主要研究内容如下：

（1）对本书研究的背景、意义进行介绍；对研究的目标、对象、范围进行界定；对研究的主要内容、思路、方法以及主要观点和创新之处进行介绍。

（2）对中西部地区经济发展以及人才资源的现状、发展态势进行分析，并将其与东部地区相应的指标进行比较，为本书研究问题的提出奠定了基础。

（3）对中西部地区经济增长过程中人才资源的贡献进行分析。对物质资本、人才资本、一般劳动力等生产要素对中西部地区经济增长的贡献进行分析，并将其与东部地区进行比较，从而找出导致中西部地区近些年来经济快速发展的关键要素，为中西部地区发展方式的转变提供依据。

（4）对中西部地区经济相对落后的成因进行分析。以中西部地区人均 GDP 和居民收入为因变量，对中西部地区与东部地区经济差距形成的原因进行分析，通过建立地区经济差距成因的回归模型，解释导致中西部地区与东部地区经济差距存在的主要原因。

（5）对中西部地区经济增长过程中人才总量、结构、能力和流动等要素与经济发展的协调性进行分析。运用动态协调度、偏离度、适合度景观理论和 NK 模型等，对中西部地区经济发展系统与人才系统相互作用的过程和结果进行研究，并将分析结果与东部地区的情况进行对比，找出中西部区域内人才资源总量及结构与经济总量及结构的协调关系上存在的问题，从而提出中西部地区经济发展需要的较合理的人才配置方式。

（6）对全国近 20 个省市区，近 3000 名党政人才、经营管理人才、专业技术人才的开发利用情况进行调查研究。通过调查，对中西部地区人才资源在吸引与选拔、使用、培养、考核与激励、流动等方面的情况进行分析，并将中西部地区的调查情况与东部地区进行了比较，为提出改善中西部人才资源开发利用的建议提供了帮助。

（7）提出加快中西部地区经济发展的人才对策建议。以科学发展观及全国二次人才工作会议为指导，以前面研究的内容为依据，在对中西部地区各省市区现有人才政策进行梳理的基础上，对中西部地区人才队伍建设的共性问题进行分析，提出了加快中西部地区经济发展的人才对策建议，供国家有关部门在制定区域经济发展政策以及区域内政府制定人才对策时参考。

## 第四节　研究思路与方法

### 一、研究思路

以科学发展观为指导，在认真学习、领会全国第二次人才会议精神和《规划纲要》的基础上，运用经济学、人才学、管理学及社会学等学科的基本理论，按照“提出问题—分析问题—解决问题”的逻辑思路进行研究。

首先，提出问题在第一章和第二章。通过对比中西部地区和东部地区在经济发展和人才资源方面的情况，发现自20世纪末以来，中西部地区经济发展与东部地区的差距在拉大；而中西部地区人才资源与东部地区的差距也在拉大，而且大于经济发展的差距。这就引发我们思考：中西部地区经济的快速增长是否有人才要素的作用？中西部地区与东部地区的经济差距是否同中西部地区与东部的人才资源差距有关系？人才资源在其中起着怎样的作用？

其次，在第三、第四、第五、第六章对这些问题进行了分析。第三章着重对中西部地区经济增长中人才的贡献进行了分析，通过建立模型，发现导致中西部经济快速发展有人才的贡献，但不是主要的，促使中西部经济快速发展的主要要素是物质资本的高投入。第四章运用回归模型，对东、中、西部地区经济差距形成的原因进行了分析，发现人才资本因素在形成东部与中西部地区的经济差距中起着更为重要的作用。第五章运用协调度、偏离度和适合度景观理论对东、中、西部地区经济系统与人才系统的协调性进行了分析，发现东部地区的经济系统与人才系统有更高的协调度，因此，其人才资源更好地促进了当地经济的发展。

为了进一步了解中西部地区人才资源开发利用的状况，课题组还组织了比较大规模的调查。调查结果反映在第六章上。

最后，根据前面各章节研究的结论，在第七章提出了加快中西部地区经济发展的人才对策建议。

整个研究的思路如图1－1所示。

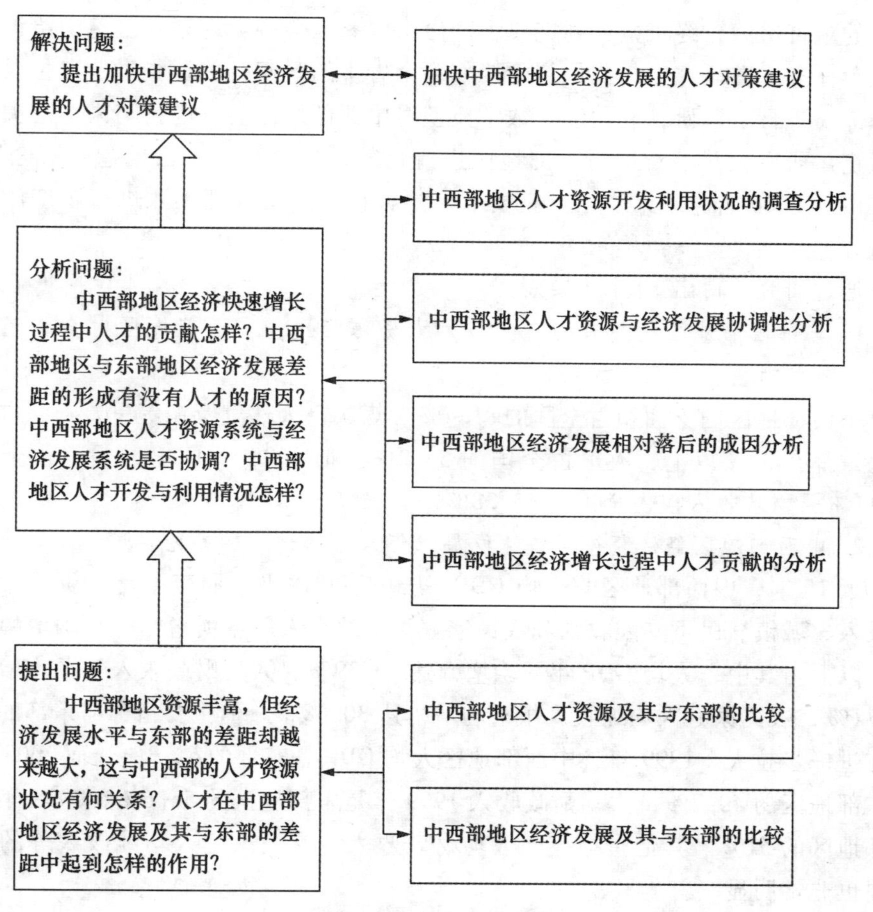


**图 1－1　本书研究思路**

## 二、研究方法

整个研究采用定性与定量相结合的方法进行，但在对不同内容进行研究时，使用不同的研究方法。如在定性分析时，采用演绎法和归纳法；在数据收集时，采用文献资料法和问卷调查法；在定量研究时，采用经济计量方法和统计分析方法；在研究思路上大量使用了比较法。

# 第五节　主要观点、重要发现及创新之处

## 一、主要观点

在社会各界的关心、帮助、支持以及课题组全体成员的共同努力下，经过两

年多的艰苦努力，终于按计划完成了这份由国家社会科学规划办公室交给课题组的光荣任务。在研究中，我们到中西部多个省市的政府机关、企事业单位及人才管理部门进行了调研，利用多种数学模型对中西部地区经济增长与人才的关系进行了定量研究，并不断地与东部地区进行比较，还设计了三份问卷，对全国20个省市近3000名党政人才、专业技术人才和企业经营管理人才进行了广泛的调查研究。

通过研究，得出10个主要观点：

1. 与中西部地区所拥有的自然与人力资源相比，中西部地区对全国经济发展的贡献相对较低

中西部地区国土面积占全国的81.4%，煤炭、天然气及铜等重要资源占全国的比重都在80%以上，人口占全国的54.2%，但2008年GDP总量只占全国的37.11%，财政收入仅占全国的33.38%。

2. 中西部地区经济获得了快速发展，但与东部地区的差距在进一步拉大

近15来，中西部地区的人均GDP、居民消费水平、职工平均工资、人均财政收入、城镇居民可支配收入和农民家庭人均纯收入等各项指标年平均增幅均在10%以上。其中，人均GDP年平均增幅达15.39%，人均财政收入年平均增幅达19.71%，农民家庭人均纯收入年平均增幅达30.68%。但主要指标与东部的差距还在进一步拉大。1999年，中西部地区人均GDP是东部的62.3%，而2008年仅为东部地区的40.7%，人均财政收入1999年是东部地区的55.6%，2008年只有东部地区的51%。其他指标，如人均财政收入、农民家庭人均纯收入等的相应降幅也非常明显。

3. 中西部地区人才资源总量快速增长，但增幅大多小于东部地区，与东部地区的差距也在拉大

就业人员中受过本科及研究生教育的人数，1999年中西部地区是东部的101.1%，而2008年只有东部的83.8%；科技活动人数1999年是东部的96.8%，而2008年只有东部的66.7%；2004年中西部地区就业人口中研究生数为东部的91.5%，而到了2008年只有东部的56.2%。院士等高层次人才及高技能人才发展的态势也大致相仿。这说明，中西部地区与东部地区的人才资源差距也在拉大。

4. 中西部地区政府公共人才资源投入增速快于东部地区，但投入总量仍小于东部

政府公共教育投资及文教科卫等投资都获得快速增长，且中西部增幅高于东部，但投入总量仍然低于东部，而且东部地区家庭教育消费支出增幅高于中西部。这说明，中西部地区经济基础虽然薄弱，但政府对教育的投入非常重视。此

外，研究表明，中西部地区的人才发展环境也有明显改善，但总体状况仍然是东部优于中西部。

5. 中西部地区近些年来采用的仍是物质资本优先投入的发展方式

近15年来，中西部地区物质资本年均增长率达16.38%，高于东部地区年均增长14.35%的增速，而且中部和西部增幅相当，都在16%以上。这说明，国家西部大开发、中部崛起战略的实施，确实为中西部地区发展迎来了难得的历史机遇。但中西部地区人才资本的年均增长率只有4.74%，小于东部地区7.16%的增幅，说明中西部地区实行的仍然是物质资本优先投入的发展方式。

6. 促进中西部地区经济增长的生产要素仍然是物质资本

近15年来，在促进中西部地区经济增长的物质、人才、一般劳动力三要素中，物质资本的贡献率最大，达55.69%，人才资本次之，为20.05%，这说明，在中西部地区人均GDP年均增长12.06%的大发展中，第一贡献者是物质资本，而非人才。相比东部而言，虽然东部经济增长的最大贡献者也是物质资本，但东部地区人才的贡献率已经达到25.46%，而且呈快速增长的态势，1994~1999年人才贡献率是13.66%，2004~2008年就上升到41.64%。这说明，东部地区正在实现着经济发展方式的战略转型。

7. 对中西部地区人才的投资是最有效益的投资

研究表明，在物质、人才、一般劳动力三要素中，中西部地区人才要素的产出弹性系数最大，为0.51，大于物质资本要素系数0.41以及一般劳动力系数0.13。这说明，在其他条件不变的情况下，当人才资本投资增加1%时，GDP产出就可能增加0.51%。因此，对人才的投资是最有效益的投资。

8. 中西部地区人才资本的贡献率和年均增长率近年来持续下降

近15年来，中西部地区GDP年均增长率达12.06%，实现了经济的持续快速增长。这当中，人才资本的贡献率虽没有物质资本高，但也达到了20.05%这一较高的水平。但是，值得注意的是，近十年来，中西部地区人才资本的贡献率是下降的，从2000~2003年的22.27%下降到2004~2008年的19.88%，尤其值得关注的是，人才资本年均增长率也是下降的，即从1994~1999年的4.93%，下降到2004~2008年的3.11%。而同一时期，东部地区人才资本的增长率却从4.74%增加到7.52%，其相应的人才贡献率也从13.66%提高到41.64%。说明这些年来，中西部地区人才资本投入和人才作用的成效，并没有在西部大开发和中部崛起战略实施中实现同步的发展。这种状况如得不到高度关注，则中西部地区与东部地区之间的差距还会进一步拉大，中西部地区经济发展的可持续性也会受到威胁。

9. 人才资源因素是导致东、中、西部地区经济差距扩大的最主要因素，政策因素和产业结构因素对东、中、西部地区经济差距有着重要的影响

人才资源因素对东、中、西部地区收入差距的拉大占主导地位；政策因素对东、中、西部地区经济差距和收入差距有重要影响，起作用的相对重要性排序为西部地区、中部地区、东部地区；产业结构因素对东、中、西部地区经济差距和收入差距有显著的解释力，产业结构因素所起作用的相对重要性排序为东部地区、中部地区、西部地区。

10. 中西部地区人才资源与经济发展之间的总体协调性比东部地区要低，而且近十年来与东部地区协调性的差距还在拉大

从产业结构分布上看，中西部地区第一、二产业人才资源总量难以适应产业发展的需要，第三产业人才总量相对饱和。从人才因素结构上看，人才的能力和总量对经济增长的贡献快速提升，人才流动的作用相对弱化。人才能力提升对东部地区经济发展的作用在不断强化，因此，尽快采取措施引导中西部地区人才资源向第一、第二产业集聚，同时提升人才的能力和总量对于促进中西部地区经济的快速发展意义重大。

## 二、重要发现

通过问卷调查，对中西部地区人才资源的开发与利用情况，归纳出如下10条具有重要意义的发现：

1. 大部分人才精神状态良好、思想境界较高

调查显示，在东、中、西部所有被调查者中，83.1%的党政人才、74.4%的经营管理人才和70.4%的专业技术人才认为自己完全能够胜任目前的工作，其中有半数以上认为自己非常愿意从事现在的工作，这表明这些人才有非常好的精神状态。同时，在对三类人才的工作动力进行调查时，发现有40.1%的党政人才、47%的经营管理人才、43.7%的专业技术人才都将“为了实现自身价值”作为自己工作动力的第一选择，体现了这些人才有较高的思想境界。而当对“平时最关心什么问题”进行调研时，发现“国家党政方针、当地经济动态”这些内容都被所调查的党政人才列为最关注内容的前两位，说明这些人才在做好自身工作的同时，也非常关注国家大事。调查同时也表明，在关注一些单位人事变动事项上，中西部地区明显高于东部。

2. 中西部地区人才的使用效率不高，人才的积极性有待进一步发挥

调查显示，在被调查者中，党政人才、经营管理人才、专业技术人才认为自己能力已经发挥了80%以上的比例只有5.3%、9.9%和5.1%。从地区分布情况看，虽然东部地区能力发挥在80%以上的比例也没有超过11%，但东部地区无

论在能力发挥50%以上的选项上，还是在能力发挥80%以上的选项上其比例均高于中、西部，西部比例最低。在专业技术人才这个类别中，西部地区能力发挥了50%以上的仅有40.7%，而能力发挥了80%以上的仅有2.0%。因此，如何调动中西部现有人才的积极性任重道远。

3. 中西部地区人才选拔、考核、分配的公平性受到高度关注

93.3%的党政人才认同“公正、透明的用人机制有利于党政人才的吸引”，但认为目前选拔机制很合理的只有26%，专业技术人才认为“我单位人才晋升机制科学合理”的只有32.5%，三类人才在其他有关考核公平、分配公平等选项上的认可比例都在50%以下，而且由东到西呈下降趋势。这说明中西部地区选拔、考核、分配的公平性问题更应受到关注。

4. 东、中、西三地人才工作的愉悦性、挑战性和自主性呈递减趋势，但人才受到重视的程度却呈递增趋势

无论党政人才、经营管理人才还是专业技术人才，在工作的愉悦性、挑战性和自主性方面，其主要指标的得分虽不高，但大都呈现一种趋势，即东部高于中部和西部，而且呈递减趋势。而在人才受到重视方面，如在对研究经费的支持、地位的平等以及单位内部对技术人员的服务上，则正好呈相反的分布态势。这说明东部地区在管理的理念和方法方面可能更为现代化和科学化，因而东部地区人才感到自身发展的空间更大、满足感更强、效率更高，而中西部地区人才显然得到更多方面的重视，但由于发展的理念和机制还适应不了自身发展的需要，因而作用的效果也受到了影响。

5. 东、中、西三地人才对学习型组织建设的期望值很高，但对现状并不十分满意

从总体上看，东、中、西三地人才中，78.2%的党政人才、64.1%的经营管理人才和82.5%的专业技术人才均认为，学习型组织建设对人才的成长非常重要，但只有不到55%的人才对当前单位的人才培养工作持肯定态度。在人才培养方式的选择上，学习型组织的建设和到发达地区交流学习以及在实践中学习等受到三类人才的普遍赞同。对于人才培养的作用，75.2%的专业技术人才甚至认为，“与提供良好的硬件设施相比，单位是否有重视人才培养的良好氛围对我来说更重要”。从这个意义上说，把人才培养提到多高的地位可能都不为过。

6. 待遇、平台、经济发展状况仍是吸引人才的关键要素，其中平台的重要性显著提升

三类人才的问卷调查都表明，待遇、科技平台以及经济（含城市）发展状况是吸引人才的关键要素，这些指标的认同度都在80%以上，其中经营管理人才认同“良好科技平台对企业吸引人才很重要”的比例达96%，认同“引进或

留住一批有实力的企业，才能引进更多的企业经营人才”比例也达 80.1%，专业技术人才在这两个选项中的比例也分别达到 83.8% 和 81.1%。虽然党政人才、专业技术人才认可的最高项目仍然是待遇，但平台重要性的上升是我们应当关注的。①

7. 市场化的人才配置方式受到普遍支持，但目前的配置比例仍然不高

86.0% 的党政人才、87.7% 的经营管理人才均认为，面向社会选拔人才是人才选拔方式的一种进步，但实际上，通过公开选拔或市场配置的人才所占的比例仍然不高，党政人才只有 25.0%、经营管理人才只有 30.3%、专业技术人才只有 32.3% 是通过公开招聘或者市场配置方式选拔的。从东、中、西三个区域的比较看，东部地区的市场化程度最高，中部次之，西部最低。

8. 人才重新择业时选择单位的标准突出“单位未来的发展前景”和“本人价值的实现”，而“单位所在地理位置”的重要性被弱化

在对“如果有机会重新选择，您会看中下列因素中的哪些?”项目进行排序选择时，在 10 个候选因素中，“单位未来的发展前景”和“能否发挥好个人的作用，实现自身的价值”被排在前两位，第三位是收入状况，第四位是单位性质，排在最后的是单位的地理位置。从三类人才的选择情况看，前两位的选择与总体一致，但党政人才将“单位性质”排在第三位；而从区域分布看，中西部地区的党政人才将“单位性质”排在第三、四位。这说明，中西部的党政人才风险意识更弱，更在意单位的性质。

与此同时，当对“如果有机会重新选择工作地点，您更愿意选择哪个地区?”进行调查时，除了西部地区经营管理人才中更多的人（37.3%）优先选择去中部工作外，其余地区的各类人才都优先选择东部，但是，进一步的研究发现，党政人才和专业技术人才中，现在能力发挥程度在 80% 以上的那部分人才选择“哪都一样”的比例高于能力发挥程度低的人才。这说明，优先选择东部地区的人才可能更看重的是东部地区的发展前景，而不仅仅是地理位置。

9. 党政机关成为人才重新选择的首选去向，创业受到认可

当对“如果您有机会重新选择，您更愿意去以下哪类单位工作?”进行调查时，无论党政人才，经营管理人才还是专业技术人才，他们首选都是去党政机关，认同的比例分别达到 42.4%、49.4% 和 24.9%。党政人才的第二选择是企业，占 26.4%，而经营管理人才和专业技术人才的第二选择均为创业，比例分别为 19.9% 和 18.5%。从三类人才选择的区域分布看，除了东部地区专业技术人才首选创业，然后选企业，中西部地区专业技术人才首选党政机关，后选大专院

① 笔者在 2005 年对江西省有关平台建设的吸引人才因素调研时，均不到 80%。见《江西崛起中的人才问题》，中国人事出版社，2005 年。

校和科研机构外，其他地区的相应人才选择并无差异。这说明，党政机关的吸引力仍然很高，人才的创业观念已被认可，而中西部地区专业技术人才的偏好仍然趋向稳定。

10. 专业技术人才最为紧缺，但不同地区之间紧缺的结构存在差异

调查显示，东、中、西三类地区都将专业技术人才作为本地区目前最紧缺的人才，认同比例分别达到57.7%、66.2%和51.0%，其次是经营管理人才。但对党政人才进行的分项调查显示，东部地区最缺高技能人才，认同比例为36.0%，其次是专业技术人才；中部地区最缺技术领军人才，认同比例为36.0%，其次是高技能人才；西部地区最缺经营管理人才，认同比例是42.4%，其次是技术领军人才。因此，加大专业技术人才培养力度具有重要的现实意义。

## 三、创新点

主要创新之处，体现在以下三个方面：

第一，将中西部地区作为一个整体进行人才与经济发展关系的研究，这种研究视角突破了过去仅仅将一个行政区划作为研究对象的限制，具有一定的创新性。

第二，利用数学模型，将人才资源从人力资源中分离出来，以进一步研究人才资源与一般劳动力作用的区别，从而揭示出经济增长过程中人才资源的作用机理，具有一定的开拓性。

第三，将适合度景观理论引入经济系统与人才系统的协调性分析，并且运用适合度景观理论对东、中、西部地区经济发展和人才资源的协调性进行了实证研究，这种研究对于拓展人才学研究的视野具有重要的引导作用。

# 第二章　中西部地区经济发展与人才资源状况分析

了解和把握中西部地区经济发展与人才资源状况，是分析、研究中西部地区经济发展中人才作用的基础性工作。本章将运用地区经济发展及人才发展中常用的评价指标，对中西部地区经济发展及人才资源的现状、发展态势进行分析，并将其与东部地区相应的指标进行比较，为本书研究问题的提出奠定基础。

## 第一节　中西部地区经济发展状况及其与东部的比较

中西部地区是指我国中部地区和西部地区的总称。

中部地区地处内陆腹地，虽然既不靠海也不沿疆，但其在我国社会发展、经济建设中的地位非常重要。中部地区国土面积为 101.3 万平方公里①，占全国总面积的 10%。人口为 35463 万人（2008 年），为全国总人口的 26.7%，6 个省份的人口密度都大大超过了全国平均水平，其中最低的山西省为每平方公里 227.4 人，远超全国每平方公里 138.33 人的平均水平。中部地区资源丰富，拥有煤炭资源总计 1293.83 亿吨，占全国总量的 39.7%，铜矿资源总计 1388.96 万吨，占全国总量的 49%，耕地面积占全国总量的 23.8%。中部地区科教基础较好，各类高校总数达 582 所，占全国总数的 25.7%。中部 6 省都是粮食生产大省，农业优势特别是粮食生产优势明显，2008 年粮食产量约占全国粮食总产量的 31%。拥有比较雄厚的工业基础，产业门类齐全，并已经初步形成便捷通达的水陆空交通网络。因此，发展中部地区具有承东启西、连南通北的区位意义。

西部地区地域辽阔，国土面积 685 万平方公里，占全国的 71.4%。人口众多，2008 年人口总计为 36522.37 万人，占全国总人口的 27.5%。西部地区自然资源丰富，石油总计 289043 万吨，占全国总量的 32%（全国总计包括海域占 13%），天然气总计 34049.62 亿立方米，占全国总量的 82.4%，森林面积 174.9

① 本小节所有数据均出自《中国统计年鉴》（2009），中国统计出版社 2010 年。

万平方公里，占全国总量的52%，铜矿资源总计1130.22万吨，占全国总量的39.1%，煤炭资源总计3261.44亿吨，占全国总量的50.9%。西部地区边疆线长，与10多个国家接壤，有超过1.8万公里陆地边境线。因此，发展西部地区对于地区间均衡发展、加强民族团结和保障边疆稳定具有非常重要的现实意义。

那么，中西部地区经济发展情况到底怎样？与东部比较优劣如何？下面从两个角度来分析：一是以2008年经济指标进行现状分析；二是以1999~2008年若干经济指标的变化情况作动态分析。①

## 一、中西部地区经济发展现状及其与东部的比较

比较地区间经济发展的情况，一种相对简单且可行的办法是对地区间人口、国内生产总值、财政收入及居民收入等指标进行量化比较。

我们可以对2008年东、中、西部地区间人口、GDP及财政收入情况进行总量比较，如表2-1所示。

表2-1　2008年东、中、西部经济总量比较

| 指标 \ 数值 \ 地区 | 东部 | 中西部 | | |
|---|---|---|---|---|
| | | 中西部总体 | 中部 | 西部 |
| 省市区数（个） | 10 | 18 | 6 | 12 |
| 国土面积（万平方公里） | 94.97 | 786.3 | 101.3 | 685 |
| 国土面积占全国的比例（%） | 9.9 | 81.4 | 10 | 71.4 |
| 人口总数（万人） | 47965 | 71985 | 35463 | 36522 |
| 人口占全国的比例（%） | 36.12 | 54.2 | 26.7 | 27.5 |
| GDP（万亿元） | 17.7580 | 12.1445 | 6.3188 | 5.8257 |
| GDP占全国的比例（%） | 54.27 | 37.11 | 19.31 | 17.8 |
| 财政收入（万亿元） | 1.6730 | 0.9563 | 0.4404 | 0.5159 |
| 财政收入占全国的比例（%） | 58.39 | 33.38 | 15.37 | 18.01 |

从经济总量比较看，中西部地区虽然包括18个省市区，国土面积占全国的81.4%，人口占全国的54.2%，但其2008年的GDP只占全国的37.11%，与东部地区占全国的54.27%相差17.16个百分点。在财政收入指标上，差距更大，中西部地区的财政收入仅占全国的33.38%，而东部地区却高达58.39%，相差25.01个百分点，中西部地区的财政收入只相当于东部的一半左右。从中西部地

① 1999年的数据反映了国家西部大开发政策正式确立启动前的情况。

区内部看，无论是从区域人口总数及占全国比值，还是从区域 GDP、财政收入总数及占全国比值上看，中部地区和西部地区具有较明显的相似性，这也从一个侧面说明，将中西部地区作为一个整体来研究是可行的。

考虑到东、中、西部地区所包括的省市区数量、人口等的不同，为了更深入地对东、中、西部地区经济状况进行比较，下面从人均的角度来考察这三个地区的经济情况。以人均 GDP、居民消费水平、职工平均工资、人均财政收入、城镇居民可支配收入和农民家庭人均纯收入 6 个经济指标来反映中西部地区的经济发展现状及其与东部的差距，仍以 2008 年数据为例，比较结果如表 2－2 所示。

**表 2－2　2008 年中西部地区经济发展状况及与东部的比较①**

| 指标 \ 数值 \ 地区 | 东部 | 中西部 | | |
|---|---|---|---|---|
| | | 中西部总体 | 中部 | 西部 |
| 人均 GDP（元） | 41395 | 16871 | 17818 | 15951 |
| 人均 GDP 相当于全国平均水平的比例（%） | 168 | 68.47 | 71.30 | 64.70 |
| 居民消费水平（元） | 13381 | 6171 | 6457.50 | 6027 |
| 居民消费水平相当于全国平均水平的比例（%） | 154 | 71.01 | 74.30 | 69.40 |
| 职工平均工资（元） | 35157 | 26760 | 24269 | 28005 |
| 职工平均工资相当于全国平均水平的比例（%） | 120 | 91.34 | 82.80 | 95.60 |
| 人均财政收入（元） | 2740 | 1403 | 1241.78 | 1412.61 |
| 人均财政收入相当于全国平均水平的比例（元） | 127 | 65.05 | 57.56 | 65.48 |
| 城镇居民可支配收入（元） | 19095 | 12893 | 13196.83 | 12741.78 |
| 城镇居民可支配收入相当于全国平均水平的比例（%） | 121 | 81.70 | 83.60 | 80.47 |
| 农民家庭人均纯收入（元） | 7379 | 3800 | 4436.67 | 3481.26 |
| 农民家庭人均纯收入相当于全国平均水平的比例（%） | 155 | 79.82 | 93.20 | 73.10 |

① 表 2－2 原始数据来源于《中国统计年鉴》(2009)。其中，人均 GDP 指标直接来源于《中国统计年鉴》(2009) 表 2－15 按三次产业分地区生产总值。居民消费水平指标来源于《中国统计年鉴》(2009) 表 2－25 各地区居民消费水平，经过均值计算得出。职工平均工资指标直接来源于《中国统计年鉴》(2009) 表 4－22 职工平均工资及指数。人均财政收入指标来源于《中国统计年鉴》(2009) 表 7－7 各地区财政收入和表 3－4 各地区人口的城乡构成和出生率、死亡率、自然增长率，经过比值计算得出。城镇居民可支配收入指标来源于《中国统计年鉴》(2009) 表 9－15 各地区城镇居民平均每人全年家庭收入来源，经过均值计算得出。农民家庭人均纯收入指标来源于《中国统计年鉴》(2009) 表 9－21 各地区农民家庭人均纯收入，经过均值计算得出。下文指标来源相同。

从人均角度看，中西部地区与东部地区的经济差距非常大。中西部地区的人均 GDP、居民消费水平、职工平均工资、人均财政收入、城镇居民可支配收入和农民家庭人均纯收入与东部地区的绝对差距分别为 24524 元、7210 元、8397 元、1337 元、6202 元和 3579 元。东、中、西部地区各项指标占相应指标全国总数的比值相差非常悬殊，东部地区指标值占相应指标全国总数比重都超过 100%，最高的人均 GDP 更是高达 168%，而中西部地区总体指标值占相应指标全国总数比重大多在 80% 以下，人均财政收入指标更是低至 65.05%。中西部地区内部则各有千秋，在人均 GDP、居民消费水平、城镇居民可支配收入和农民家庭人均纯收入 4 个指标上，中部好于西部，而在职工平均工资、人均财政收入两个指标上，西部则好于中部。

中部地区 6 个经济指标没有一个达到全国平均水平。最好的是农民家庭人均纯收入，中部地区农民家庭人均纯收入相当于全国平均水平的 93.2%，最差的是人均财政收入，中部地区人均财政收入仅相当于全国平均水平的 57.56%，刚过一半。

西部地区 6 个经济指标也没一个达到全国平均水平。最好的是职工平均工资，西部地区职工平均工资相当于全国平均水平的 95.6%，最差的是人均 GDP，西部地区人均 GDP 仅相当于全国平均水平的 64.7%。值得注意的是，西部地区有三个指标还没有达到全国平均水平的 70%，人均 GDP 相当于全国平均水平的 64.7%，居民消费水平相当于全国平均水平的 69.4%，人均财政收入相当于全国平均水平的 65.48%。这说明西部地区经济整体上与全国相比还有相当大的差距。西部地区职工平均工资与全国平均水平相比，之所以没有明显的差距，其原因主要是由于在西部的西藏、新疆、内蒙古、青海等地工作的体制内职工享受了国家特殊的津贴，从而拉高了职工平均工资水平。

中西部地区人均经济指标与东部的差距还可取中西部每个指标相当于东部相应指标的比值来衡量，如表 2－3 所示。

**表 2－3　2008 年中西部地区人均经济指标及与东部的比较**

| 地　区 | 指标绝对值（元） | 相当于东部的比例（%） |
|---|---|---|
| 中西部总体 | 人均 GDP：16884.5 | 40.70 |
| | 居民消费水平：6264.3 | 46.57 |
| | 职工平均工资：26137 | 74.19 |
| | 人均财政收入：1327.2 | 48.24 |
| | 城镇居民可支配收入：12969.3 | 67.50 |
| | 农民家庭人均纯收入：3958.97 | 53.46 |

续表

| 地　区 | 指标绝对值（元） | 相当于东部的比例（%） |
|---|---|---|
| 中部地区 | 人均 GDP：17818 | 42.97 |
| | 居民消费水平：6457.5 | 48.18 |
| | 职工平均工资：24269 | 68.89 |
| | 人均财政收入：1241.78 | 45.15 |
| | 城镇居民可支配收入：3196.83 | 68.63 |
| | 农民家庭人均纯收入：4436.67 | 59.91 |
| 西部地区 | 人均 GDP：15951 | 38.47 |
| | 居民消费水平：6027 | 44.96 |
| | 职工平均工资：28005 | 79.49 |
| | 人均财政收入：1412.61 | 51.36 |
| | 城镇居民可支配收入：12741.78 | 66.27 |
| | 农民家庭人均纯收入：3481.26 | 47.01 |

从表 2－3 可见，与东部地区相比，中部地区在职工平均工资指标上与东部地区差距最小，中部地区职工平均工资相当于东部地区的 68.89%，在人均 GDP 指标上与东部差距最大，中部地区人均 GDP 仅相当于东部地区的 42.97%，一半还不到。值得注意的是，与东部比较时，中部地区有三个指标没有达到东部水平的一半，即人均 GDP 仅相当于东部地区的 42.97%，居民消费水平相当于东部地区的 48.18%，人均财政收入相当于东部地区的 45.15%。这说明，中部地区与东部地区经济方面的差距还相当大。之所以出现职工平均工资差距小是因为职工平均工资统计绝大程度上还在传统体制内进行，受体制影响较深，东、中地区之间拉开的差距有限。而人均 GDP 指标上，中部地区在 GDP 总量上水平上并不高，人口又密集，所以人均 GDP 就低了许多。

与东部地区相比，西部地区也是在职工平均工资指标上与东部差距最小，西部地区职工平均工资相当于东部地区的 79.49%，在人均 GDP 指标上与东部差距最大，西部地区人均 GDP 仅相当于东部地区的 38.47%，不足一半。特别值得关注的是，与东部比较时，西部地区有三个指标没有达到东部水平的一半，即人均 GDP 相当于东部地区的 38.47%，居民消费水平相当于东部地区的 44.96%，农民家庭人均纯收入相当于东部地区的 47.01%，而人均财政收入刚过东部地区的一半，为 51.36%。这说明，西部地区与东部地区经济方面的差距也非常大。

为了更直观地表示出东、中、西部地区经济现状的差距，我们将上述数据制作成柱形图，如图 2－1 和图 2－2 所示。

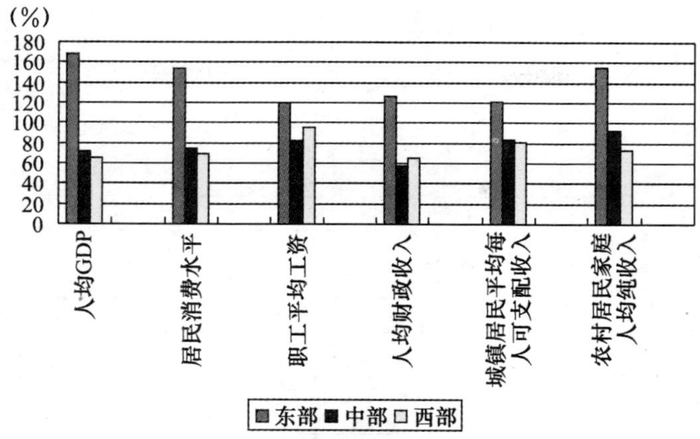


**图 2-1　2008 年东、中、西部 6 个经济指标相当于全国平均水平的柱形图①**

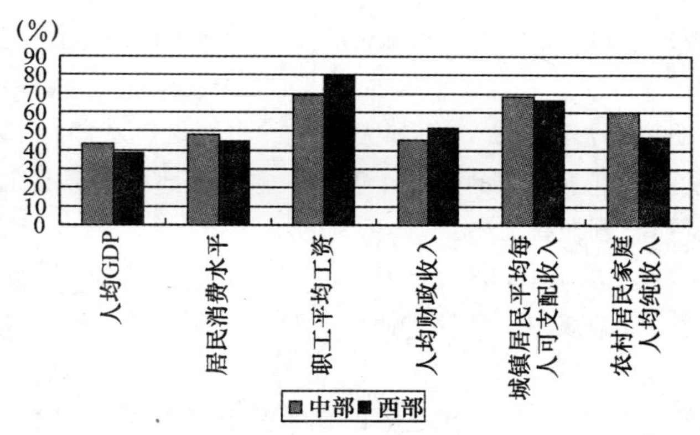


**图 2-2　2008 年中、西部地区 6 个经济指标相当于东部地区水平的柱形图**

## 二、中西部地区经济发展状况及其与东部的比较

从上节分析可知，就现状而言，中西部地区经济水平无论从与全国比较的角度还是与东部比较的角度看，差距都比较大，那么这种差距从 20 世纪末以来是缩小了还是扩大了呢？为说明这个问题，我们选取 1999 年及 2008 年这两个时间点的截面数据及期间的年均增长率来进行分析。

从总量上看，1999～2008 年，东、中、西部 6 个经济指标的绝对差距是越来

① 为了使图更美观、清晰，分类轴中以各经济指标代表该经济指标相当于全国平均水平的比重，即人均 GDP 的意思为人均 GDP 相当于全国人均 GDP 的比值，下文与东部比较时处理方法相同。

越大，基本上呈现出典型的剪刀差形状，如图 2－3 所示。

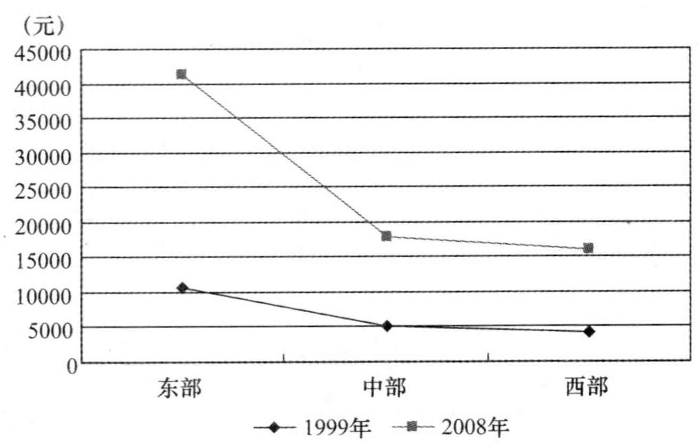


**图 2－3　1999 年、2008 年东、中、西部人均 GDP 差距变化①**

图 2－3 表明，尽管国家提出西部大开发、中部崛起战略已有多年，中西部地区的经济确实也得到了很快的发展，但东、中、西部的经济差距并没有如想象中那样缩小，反而急剧地拉大了。

从相对差距看，1999～2008 年，中西部地区 6 个人均经济指标相当于东部相应指标的比值是三个递减，一个没有变化，两个稍有上升，且递减的幅度大，上升的幅度小。

中西部地区人均 GDP 占东部地区的比重呈逐年递减的趋势，且降幅明显。中部地区占东部地区的比重由 1999 年的 68.46% 下降至 2008 年的 42.97%，西部地区占东部地区的比重由 1999 年的 56.27% 降至 2008 年的 38.47%。中西部地区人均 GDP 已经远远落后于东部地区的人均 GDP。

中西部地区人均财政收入占东部地区的比重也呈递减趋势。中部地区占东部地区的比重由 1999 年的 54.8% 下降至 2008 年的 45.15%，西部地区占东部地区的比重由 1999 年的 56.4% 降至 2008 年的 51.36%。说明中西部地区人均财政收入与东部地区的差距也在慢慢拉大。

中西部地区农民家庭人均纯收入占东部地区的比重呈递减趋势，降幅非常明显。中部地区占东部地区的比重由 1999 年的 69.32% 下降至 2008 年的 59.91%，

① 作图时引入了 2004 年数据，2004 年数据反映了中部崛起战略前及第一次全国人才工作会议前的情况。其他平均居民消费水平、职工平均工资、人均财政收入、城镇居民平均每人年可支配收入和农民家庭人均纯收入 5 个指标的折线图形状都与此相似，呈剪刀差形状，只是剪幅宽窄有所不同。

西部地区占东部地区的比重由1999年的59.89%降至2008年的47.01%。说明中西部地区工业化、城镇化的进程仍然赶不上东部地区。

中西部地区居民消费水平占东部地区的比重在1999~2008年并没有发生太大变化，基本保持在相同的水平上，占东部地区的40%~50%。这在一定程度上说明中西部地区平均居民消费水平与东部地区相比还有较大差距，并且没有出现差距缩小的趋势。

中西部地区职工平均工资占东部地区的比重呈上升的趋势，但增长幅度不大。中部地区占东部地区的比重由1999年的62.91%增长至2008年的68.89%；西部地区占东部地区的比重由1999年的74.18%增长至2008年的79.49%。虽然增幅不太明显，但说明中西部地区职工平均工资与东部地区的差距正在慢慢缩小。

中西部地区城镇居民可支配收入占东部地区的比重呈上升趋势。中部地区占东部地区的比重由1999年的65.77%上升至2008年的68.63%；西部地区占东部地区的比重由1999年的65.20%上升至2008年的66.27%。虽然上升幅度微小，但至少说明中西部地区城镇居民可支配收入与东部的差距正在向缩小的方向演进。

东、中、西部在经济总量上及人均指标上相对差距的拉大只是静态地反映了不同地区间的经济发展比较。如果从动态的角度即从年均增长速度看，可以发现，总体上在1999~2008年，东、中、西部在6个经济指标年均增长率上的差距没有总量上的差距大。如表2-4所示。

在6个指标中，除了人均GDP增幅东部地区明显高于中西部，人均财政收入和农民家庭人均纯收入增幅东部略高于中西部外，其他指标的增幅，三个区域大体相等，这说明，中西部地区在国家西部大开发、中部崛起战略的扶持下确实得到了很快发展，但由于中西部地区经济基础非常薄弱，工业化、城镇化任务艰巨，即便其经济指标的增幅保持同东部相同的速度，两类地区的发展差距还是要进一步拉大。那么，中西部地区近十年来经济的快速发展是否有人才的作用？中西部地区与东部差距的拉大又是否有人才因素的约束呢？

## 第二节 中西部地区人才资源及与东部的比较

人才资源应当由哪些指标来衡量？长期以来，对这个问题的回答可以说是见仁见智。最近发布的《国家中长期人才发展规划纲要（2010~2020年）》（简称《规划纲要》）所采用的指标为我们提供了明确的指导。该《规划纲要》明确用人才资源总量、每万劳动力中研发人员数量、高技能人才占技能劳动者比例、主

**表 2-4 1999~2008 年中西部经济发展及其与东部的比较**

| 指标＼年份＼地区 | 东部 | | | 中西部：中西部总体 | | | | | 中西部：中部 | | | | | 中西部：西部 | | | | |
|---|---|---|---|---|---|---|---|---|---|---|---|---|---|---|---|---|---|---|
| | 1999 | 2008 | 年均增长率（%） | 1999 | 1999相当于东部的比例（%） | 2008 | 2008相当于东部的比例（%） | 年均增长率（%） | 1999 | 1999相当于东部的比例（%） | 2008 | 2008相当于东部的比例（%） | 年均增长率（%） | 1999 | 1999相当于东部的比例（%） | 2008 | 2008相当于东部的比例（%） | 年均增长率（%） |
| 人均GDP | 7471 | 41467 | 20.98 | 4652 | 62.27 | 16871 | 40.69 | 15.39 | 5115 | 68.46 | 17818 | 42.97 | 14.87 | 4204 | 56.27 | 15951 | 38.47 | 15.97 |
| 居民消费水平 | 4620 | 13404 | 12.57 | 2150 | 46.54 | 6171 | 46.04 | 12.43 | 2267 | 49.07 | 6458 | 48.18 | 12.34 | 2092 | 45.28 | 6027 | 44.96 | 12.47 |
| 职工平均工资 | 10540 | 35229 | 14.35 | 7423 | 70.43 | 26760 | 75.96 | 15.31 | 6631 | 62.91 | 24269 | 68.89 | 15.51 | 7819 | 74.18 | 28005 | 79.49 | 15.23 |
| 人均财政收入 | 500 | 2751 | 20.86 | 278 | 55.60 | 1403 | 51.00 | 19.71 | 274 | 54.80 | 1242 | 45.15 | 18.28 | 282 | 56.40 | 1413 | 51.36 | 19.61 |
| 城镇居民可支配收入 | 7523 | 19228 | 10.99 | 4920 | 65.40 | 12893 | 67.05 | 11.30 | 4948 | 65.77 | 13197 | 68.63 | 11.52 | 4905 | 65.20 | 12742 | 66.27 | 11.19 |
| 农民家庭人均纯收入 | 541 | 7405 | 33.74 | 342 | 63.22 | 3800 | 51.32 | 30.68 | 375 | 69.32 | 4437 | 59.92 | 31.59 | 324 | 59.89 | 3481 | 47.01 | 30.19 |

要劳动年龄人口受过高等教育的比例、人力资本投资占国内生产总值比例以及人才贡献率6个指标作为衡量我们国家未来人才发展的指标。考虑到本书研究的需要以及资料的可获性，我们对6个指标进行了选择性细化，从人才资源总量、人才资源结构、人才资源投入、人才资源发展环境等4个方面来对中西部地区的人才资源进行梳理，不但对东、中、西部地区人才资源的现状即2008年的情况进行比较，还就东、中、西部地区1999～2008年的增长率进行了动态比较。

各类指标的界定范围是：

1. 人才资源总量指标

由于人才资源总量统计存在很大的不确定性，为比较方便，本书拟将就业人员中受过本（专）科及研究生教育人数、国有企事业单位专业技术人员人数、科技人员人数、每10万人口中本（专）科及研究生人数作为人才资源总量。

2. 人才资源结构指标

包括人才的学历结构即研究生学历人口占就业人口中受过本（专）科及研究生教育人数比例；人才的类别结构即专业技术人员中不同类别技术人员（工程技术人员、农业技术人员、科研人员、卫生技术人员、教学人员）所占专业技术人员总数比例、科技人员中不同类别科技人员（研发机构科技人员、规模以上工业企业科技人员、高等院校科技人员）所占科技人员总数比例；人才的层次结构，即高技能人才数量及其占技能劳动者比例、高层次人才数量。

3. 人才资源投入指标

包括地区财政性教育支出占GDP比重、人均文教科卫支出占人均GDP比重、城镇居民家庭平均每年消费性支出中的教育支出等。

4. 人才资源发展环境指标

包括人才资源发展的平台环境，这里所指的人才资源发展平台包括高等院校数量和博士后站数量，此外，人才资源发展环境还包括卫生技术人员数量、教育人员数量。

## 一、中西部地区人才资源总量及与东部的比较

按照上述指标界定的范围，我们通过四类人才数量，即就业人员中受过本（专）科及研究生教育人数、国有企事业单位中专业技术人员数、科技人员数、每10万人口中本（专）科及研究生人数等来进行比较。

1. 就业人员中受过本（专）科及研究生教育人数

就业人员是直接为社会创造财富和价值的群体，这个群体的素质如何直接影响到一个地区生产力水平的高低，因此，国际上通常采用就业人员中不同受教育

者比例来判断一个地区劳动力质量的高低。这里，我们将就业人员中大专及以上人数作为人才的基本面来度量人才的数量。1999 年、2008 年东、中西部地区就业人员中受过本（专）科及研究生教育人数如表 2－5 所示。

**表 2－5　东、中西部地区就业人员中受过本（专）科及研究生教育人数及增长率比较**

| 地区 \ 数值 \ 年份 | | 1999 年 | 2008 年 | 1999～2008 年均增长率（%） |
|---|---|---|---|---|
| 东部（万人） | | 1044.48 | 2493.79 | 10.2 |
| 中西部 | 中西部总体（万人） | 1056.46 | 2090.48 | 7.9 |
| | 中部（万人） | 545.60 | 1090.62 | 8.0 |
| | 西部（万人） | 510.86 | 999.86 | 7.7 |

资料来源：《中国统计年鉴》各年、《中国劳动统计年鉴》（2000、2009），中国统计出版社。各省就业人员中受过本（专）科及研究生教育人数的数据由《中国统计年鉴》（2009）表 4－4 各地区按三次产业分就业人员数乘以《中国劳动统计年鉴》（2009）表 1－46 各地区就业人员受教育程度构成计算得出。

为了更直观地反映两个时间面东、中西部就业人员中大专及以上人数的比较，我们将表 2－5 绘成图 2－4。

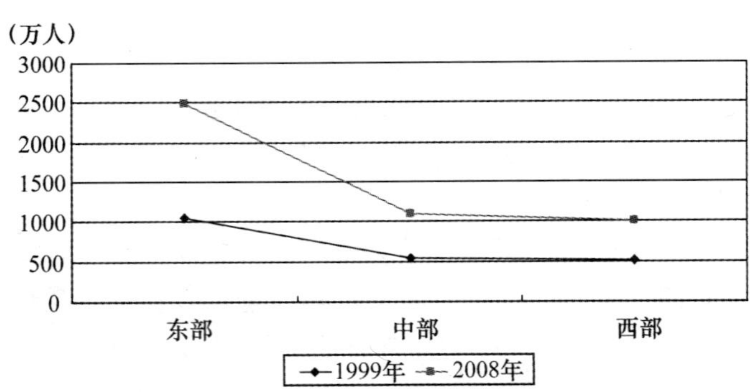


**图 2－4　东、中西部地区就业人员中受过本（专）科及研究生教育人数比较**

就 2008 年的现状看，东部地区就业人员中受过本（专）科及研究生教育的人数比中西部地区多，就中西部内部而言，中部地区又比西部多。东部地区以仅占全国 18.6% 的国土面积却吸引、容纳了全国近 50% 的高素质人才就业。

从动态发展情况看，尽管两类地区的人才总量都在增长，东部地区的人才增长率却高于中西部，分别为 10.2% 和 7.9%。1999 年中西部地区整体人才总量相

当于东部地区的101.15%，而到了2008年时，中西部地区人才总量仅有东部的83.83%。中西部地区人才资源发展速度落后于东部地区。

2. 国有企事业单位中专业技术人员数

专业技术人才是指企事业单位中已经聘任专业技术职务从事专业技术工作和专业技术管理工作的人员，以及未聘任专业技术职务，现在专业技术岗位上工作的人员，包括工程技术人员、农业技术人员、科学研究人员、卫生技术人员、教学人员、经济人员、会计人员、统计人员、翻译人员、图书资料管理人员、档案管理人员、文博人员、新闻出版人员、律师、公证人员、广播电视播音人员、工艺美术人员、体育人员、艺术人员及企业政治思想工作人员，共17个专业技术职务类别。专业技术人员主要从事的是创造性劳动，是一个国家或地区科技人力资源的最好反映，是人才队伍的主力军。在我国，专业技术人员主要分布在国有企事业单位，随着市场经济的发展，非公有制单位的专业技术人才也越来越多。东、中、西部地区国有企事业单位中专业技术人员数量变化情况如表2－6所示。

**表2－6 东、中西部地区国有企事业单位中专业技术人数及增长率比较**

| 地区 \ 数值 \ 年份 | | 1999年 | 2008年 | 1999～2008年均增长率（%） |
|---|---|---|---|---|
| 东部（万人） | | 672.24 | 718.69 | 0.7 |
| 中西部 | 中西部总体（万人） | 950.32 | 1068.10 | 1.3 |
| | 中部（万人） | 462.22 | 505.19 | 1.0 |
| | 西部（万人） | 488.10 | 562.91 | 1.6 |

资料来源：《中国统计年鉴》（2000、2009），中国统计出版社。

从绝对数量上看，两个时间截面上，东部地区专业技术人数都少于同期的中西部地区人数。从增长趋势上看，1999～2008年，东部地区国有企事业单位专业技术人员年均增长率为0.7%，中西部地区则有1.3%的年均增长率，其中中部地区又低于西部地区，东、中、西部的年均增长率顺次增高，反映出专业技术人员在不同体制单位分布的变化，非国有单位吸纳专业技术人员的增多、东部地区民营经济的更快发展，使国有单位专业技术人员年均增长率降低。

3. 科技人员数

科技活动人员是指直接从事科技活动及专门从事科技活动管理和为科技活动提供直接服务，累计的实际工作时间占全年制度工作时间10%及以上的人员。直接从事科技活动的人员，包括在独立核算的科学研究与技术开发机构、高等学校、各类企业及其他事业单位内设的研究室、实验室、技术开发中心及中试车间（基地）等机构中从事科技活动的研究人员、工程技术人员、技术工人及其他人员；虽不在上述机构工作，但编入科技活动项目（课题）组的人员；科技信息与文献机构中的专业技术人员；从事论文设计的研究生等。专门从事科技活动管理和为科技活动提供直接服务的人员，包括独立核算的科学研究与技术开发机构、科技信息与文献机构、高等学校、各类企业及其他事业单位主管科技工作的负责人，专门从事科技活动的计划、行政、人事、财务、物资供应、设备维护、图书资料管理等工作的各类人员，但不包括为科技活动提供间接服务的人员。科技人员队伍指标用来反映投入科技活动、从事创造性劳动的人才的规模。在我国，科技人员主要是分布在研究与开发机构、大中型企业以及高等学校内。

表 2－7 反映了 1999～2008 年东、中、西部地区科技活动人员数变化的情况，从表中可见，1999 年东部地区科技活动人员总数与中西部不相上下，中西部地区科技活动人员数是东部地区的 96.8%，在中西部内部，中部与西部也相差不大。但到了 2008 年，东部地区科技活动人员数远远多于中西部，中西部地区科技活动人员数仅为东部的 66.7%，中部地区也远远多于西部。

**表 2－7　东、中、西部地区科技活动人员数**

| 年份／数值／地区 | | 1999 年 | 2008 年 | 1999～2008 年均增长率（%） |
|---|---|---|---|---|
| 东部（人） | | 1193588 | 2592959 | 9.0 |
| 中西部 | 中西部总体（人） | 1154943 | 1730540 | 4.6 |
| | 中部（人） | 649841 | 1014791 | 5.1 |
| | 西部（人） | 505102 | 715749 | 3.9 |
| 东、中、西部总数 | | 2348531 | 4323499 | 7.0 |

资料来源：《中国科技统计年鉴》（2000、2009），中国统计出版社。

1999 年到 2008 年的年均增长率，东部地区为 9%，而中西部只有 4.6%，其中西部地区只有 3.9%，约相当于东部地区的 1/3。从自然增长看，中西部与东部的增长率不应该有这么大的差距，比较合理的解释应该是这期间许多中西部特别是西部地区的科技活动人员因为受东部地区更好条件的吸引，从中西部流失到了东部，也反映出东部地区经济的快速发展、转型对科技人才的需求迫切，吸纳能力增强。

4. 每 10 万人口中本（专）科及研究生人数

从表 2－8 可以看出，在每 10 万人口中本（专）科及研究生人数指标上，中西部地区小于东部地区，且总量的绝对差值随着时间推移越来越大，1999 年中西部地区为 2200 人，东部地区有 3500 人，相差 1300 人；2008 年中西部地区为 5200 人，东部地区有 7800 人，相差 2600 人。这说明本（专）科及研究生人才主要分布在东部地区经济较为发达的地方，而经济不够发达的中西部地区本（专）科及研究生人才数量则较少，并且两者间的差距在加大。就中西部地区内部而言，1999 年时中部地区和西部地区每 10 万人口中本（专）科及研究生人才数量基本相等，但到 2008 年时，西部地区比中部地区少了许多，分别为 4800 人和 5600 人，相差 800 人。

从动态增长情况看，东、中、西部在 1999 ~ 2008 年的每 10 万人口中本（专）科及研究生人数年均增长率都比较大，在 10% 左右，但东部地区增长率与中西部总体及中部和西部的增长率差距都不很明显。其中，东部每 10 万人口中本（专）科及研究生人数增长率为 9.3%，比中西部地区的增长率稍小，比中部地区的增长率小，但比西部地区的增长率又稍大。说明东、中、西部地区在 1999 ~ 2008 年的每 10 万人口中本（专）科及研究生人数增长较为均衡。

**表 2 – 8　东、中、西部地区每 10 万人口中本（专）科及研究生人数**

| 地区 \ 数值 \ 年份 | | 1999 年 | 2008 年 | 1999 ~ 2008 年均增长率（%） |
|---|---|---|---|---|
| 东部（万人） | | 3500 | 7800 | 9.3 |
| 中西部 | 中西部总体（人） | 2200 | 5200 | 9.8 |
| | 中部（人） | 2300 | 5600 | 10.4 |
| | 西部（人） | 2200 | 4800 | 9.1 |

资料来源：《中国统计年鉴》（2000、2009），中国统计出版社。

## 二、中西部地区人才资源结构及与东部的比较

人才资源结构对经济发展有重要的影响，合理的人才资源结构既是人才队伍质量的体现，又是其经济结构的反映。人才资源结构有学历结构、年龄结构、职称结构、性别结构、类别结构等。下面通过人才学历结构、类别结构和层次结构 3 个指标来比较东、中、西部地区的人才资源结构。人才学历结构是指就业人口中研究生学历人数占大专以上受教育人数的比例；人才类别结构是指专业技术人员中不同类别技术人员（工程技术人员、农业技术人员、科研人员、卫生技术人员、教学人员）所占专业技术人员总数的比例、科技人员中不同类别科技人员

（研发机构科技人员、规模以上工业企业科技人员、高等院校科技人员）占科技活动人员总数的比例；人才层次结构是指高技能人才数量及其占技能劳动者比例、高层次人才数量等。

1. 就业人员中研究生学历人数占大专以上受教育人数的比例

研究生是我国最高学历的人才，其目标是着重培养从事创造性活动的人才，就业人员中研究生学历人数占大专以上受教育人数比例是一个地区人才资源结构高低的最好反映。这里，将东、中、西部地区2004年和2008年就业人员中研究生学历人数占大专以上受教育人数的比例进行比较分析，如表2－9所示。

**表2－9 东、中、西部地区就业人员中研究生学历人数及其占大专以上受教育人口比重**

| 地区 \ 数值 \ 年份 | | 2004年 | | 2008年 | | 2004～2008年均增长率（%） |
|---|---|---|---|---|---|---|
| | | 研究生（万人） | 研究生占大专以上受教育人口比重（%） | 研究生（万人） | 研究生占大专以上受教育人口比重（%） | |
| 东部 | | 58.06 | 3.9 | 108.98 | 5.6 | 7.20 |
| 中西部 | 中西部总体 | 53.14 | 2.5 | 61.25 | 3.6 | 1.60 |
| | 中部 | 13.10 | 1.8 | 21.14 | 1.9 | 5.50 |
| | 西部 | 40.04 | 0.7 | 40.11 | 1.7 | 0.02 |

资料来源：《中国劳动统计年鉴》（2005、2009），中国统计出版社。由于缺乏1999～2003年的数据，故选取2004年的数据作为比较。

从表2－9可知，2004～2008年，尽管两类地区研究生人数都在增长，但东部地区增长更快，东部地区研究生人数由2004年的58.06万人增长到2008年的108.98万人，年均增长率为7.2%，而中西部地区增长却非常有限，中西部总体的研究生人数由2004年的53.14万人增长到2008年的61.25万人，年均增长率仅为1.6%。在中西部内部，中部地区年均增长率达到5.5%，增长比较明显，而西部则只有0.02%，几乎没有增长。从总量上看，2004年中西部地区研究生人数为东部的91.5%，而到了2008年则只有东部的56.2%，这说明两类地区在高层次人才上的差距也在拉大。

2. 不同类别专业技术人员人数及其占总专业技术人数的比例

国有企事业单位中的专业技术人才主要包括工程技术人才、农业技术人才、科学研究人才、卫生技术人才和教学人才5个类别。不同地区五类专业技术人才的分布结构也反映出当地经济结构。两类地区专业技术人才结构分布如表2－10所示。

**表 2－10　东、中、西部地区各类专业技术人员人数分布**

| 1999 年 | | 合计 | 工程技术人员 | 农业技术人员 | 科学研究人员 | 卫生技术人员 | 教学人员 |
|---|---|---|---|---|---|---|---|
| 东部（人） | | 6722407 | 1489532 | 176559 | 1074765 | 40969 | 3940582 |
| 所占总数比例（%） | | 100 | 22.2 | 2.6 | 16.0 | 0.6 | 58.6 |
| 中西部 | 中西部总体（人） | 9503132 | 1676068 | 367154 | 1505452 | 49760 | 5904698 |
| | 所占总数比例（%） | 100 | 17.6 | 3.9 | 15.8 | 0.5 | 62.1 |
| | 中部人数（人） | 4622161 | 808516 | 133364 | 731935 | 24716 | 2923630 |
| | 所占总数比例（%） | 100 | 17.5 | 2.9 | 15.8 | 0.5 | 63.3 |
| | 西部人数（人） | 4880971 | 867552 | 233790 | 773517 | 25044 | 2981068 |
| | 所占总数比例（%） | 100 | 17.8 | 4.8 | 15.8 | 0.5 | 61.1 |
| 2008 年 | | 合计 | 工程技术人员 | 农业技术人员 | 科学研究人员 | 卫生技术人员 | 教学人员 |
| 东部（人） | | 7186941 | 1042255 | 164980 | 54866 | 1419399 | 4505441 |
| 所占总数比例（%） | | 100 | 14.5 | 2.3 | 0.8 | 19.7 | 62.7 |
| 中西部 | 中西部总体（人） | 10681026 | 1348891 | 429273 | 56586 | 1827607 | 7018669 |
| | 所占总数比例（%） | 100 | 12.6 | 4.0 | 0.5 | 17.1 | 65.7 |
| | 中部（人） | 5051940 | 594371 | 138171 | 28247 | 905834 | 3385317 |
| | 所占总数比例（%） | 100 | 11.8 | 2.7 | 0.6 | 17.9 | 67.0 |
| | 西部（人） | 5629086 | 754520 | 291102 | 28339 | 921773 | 3633352 |
| | 所占总数比例（%） | 100 | 13.4 | 5.2 | 0.5 | 16.4 | 64.5 |

资料来源：《中国统计年鉴》（2000、2009），中国统计出版社。

从表 2－10 中可看出，两个时间点上：一是总量上东部国有企事业单位专业技术人员不及中西部总体的人数，前者大概是后者的 2/3；二是东部地区农业技术人员所占总数比例较低，而中西部特别是西部地区农业技术人员人数不但在总数上远远多于东部，在所占比例上也要远大于东部，这与西部地区农业经济在整体经济中所占分量较大有密切关系；三是东部地区在工程领域、科研领域、卫生事业等方面拥有的人才比例比中西部要高。

东、中、西部专业技术人员结构的共同点有三条：一是 1999 年东、中、西部的卫生技术人员比例都很小，但到 2008 年时比例明显增大，增量最多的为东部（从 0.6% 到 19.7%），说明这 10 年间国家在卫生人才培养方面有了长足的发展；二是在 2004～2008 年，科学研究人员在人数和所占比例上都大幅度下降，这和国家推进的科技体制改革有关，另外，也不可否认，这与一些企业存在重短期利益、轻科技创新投入有关，因此值得关注；三是教学人员占专业技术人员的比重明显比其他四类技术人员所占比重要大，大都在60%以上，其中2008年中部地区的教学人员占总专业技术人员比例为两个时间点最大，达67%。这说明，从1999年开始的高等教育大众化发展为高等教育吸纳人才提供了条件，同时也说明，其他经济一线领域专业技术人才偏少，应该加强。

3. 不同类别科技人员数及其占科技人员总数的比例

科技人员主要分布在研究与开发机构、规模以上工业企业和高等院校，表2－11列出了东、中、西部地区三类科技人员人数及其所占总数的比例。

**表2－11　东、中、西部地区三类科技人员数及其占总数的比例**

| 1999年 | | 科技人员总数 | 研究与开发机构科技人员 | 规模以上工业企业科技人员 | 高等学校科技活动人员 |
|---|---|---|---|---|---|
| 东部（人） | | 1193588 | 293505 | 719184 | 180899 |
| 所占总数比例（%） | | 100 | 24.6 | 60.3 | 15.2 |
| 中西部 | 中西部总体（人） | 1154943 | 259431 | 734501 | 161011 |
| | 所占总数比例（%） | 100 | 22.5 | 63.6 | 13.9 |
| | 中部（人） | 649841 | 129188 | 422062 | 98591 |
| | 所占总数比例（%） | 100 | 19.9 | 64.9 | 15.2 |
| | 西部（人） | 505102 | 130243 | 312439 | 62420 |
| | 所占总数比例（%） | 100 | 25.8 | 61.9 | 12.4 |
| 2008年 | | 科技人员总数 | 研究与开发机构科技人员 | 规模以上工业企业科技人员 | 高等学校科技活动人员 |
| 东部（人） | | 2592959 | 265804 | 556467 | 300263 |
| 所占总数比例（%） | | 100 | 10.3 | 21.5 | 11.6 |
| 中西部 | 中西部总体（人） | 1730540 | 222245 | 711814 | 279444 |
| | 所占总数比例（%） | 100 | 12.8 | 41.1 | 16.1 |
| | 中部（人） | 1014791 | 100018 | 435532 | 157418 |
| | 所占总数比例（%） | 100 | 9.9 | 42.9 | 15.5 |
| | 西部（人） | 715749 | 122227 | 276282 | 122026 |
| | 所占总数比例（%） | 100 | 17.1 | 38.6 | 17.0 |

资料来源：《中国科技统计年鉴》（2000、2009），中国统计出版社。

从表2－11可以看出，1999年，中西部地区与东部地区科技人员总数相差无几，中西部地区科技人员总数是东部地区的96.8%，但到2008年，中西部地区

仅有东部的66.7%。这说明，两类地区科技人员总数的差距也在拉大。

4. 高技能人才占技能人才的比重

技能人才是指拥有一定技术和能力的人才，根据国家劳动和社会保障部的规定，通过国家职业技能鉴定，取得初级、中级、高级、技师和高级技师等证书的称为技能人才。高技能人才，指在生产、运输和服务等领域岗位一线的从业者中，熟练掌握专门知识和技术，具备精湛的操作技能，并在工作实践中能够解决关键技术和工艺的操作性难题的人员。主要包括技能劳动者中取得高级技工、技师和高级技师职业资格及相应职级的人员。《规划纲要》提出，“适应走新型工业化道路和产业结构优化升级的要求，以提升职业素质和职业技能为核心，以技师和高级技师为重点，形成一支门类齐全、技艺精湛的高技能人才队伍”。

在《劳动统计年鉴》中有“分地区职业技能鉴定综合情况”，我们将其中鉴定为高级、技师和高级技师的统称为高技能人才。不同地区高技能人才数及其占技能人才的比例如表2－12和图2－5所示。

**表2－12 东、中、西部地区高技能人才总数及其占技能人才的比重**

| 地区 \ 数值 \ 年份 | | 1999年 | | 2008年 | | 1999～2008年均增长率（%） |
|---|---|---|---|---|---|---|
| | | 人数（万人） | 比重（%） | 人数（万人） | 比重（%） | |
| 东部 | | 10.90 | 6.1 | 82.24 | 14.7 | 25.2 |
| 中西部 | 中西部总体 | 20.26 | 16.0 | 79.51 | 15.8 | 16.4 |
| | 中部 | 12.26 | 17.6 | 41.62 | 20.7 | 14.5 |
| | 西部 | 8.00 | 14.1 | 37.89 | 12.5 | 18.9 |

资料来源：《中国劳动统计年鉴》（2000、2009），中国统计出版社。

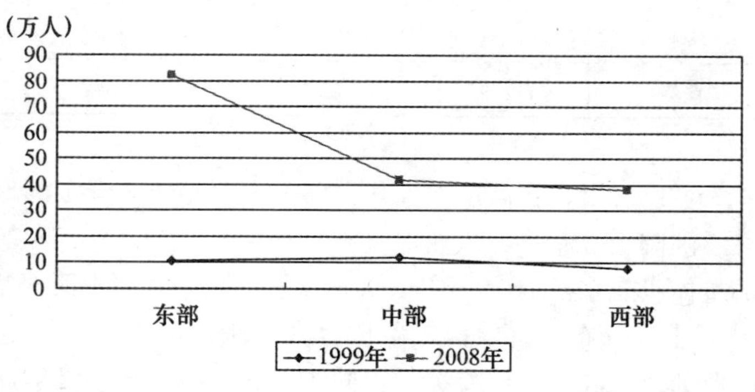


图2－5 东、中、西部高技能人才数量比较

从总量上看，1999 年中西部地区拥有比东部地区更多的高技能人才，但到了 2008 年，东部地区反而超过了中西部地区。就高技能人才占技能人才的比例看，则两个时间点都是中西部高于东部，但差距急剧缩小。

从动态发展情况看，两类地区高技能人才增长率都较高，但东部地区增长率比中西部地区高出 8.8 个百分点。东部地区高级技能人才的快速发展有力地支持了东部地区工业化和城镇化的进程。

5. 高层次人才

高层次人才是指在某一领域具有出众智力、渊博知识、超常技能的人力资源。高层次人才不仅具有较高的学历，而且正在或者已经为社会作出了杰出的贡献。《规划纲要》提出，我国人才发展目标为“围绕提高自主创新能力、建设创新型国家，以高层次创新型科技人才为重点，努力造就一批世界水平的科学家、科技领军人才、工程师和高水平创新团队，注重培养一线创新人才和青年科技人才，建设宏大的创新型科技人才队伍”。因此，高层次人才的多少是一个地区人才资源质量的重要方面。下面就以两院院士、长江学者和博士后为例，对东、中、西部地区高层次人才情况进行比较。

根据中国科学院网站、中国工程院网站、长江学者网站、全国博士后管理委员会网站的相关资料，将现有院士、长江学者及博士后数据的分布情况列入表 2－13，并绘成图 2－6。

**表 2－13　东、中、西部地区高层次人才数量**　　单位：人

| 地区＼指标 | | 科学院院士 | 工程院院士 | 长江学者 | 博士后 |
|---|---|---|---|---|---|
| 东部 | | 557 | 535 | 1058 | 7152 |
| 中西部 | 中西部总体 | 75 | 137 | 382 | 1796 |
| | 中部 | 41 | 63 | 202 | 944 |
| | 西部 | 34 | 74 | 180 | 852 |

由表 2－13 可以看出，在高层次人才方面，中西部地区与东部地区有非常大的差距。从科学院院士分布看，中西部整体只有东部的 13.5%；从工程院院士分布看，中西部整体只有东部的 25.6%；从长江学者分布看，中西部整体只有东部的 36.1%；从博士后分布看，中西部整体也只有东部的 25.1%。这种差距既与东部地区和中西部地区经济差距有关，也同东部地区拥有更多吸纳高层次人才的平台有关。东部地区与中西部地区高层次人才的这种巨大反差，对形成东、中西部地区经济发展的差距具有非常重要的影响。

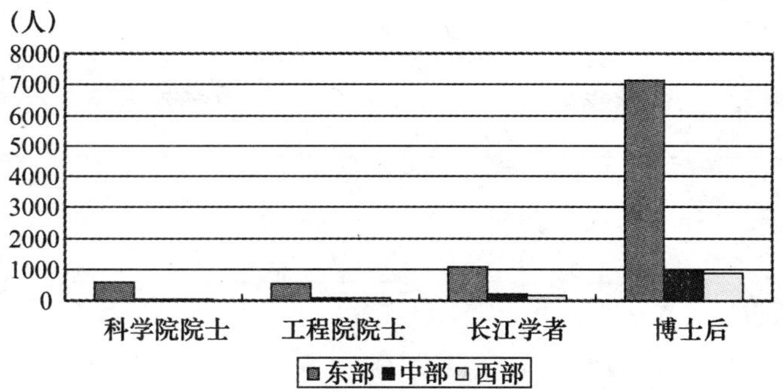


**图 2-6　东、中、西部地区高层次人才数量比较**

## 三、中西部地区人才资源投入及与东部的比较

人才资源投入是保障人才资本存量持续增长、人才质量不断改善及促使人才更好发挥作用的前提。人才资源投入包括人才资源公共投入（政府对人才资源培育的投入）和人才资源私人投入（居民个人或家庭对人才资源培育的投入）两部分。应该说，人才资源的投入有很多内容，其中教育投入被公认为是最主要的内容。因此，这里用教育投入作为人才资源投入进行比较。

1. 人才资源公共投入比较

人才资源公共投入是指政府对教育的投入，包括地方财政性教育支出和地方文教科卫支出。

（1）地方财政性教育支出及其占地方 GDP 比重。东、中、西部地区地方财政性教育支出及其占地方 GDP 比重的情况如表 2-14 和图 2-7 所示。

**表 2-14　东、中、西部地方财政性教育支出及其占地方 GDP 比重**

| 年份 / 指标 / 地区 | 1999 年 | 2008 年 | 1999～2008 年均增长率（%） |
|---|---|---|---|
| 东部教育支出（万元） | 964.036 | 3448.787 | 15.2 |
| 中西部教育支出总数（万元） | 858.620 | 3381.036 | 16.4 |
| 中部教育支出（万元） | 393.496 | 1524.826 | 16.2 |
| 西部教育支出（万元） | 465.124 | 1856.210 | 16.6 |
| 东部 GDP（万元） | 45439.260 | 177579.560 | 16.4 |
| 中西部 GDP 总数（万元） | 33493.214 | 121444.610 | 15.4 |

续表

| 指标 \ 年份 / 地区 | 1999 年 | 2008 年 | 1999～2008 年均增长率（%） |
|---|---|---|---|
| 西部 GDP（万元） | 15354.020 | 58256.580 | 16.00 |
| 东部教育支出/东部 GDP（%） | 2.1 | 1.9 | -1.11 |
| 中西部教育支出总数/中西部 GDP 总数（%） | 2.6 | 2.8 | 0.83 |
| 中部教育支出/中部 GDP（%） | 2.2 | 2.4 | 0.97 |
| 西部教育支出/西部 GDP（%） | 3.0 | 3.2 | 0.72 |

资料来源：《中国统计年鉴》（2000、2009），中国统计出版社。

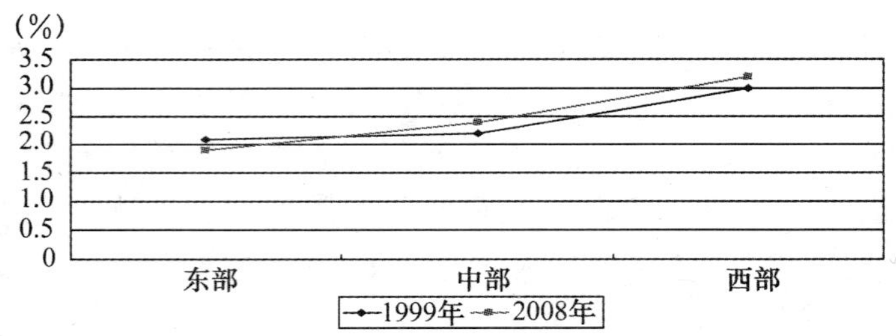


**图 2-7　东、中、西部地区地方财政性教育支出及其占地方 GDP 比重**

财政性教育支出占 GDP 比例主要反映政府对人才资源投入的重视程度。从表 2-14 中可看出以下特点：一是在政府财政教育支出的绝对数上，东部地区多于中西部地区。这与东部地区经济条件更好有关。二是中西部地区政府教育支出增长快于东部地区。东部地区的年均增速为 15.2%，中西部地区则为 16.5%。三是从地区财政教育支出占地区 GDP 的比例看，则呈现东部地区小于中西部地区的情形，即中西部总体上比例较东部更高，且两者的差距随时间推移变大，1999 年中西部高出东部 0.5 个百分点，而到 2008 年时则高出 9 个百分点。这是因为东部地区的 GDP 总量远远高于中西部的原因，同时随着时间推移，中西部地区与东部地区 GDP 差距越来越大，所以，尽管东部地区的教育支出总数较中西部大，但所占比重却相对较小。四是在中西部地区内部，无论是地方财政教育性支出的绝对数，还是教育支出占 GDP 的比重，西部均高于中部。

（2）地方文教科卫支出及其占 GDP 比重。文教科卫支出比单纯的教育支出范围更广。东、中、西部地区文教科卫支出及其占 GDP 比重如表 2-15 和图 2-8 所示。

**表 2-15 东、中、西部地区人均文教科卫投入与人均 GDP 之比**

| 指标 \ 年份 | 1999 年 | 2008 年 | 1999~2008 年均增长率（%） |
|---|---|---|---|
| 东部人均文教科卫（万元） | 0.024 | 0.085 | 15.1 |
| 中西部人均文教科卫支出总数（万元） | 0.013 | 0.066 | 19.8 |
| 中部人均文教科卫（万元） | 0.011 | 0.064 | 21.6 |
| 西部人均文教科卫（万元） | 0.015 | 0.067 | 18.1 |
| 东部人均 GDP（万元） | 1.076 | 3.702 | 14.7 |
| 中西部人均 GDP 总数（万元） | 0.469 | 1.687 | 15.3 |
| 中部人均 GDP（万元） | 0.511 | 1.782 | 14.9 |
| 西部人均 GDP（万元） | 0.428 | 1.595 | 15.7 |
| 东部人均文教科卫/人均 GDP（%） | 2.2 | 2.3 | 0.5 |
| 中西部人均文教科卫/人均 GDP（%） | 3.1 | 3.9 | 2.6 |
| 中部人均文教科卫/人均 GDP（%） | 2.2 | 3.6 | 5.6 |
| 西部人均文教科卫/人均 GDP（%） | 3.4 | 4.2 | 2.4 |

资料来源：《中国劳动统计年鉴》（2000、2009），中国统计出版社。

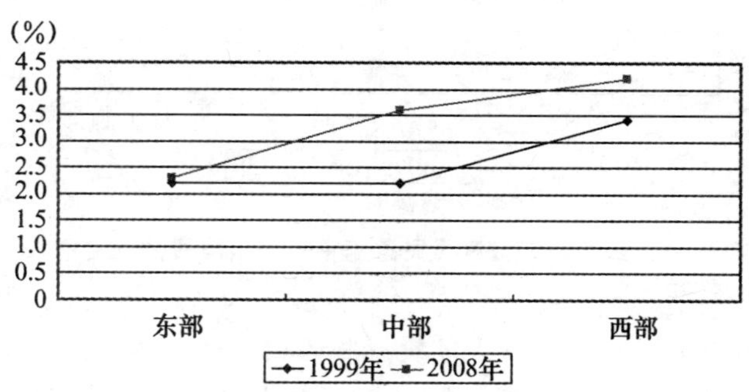


**图 2-8 东、中、西部地区人均文教科卫投入占人均 GDP 比重比较**

从表 2-15 可看出，东部地区人均文教科卫投入比中西部地区要多，但中西部比东部增长得更快，说明中西部地区虽然经济基础薄弱，但当地政府对文教科卫等社会发展领域的投入还是比较重视的。

2. 人才资源私人投入比较

人才资源私人投入是指人才个人或家庭用于人才资本的培育和积累所进行的

投入。它与政府财政中教育支出及政府文教科卫支出不同，反映的是私人用于人才的投入情况。这里用城镇居民家庭平均每年消费性支出中教育支出这一指标来代表。东、中、西部地区城镇居民家庭平均每年教育开支情况比较如表2－16和图2－9所示。

**表2－16 东、中、西部地区城镇居民家庭平均每年消费性支出中教育支出**

| 地区 \ 数值 \ 年份 | | 1999年 | 2008年 | 1999～2008年均增长率（%） |
|---|---|---|---|---|
| 东部（元） | | 383.0 | 745 | 7.7 |
| 中西部 | 中西部总体（元） | 298.5 | 487 | 5.6 |
| | 中部（元） | 312.0 | 529 | 6.0 |
| | 西部（元） | 285.0 | 445 | 5.1 |

资料来源：《中国统计年鉴》（2000、2009），中国统计出版社。

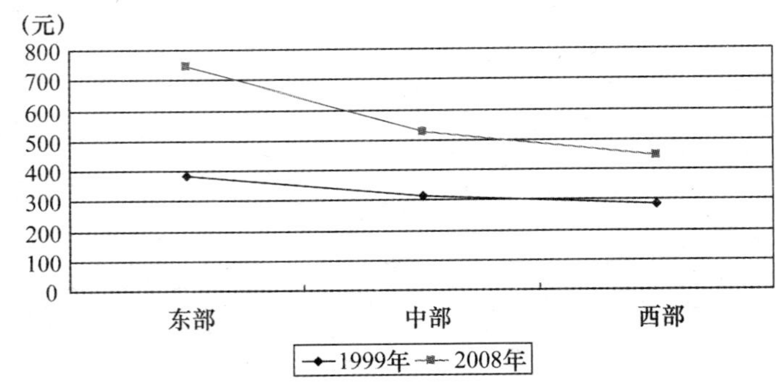


**图2－9 东、中、西部地区城镇居民家庭平均每年消费性支出中教育支出比较**

从表2－16中可以看出，在人才资源私人投入指标上，从总量上看，总体平均而言呈现东、中、西部逐渐减少趋势，其中2008年东部地区城镇居民家庭平均每年消费性支出中教育支出比西部地区多300多元，说明中西部地区人才的私人投入与东部还有较大差距；从动态增长看，东部地区在1999～2008年的增长率高于中、西部和中西部总体的年均增长率，且中部地区又高于西部地区，这说明西部地区城镇居民家庭平均每年消费性支出中对教育的支出小于中部地区，而中部又小于东部。这是因为国家对中西部地区的财政性教育经费投入比东部幅度更大，使得中西部居民家庭相对东部可减少教育费用的投资，尤其是西部地区可得到国家更多的照顾政策，故中西部地区城镇居民家庭平均每年消费性支出中对教育的支出增长幅度小于东部地区。

## 四、中西部地区人才资源发展环境及与东部的比较

人才资源的状况与人才资源的发展环境有密切的关系，人才资源发展环境包括区域经济状况、社会环境、文化氛围、创业发展保障、自然环境和人才市场等多个方面，这里，我们仅从人才发展平台和地方教育卫生环境两方面加以比较。

1. 人才发展平台比较

国内外研究表明，人才发展平台作为人才资源的重要载体对人才资源的吸纳、培养、发展等具有重要的意义，许多有志做一番事业的人才都非常渴望得到一个好的人才发展平台。这里以高等院校数量和博士后工作站数量为代表来比较东部地区与中西部地区的人才发展平台情况。

（1）高等院校数量比较。如表 2－17 和图 2－10 所示。

**表 2－17　东、中、西部地区高等院校分布情况**

| 地区＼年份 | | 1999 年 | 2008 年 | 1999～2008 年均增长率（%） |
|---|---|---|---|---|
| 东部（所） | | 419 | 902 | 8.9 |
| 中西部 | 中西部总体（所） | 509 | 1124 | 9.2 |
| | 中部（所） | 258 | 582 | 9.5 |
| | 西部（所） | 251 | 542 | 8.9 |

资料来源：《中国统计年鉴》（2000、2009），中国统计出版社。

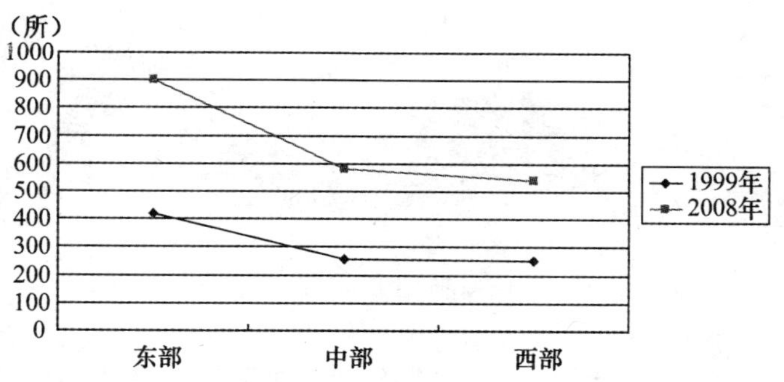


**图 2－10　东、中、西部地区高等学校数量分布比较**

总体上，随着社会对高层次人才需求的增多，东、中、西部地区高等院校数量自 1999 年以来有大幅度的增加，东、中、西部分别由 1999 年的 419 所、258 所、251 所增加到 2008 年的 902 所、582 所、542 所，都翻了一倍多。这主要是

国家在20世纪末提出大力发展高等教育，并于1999年全面对高等学校扩建和扩招所取得的效果。与高校数量增加相伴的是，这些年来，我国经济发展更受益于高等教育的发展。

从地区比较看，中西部地区的高校数量要多于东部，在1999～2008年，中西部地区高等院校数量的增速也高于东部地区。但在中西部内部，中部地区的高等院校数量比西部地区更多，但中部或者西部与东部分别比较则有较大差距，高等院校作为人才培养以及发挥作用的重要平台，中西部与东部的差距将直接影响中西部的人才资源集聚。

（2）博士后站数量。博士后是指获得博士学位后在国家批准认证的高等院校、研究机构或企业所设立的博士后站从事研究工作并继续深造的阶段。博士后研究是国家最高层次科学研究的重要组成部分。博士后流动站是博士后研究人员从事科学研究的载体。因此拥有博士后站数量多少是一个地区人才平台的重要体现。表2－18和图2－11是东、中、西部地区博士后站数量的分布情况。

**表2－18　2009年东、中、西部地区博士后站分布情况**　　单位：个

| 地　区 | 数　量 |
|---|---|
| 东部 | 2152 |
| 中西部总体 | 1251 |
| 中部 | 625 |
| 西部 | 626 |

资料来源：http：//www. chinapostdoctor. org. cn/en_ index. asp.

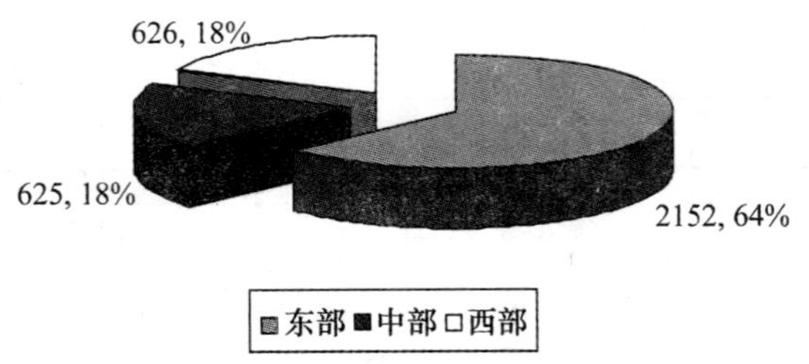


**图2－11　2009年东、中、西部地区招收博士后站数比较**

从表2－18和图2－11中可看出，东部地区的博士后站数量仍然远远多于中西部地区博士后站的数量，差不多相当于中西部总体的两倍。这再次表明，中西部地区人才平台与东部地区有巨大差距。在中西部地区内部，中部和西部的博士后站的数量几乎相等，撇开其他因素，可以认为，中部与西部在博士后平台建设

上规模相当。

2. 教育卫生环境比较

人才资源的集聚、培养和发展需要有良好的教育卫生环境。为便于比较，我们选取两个指标，即从事卫生工作的技术人员数量，从事教育的人员数量来做比较。在这两个指标中，前者属于健康投资，后者属于教育投资所应考虑的现实问题。因此，当地的卫生和教育条件，就成了人才引进和稳定都要考察的重要环境之一。

（1）卫生技术人员比较。卫生技术人员是指在卫生机构从事卫生事业的专业技术人员，是我国五类专业技术人员之一，对提高地方卫生服务水平，保障地方经济社会发展有重要的作用。东、中、西部地区卫生技术人员情况如表 2－19 和图 2－12 所示。

**表 2－19　东、中、西部地区每 10 万人口中卫生机构技术人员分布情况**

| 地区＼年份 | | 1999 年 | 2008 年 | 1999～2008 年均增长率（%） |
|---|---|---|---|---|
| 东部（人） | | 384 | 422 | 1.04 |
| 中西部 | 中西部总体（人） | 322 | 347 | 0.80 |
| | 中部（人） | 324 | 356 | 1.07 |
| | 西部（人） | 320 | 339 | 0.63 |

资料来源：《中国统计年鉴》（2000、2009），中国统计出版社。

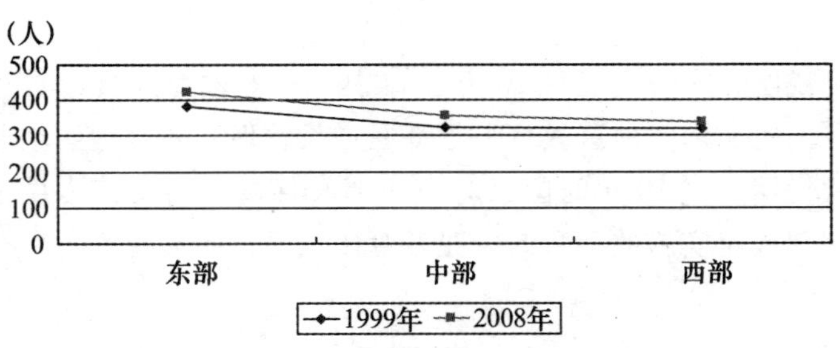


**图 2－12　东、中、西部地区卫生机构技术人员数比较**

从总量上看，东部地区每 10 万人口中卫生技术人员数比中西部总体要多，但相差并不是很大。从增长率上看，1999～2008 年，东部地区的增速略高于中西部地区。

（2）教育人员比较。教育人员主要包括普通高等学校、普通中等学校和小学的专任教师。东、中、西部地区教育人员数量的比较如表 2－20 和图 2－13 所示。

**表 2－20　东、中、西部地区每 10 万人口中从事教育人员情况比较**

| 地区 \ 年份 | | 1999 年 | 2008 年 | 1999～2008 年均增长率（%） |
|---|---|---|---|---|
| 东部（人） | | 880 | 940 | 0.7 |
| 中西部 | 中西部总体（人） | 770 | 890 | 1.6 |
| | 中部（人） | 810 | 910 | 1.3 |
| | 西部（人） | 730 | 870 | 2.0 |

资料来源：《中国劳动统计年鉴》（2000、2009），中国统计出版社。

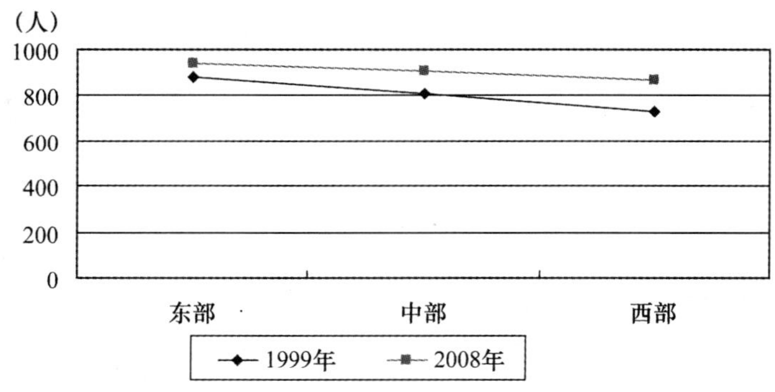


**图 2－13　东、中、西部地区每 10 万人口中从事教育人员数比较**

表 2－20 说明，东部地区每 10 万人口中，从事教育人员人数大于同期中西部总体人数。同时，两类地区教育人数都在增长，但中西部地区增长率高于东部地区。这再次说明，这 10 年间国家对中西部教育发展的支持力度很大。西部大开发和中部崛起战略实施的乘数效应在教育领域已开始显现。

## 第三节　本章小结

通过本章的研究，我们可以得出以下结论：

第一，中西部地区拥有丰厚的自然与人力资源，但经济贡献相对较低。中西部地区辖 18 个省市区，国土面积占全国的 81.4%，煤炭、天然气及铜等重要资源占全国的比重都在 80% 以上，人口占全国总人口的比重达到 54.2%，但 GDP

总量2008年只占全国的37.11%，财政收入仅占全国的33.38%。

第二，中西部地区经济获得了快速发展，但与东部地区的差距还在进一步拉大。近十年来，中西部地区的人均GDP、居民消费水平、职工平均工资、人均财政收入、城镇居民可支配收入和农民家庭人均纯收入等各项指标年平均增幅均在10%以上。其中，人均GDP增幅15.39%，人均财政收入增幅达19.71%，农民家庭人均纯收入增幅达30.68%。但主要指标与东部的差距在进一步拉大。1999年，中西部人均GDP还占东部的62.3%，而2008年仅为东部的40.7%。其他指标如人均财政收入、农民家庭人均纯收入，降幅也非常明显，居民消费水平没有太大变化，但也只占东部地区的40%～50%。只有职工平均工资和城镇居民可支配收入两个指标占东部地区的比重稍有上升。

第三，中西部地区人才资源总量快速增长，但增幅大多小于东部地区，与东部地区的差距也在拉大。就业人员中受过本科及研究生教育的人数在1999年中西部是东部的101.1%，而2008年只有东部的83.8%；科技活动人数1999年是东部的96.8%，而2008年只有东部的66.7%；就业人员中研究生人数在2004年是东部的91.5%，而2008年只有东部的56.2%；院士等高层次人才及高技能人才发展的态势也大致相仿。这说明，中西部地区与东部地区的人才资源差距还在拉大。

第四，中西部地区政府公共人才资源投入增速快于东部地区，但投入总量仍小于东部地区。政府公共教育投资及文教科卫等投资都获得快速增长，且中西部地区增幅高于东部，但投入总量仍然低于东部，而且东部地区家庭消费支出增幅高于中西部地区。这说明，中西部地区经济基础虽然薄弱，但政府对教育投入非常重视。此外，研究表明，中西部地区的人才发展环境也有明显改善，但总体状况仍然是东部地区优于中西部地区。

# 第三章　中西部地区经济增长过程中人才贡献的分析

由第二章分析可知，近10年来，中西部地区人均GDP的年均增长率达到15.39%，其他主要经济指标也都出现了快速增长的良好发展态势。是什么原因导致中西部地区经济出现这样持续快速的增长？国家实施西部大开发、中部崛起战略当然是在中西部经济增长的现实背景下，那么，在这样的背景下，是什么要素在推动着当地经济的增长？人才在其中是否起到了相应的作用？本章将对这些问题进行解答。

## 第一节　国内外研究综述

### 一、人力资本、人才资本对经济增长贡献的理论研究

人力资本被视为体现于劳动者身上，通过投资形成的并由劳动者知识、技能和体力（健康状况）所构成的资本。[①] 西方学者并未指出人才资源和人力资源具体区分的标准，仅见的是部分经济学家如卢卡斯在对人力资本研究中区分了一般性人力资源和专业化人力资源，其中的专业化人力资源大体相当于我国的人才资源范畴。

从理论研究上看，在人力资本与经济增长关系的研究方面，西方经济学家提出了许多重要的理论模型，如以索洛（Solow）为代表的新古典经济增长理论，放弃了资本和劳动力同质的假设，结合索洛生产函数提出了人力资本与经济增长的理论模型；到了20世纪70年代以后，新经济增长理论，即内生增长理论的出现，成功地解释了经济可持续增长问题。此后，众多经济学家在此基础上又提出了变化形式的模型，如宇泽弘文（Uzawa）模型、阿罗（Kenneth J. Arrow）的学习模型、罗默（Paul Romer）的收益递增经济增长模型、卢卡斯的专业化人力资

① 有关人力资本定义，国内外不同学者从不同的角度给出了自己的定义，本章所给出的概念是综合各学者观点而成。

本积累增长模型、阿温·杨（Young）的有限干中学增长模式、杨小凯—博兰德（Yang & Borland）的劳动分工演进模型等。从总体来看，关于人力资源与经济增长关系的代表性理论模型有以下几种：

1. 宇泽模型①

宇泽弘文在修改了索洛单纯生产部门模型的基础上，引进了教育部门。宇泽模型假定社会配置一定的资源到非生产的教育部门，教育部门对产出的贡献率是通过其对生产部门技术水平提高的作用而间接实现的。模型将总量生产函数（对于 $t$ 时刻或第 $t$ 年）写为：

$$Y(t)=F[k(t),A(t),L_p(t)] \tag{3-1}$$

式中：$Y(t)$ 为总产出；$k(t)$ 为资本存量；$L_p(t)$ 为物质生产部门雇用的劳动力数量；$A(t)$ 为劳动效率，代表了技术进步状态。

式（3-1）表明，产出是有形要素和教育部门带来的技术进步的函数。显然，技术进步对产出的部分作用在这里内生化了。而劳动效率提高决定于教育部门雇用劳动力数量（$L_E(t)$）与总劳动力数量（$L(t)$）的比。由于加进了教育的因素，宇泽弘文模型被称为最早的人力资本增长模型。

2. 保罗·罗默的收益递增型的增长模型

在罗默模型中，特殊知识和专门化的人力资本是经济增长的主要因素。罗默模型的主要公式是：

$$Q_i=F(K_i,k,X_i) \tag{3-2}$$

式中：$Q_i$ 为厂商的产出水平；$K_i$ 为厂商生产某产品的专业化知识；$k$ 为一切厂商可使用的一般知识；$X_i$ 为厂商的物质资本和劳动等追加生产要素的总和。

罗默模型将知识作为一个独立的因素纳入增长模型，并且把知识分解为一般知识和专业知识，认为一般知识可以产生规模效益，专业知识可以产生要素的递增效益，两种效应相结合不仅使知识、技术和人力资本本身产生递增的收益，而且也使资本和劳动等其他要素的收益递增。

3. 罗伯特·卢卡斯的专业化人力资本积累增长模型

1988 年罗伯特·卢卡斯在美国《货币经济学杂志》上发表了《论经济发展的机制》一文，试图用人力资本解释持续的经济发展。他证明了人力资本的增长率与人力资本生产过程中的投入产出率、社会平均的和私人的人力资本在最终产品生产中的边际产出率呈正相关关系，与时间贴现率呈负相关关系。他认为人力资本积累是经济长期增长的决定因素。

① 刘雯、唐绍欣：《西方人力资本理论的新发展述评》，《经济科学》1998 年第 4 期。

总体来看，卢卡斯模型引入专业化人力资本概念，比较符合我国目前所讲的人才资本概念，为人才资本与经济增长的分析提供了重要的理论基础。

卢卡斯模型由两个模型组成，其中以下模型与本书研究的人才资源具有较强的相关性：

$$\frac{h'(t)}{h(t)}=\frac{h(t)\sigma[1-u(t)]}{h(t)} \tag{3-3}$$

式中：$h(t)$ 为人力资本（以劳动者的劳动技能表示）；$\sigma$ 为人力资本的产出弹性；$u(t)$ 为全部生产时间；$1-u(t)$ 为脱离生产在校学习时间（设生产时间与在校学习时间之和为1）。

这个模式将资本区分为物质资本和人力资本两种形式，将劳动划分为纯体力的“原始劳动”和“专业化的人力资本”，认为专业化的人力资本才是促进经济增长的真正动力。卢卡斯区分了人力资本所产生的通过正规和非正规的教育而形成的“内在效应”。这种情况可以用“两商品模式”更清楚地表述：

$$C_i=h_i(t)U_i(t)N(t)(i=1,2,3\cdots) \tag{3-4}$$

式中：$C_i$ 为第 $i$ 种商品的产出；$U_i(t)$ 为全部生产时间或生产商品使用的劳动量；$h_i(t)$ 为生产第 $i$ 种商品所需要的专业化人力资本；$N(t)$ 为以人时计量的劳动收入。

卢卡斯认为，专业化生产某种商品的人力资本是通过“干中学”获得的，这种专业化的人力资本会随着生产商品数量的增加而增大，生产某一种商品所需要的特殊的、专业化的人力资本（即专业化的劳动技能）才是产出增长的决定性因素。专业化人力资本的增长取决于生产者从事一种商品生产的时间长短；另外，每种商品生产的知识和技能积累又取决于本行业的平均技术水平。

上述三个理论模型由于受统计数据的影响，应用起来受到一定的限制，特别是在发展中国家，相关数据很难得到。因而一些经济学家试图寻求更实用的模型。

4. 斯科特的资本投入决定技术进步模式

英国经济学家斯科特（Maurice Scott）从动态方面考虑了劳动力质量提高对经济增长的推动作用。建立了一个有“物质资本投入”和“质量调整过的劳动力投入”两个变量的简单模式。这个模式强调了技术进步对资本投资的依赖关系，即资本投入决定技术进步。该模型为：

$$g=g_w+g_1 \quad g=aps+ug_1 \tag{3-5}$$

式中：$g$ 为经济增长率；$g_w$ 为工资增长率；$g_1$ 为“质量调整过的劳动力”（相当于卢卡斯的人力资本）增长率；$a$ 为线性概率系数；$p$ 为投资增长率；$s$ 为产出中总投入的份额即投资率；$u$ 为劳动效率。斯科特认为技术进步是经济增长的主要因素，但他强调技术进步的作用是与投资密不可分的，他认为人力资本与投资是结合在一起的。

5. 超越对数生产函数

一个比柯布—道格拉斯（Cobb - Douglas）生产函数和常数替代弹性生产函数更一般的生产函数是超越对数生产函数。哈佛大学乔根森（Date W. Jorgenson）曾广泛地应用此函数于美国生产率分析中，超越对数生产函数的对数形式为：

$$\ln y=\beta_1+\beta_2\ln L+\beta_3\ln K+\beta_4\frac{\ln^2 L}{2}+\beta_5\frac{\ln^2 K}{2}+\beta_6\ln L\ln K \quad (3-6)$$

当 $\beta_4=\beta_5=\beta_6=0$ 时，超越对数生产函数简化为柯布—道格拉斯生产函数。而当替代弹性可能不为1，而且资本和劳动的产出也呈现 $\beta_4=\beta_5=\beta_6=$ 常数时，超越对数生产函数简化为常数替代弹性生产函数的对数形式。在超越对数生产函数中，$\beta_4=\beta_5=\beta_6\neq$ 常数情况比较常见，这些性质似乎更加与现实经济生活中的实际情况相符合。因此，此函数越来越受到计量经济学界的重视。

6. 普适生产函数

普适生产函数是指对一切国家或地区都适用的生产函数。它是美国斯坦福大学的波斯·金（Kim）和刘遵义教授提出的，目的是为比较各国的生产率或技术水平提供一种一致的生产函数。各国的经济运行机制、财政金融政策及社会福利政策都有某种程度的差异，因而资本收益和劳动收益在国民收入中所占份额不同，各国的消费率、储蓄率和投资率也有所不同。在不一致的生产函数下比较各国或各地区的生产率或技术水平会产生不一致的估计值。普适生产函数可以被有效地用来解决这个问题。

普适生产函数理论的假设基础是：

（1）所有国家或地区以标准的、等效的产出和投入量来表示的基本总量生产函数是相同的，即：

$$Y_{it}^*=F(K_{it}^*,L_{it}^*,H_{it}^*)(i=1,2,\cdots,n) \quad (3-7)$$

式中：$Y_{it}^*$、$K_{it}^*$、$L_{it}^*$、$H_{it}^*$ 分别表示第 $i$ 个国家或地区的等效的产出量、资本量、劳动和人力资本。

（2）通过乘以与国家或地区以及产出和投入相关的随时间变化的因素 $A_{ij}(t)$，$i=1, 2, \cdots, n$；$j=$ 产出（$O$），资本（$K$），劳动（$L$）和人力资本（$H$），测量得到不同的国家或地区的产出和投入可以被转换成不可观察到的标准化的或“等效”的产出和投入单位。

产出的等效式为：

$$Y_{it}^*=A_{iO}(t)\,Y_{it} \quad (3-8)$$

固定资本的等效式为：

$$K_{it}^*=A_{iK}(t)\,K_{it} \quad (3-9)$$

劳动的等效式为：

$$L_{it}^{*}=A_{iL}(t)\ L_{it} \tag{3-10}$$

人力资本的等效式为：

$$H_{it}^{*}=A_{iH}(t)\ H_{it} \tag{3-11}$$

在上式中，$i=1, 2, \cdots, n$，表示国家和地区。

在应用研究中，假设产品的增长因素是时间的指数。因此有：

$$Y_{it}^{*}=A_{iO}\ (1+C_{iO})^{t}Y_{it} \tag{3-12}$$

$$H_{it}^{*}=A_{iH}\ (1+C_{iO})^{t}H_{it} \tag{3-13}$$

$$L_{it}^{*}=A_{iL}\ (1+C_{iO})^{t}L_{it} \tag{3-14}$$

$$K_{it}^{*}=A_{iK}\ (1+C_{iO})^{t}K_{it} \tag{3-15}$$

在式中，$i=1, 2, \cdots, n$，表示国家和地区。其中的$A_{ij}$和$C_{ij}$都是常数，$A_{ij}$被称为增长水平参数、$C_{ij}$被称为增长速率参数。

(3) 总量普适生产函数形式是不受限制的。在应用研究中，一般设定普适生产函数为超越对数生产函数的形式，使用等效的产出和投入的形式，有：

$$\ln Y_{it}^{*}=\ln Y_{O}+a_{K}\ln K_{it}^{*}+a_{L}\ln L_{it}^{*}+a_{H}\ln H_{it}^{*}+B_{KK}(\ln K_{it}^{*})^{2}/2+B_{LL}(\ln L_{it}^{*})^{2}/2+B_{HH}(\ln H_{it}^{*})^{2}/2+B_{KL}(\ln K_{it}^{*})(\ln L_{it}^{*})+B_{KH}(\ln H_{it}^{*})(\ln K_{it}^{*})+B_{LH}(\ln L_{it}^{*})(\ln H_{it}^{*})$$

$$(i=1,2,\cdots,n) \tag{3-16}$$

通过计算可得：

$$\begin{aligned}\ln Y_{it}=&\ln Y_{O}+\ln A_{iO}^{O}+a_{iK}^{O}\ln L_{it}+a_{iH}^{O}\ln H_{it}+C_{iO}^{O}t+\\&B_{KK}(\ln K_{it})^{2}/2+B_{LL}(\ln L_{it})^{2}/2+B_{HH}(\ln H_{it})^{2}/2+\\&B_{KL}(\ln K_{it})(\ln L_{it})+B_{KH}(\ln K_{it})(\ln H_{it})+\cdots+\\&\{B_{KK}[\ln(1+C_{ik})]^{2}+B_{LL}[\ln(1+C_{it})]^{2}+\cdots+2B_{LH}\ln(1+C_{iL})\ln(1+C_{iH})\}t^{2}/2\end{aligned}$$

$$(i=1,2,\cdots,n) \tag{3-17}$$

式中：$A_{iO}^{O}$、$a_{iK}^{O}$、$a_{iH}^{O}$、$C_{iO}^{O}$以及$C_{ij}$ ($j=K, L, H$) 是与国家或地区相关的常数，而且系数$B_{KK}$、$B_{KL}$、$B_{KH}$、$B_{LL}$、$B_{LH}$、$B_{HH}$相对独立于$i$，即具体的国家或地区，即它们对所有国家或地区都是一样的。

目前，上述模型有应用于我国人力资本对经济增长的实证分析，但由于我国统计口径和内容并未完全与国际接轨，所以上述模型在我国的应用还是受到了一定程度的限制。①

## 二、地区经济增长过程中人才贡献问题的应用研究

将上述理论研究成果应用于实际经济增长过程，大多体现为实证研究成果，这些成果较多的是针对人力资源和经济增长的关系来展开的。

---

① 舒元、谢识予、孔爱国、李翔：《现代经济增长模型》，复旦大学出版社 1998 年。

1. 国外学者对人力资源与经济增长关系的实证研究

在人力资源与经济增长关系的应用研究方面，国外学者更关注的是在人力资源中受过专业教育的这个群体对经济增长的作用。他们认为，增强教育投资可以提高受教育者对增加国民收入的贡献，这个贡献又称为教育投资收益。从逻辑上分析，受教育程度的高低与接受的教育投资呈正相关关系，接受教育投资水平越高，人力资本积累越高，对经济增长的贡献率越高。如舒尔茨（Thodore W. Schults）用教育投资收益率方法计算美国 1929～1957 年国民收入增长额，教育投资收益占 33% 的比重，平均教育投资收益为 17.3%。[①] 丹尼森（Edward Fultondenison）通过精确的分解计算，对那些用传统经济分析方法估算劳动和资本对国民收入增长贡献率时产生的不能由劳动和资本投入解释的“余值”，做出了令人信服的定量分析，论证了 1929～1969 年美国经济增长过程中，教育对经济增长的贡献率为 12.3%、知识进步对经济增长的贡献率为 27.6%。[②] 特鲁米林（Sterlumlin）则用劳动简化率分析法计算出苏联 1940～1960 年国民收入增长额中，教育投资收益所占份额为 30%。[③] 罗伯特·巴罗（Robert Barro）使用了 1960～1985 年世界上多个国家和地区的数据，以人均 GDP 的年增长率作为因变量，并且将初始水平人均实际 GDP、初始人力资本水平、政府实际支出占实际 GDP 的比例作为自变量进行多项回归分析得出结论为：在初始 GDP 既定的条件下，平均的一个国家或地区的经济增长率与其初始水平的人力资本呈正相关关系，相关系数达到 0.73。[④] 刘遵义（Liu）等人使用了巴西各州 1970～1980 年的数据，估计了生产方程中实际 GDP 增长率与劳动力、资本、教育和技术进步之间的相关关系，结果表明，劳动力受教育时间每增加一年，实际 GDP 增长 20%，技术进步与人力资本的全部贡献率为 25%。[⑤] 曼奎（Mankiw）使用索洛外生增长模型，仔细考察了国际间不同生活水平的差异，在这种差异中，人力资本因素占 20%。[⑥]

20 世纪 90 年代以来，国外学者对此问题的研究有了新的进展。主要体现在人力资本结构与经济增长的关系研究。Lucas（1993）、Benabou（1996）、Gomes 和 David（2003）分别对日本、韩国、菲律宾等国家进行了研究，发现经济增长速度快的国家，人力资源结构的调整更具有超前性。大部分经济学家认为，人力资本分布越不公平，国内的经济增长与人力资源结构越呈负相关关系，如 Castello 和 Domennech 发现，国家间的人力资本分布不均等程度比国内区域间不均等程度更大，而且某国内部不均等与经济增长呈负相关关系，人力资本结构对于其他要

①②⑤ 毕士杰：《发展经济学》，高等教育出版社 1999 年。

③⑥ 蔡增正：《英国国家教育经济学的历史沿革》，《教育与经济》2001 年第 2 期。

④ 舒元、谢识予、孔爱国、李翔：《现代经济增长模型》，复旦大学出版社 1998 年。

素积累具有间接效应，而分布不均等也会通过影响资源配置进而影响国家的经济增长。[①]

2. 国内学者对人力资源与经济增长关系的实证研究

国内学者对这类问题的实证研究按照研究的空间范围划分，主要体现为两个维度：一是对国家整体宏观经济增长过程中的人力资本、人才资本贡献率的实证分析；二是区域范围内的实证分析，如针对某省、某市、某地区等。从使用的研究方法看，大多使用柯布—道格拉斯生产函数或其变种形式，少量使用卢卡斯内生增长模型等。从研究具体内容的视角看，有总量的实证分析和结构的实证分析。

关于中国整体宏观经济增长过程中的人才贡献实证分析是从20世纪90年代后期开始的，较早的代表性成果如沈利生、朱运法利用经济增长理论，建立了由生产模型、固定资产模型、人口与劳动力模型、人力资本投资模型、人力资本形成模型、财政收入模型和居民收益模型相互关系、相互作用共同构成了人力资本与经济增长的关系模型。[②] 李京文、[③] 赵达薇、[④]、王金营、[⑤] 叶飞文[⑥]等人先后通过定量研究证明了人力资源、人力资本对中国经济增长的作用。王德劲采用不同人力资本指标构造总量生产函数，测度了各因素对经济增长的贡献率，结果表明，以基于预期收入法估算的人力资本货币存量指标较之成本法估算的人力资本存量指标、教育年限或平均教育年限等指标，能更好地用于模型估计。[⑦] 魏建中、乔山利用索洛的综合生产函数模型和冯万的人力资本模型，建立包括教育经验在内的人力资本贡献数理模型，实证地度量和分析了包括教育经验在内的人力资本对我国的经济增长的贡献率，认为1978～2006年，这个贡献率有下降的趋势，其原因在于教育投资不足和教育质量降低。[⑧]

相对于人力资源与经济增长作用的实证分析，人力资源结构对经济增长影响的研究成果相对较少一些，代表性的是陈浩的研究成果，他提出了基于健康投资、教育投资、培训投资、迁移投资等不同投资层次下的四种人力资本结构类型，应用生产函数，采用因子分析法，构建了不同人力资源结构类型下的产出模

---

① Castello, A. & Domennech, R. Human Capital Inequality and Economic Growth: Some New Evidence. The Economic Journal, 2002, 112 (2).

② 沈利生、朱运法：《人力资本与经济增长分析》，社会科学文献出版社1999年。

③ 李京文等：《现代人力资源经济分析——理论·模型·应用》，社会科学文献出版社1997年。

④ 赵达薇：《人力资源在经济增长中贡献率测算方法》，《经济科学》1998年第2期。

⑤ 王金营：《人力资本与经济增长——理论与实证》，中国财政经济出版社2001年。

⑥ 叶飞文：《要素投入与经济增长》，北京大学出版社2004年。

⑦ 王德劲：《我国经济增长要素贡献实证分析：不同人力资本指标比较》，《商业经济与管理》2009年第7期。

⑧ 魏建中、乔山：《人力资本对经济增长贡献综合模型与实证研究》，《渭南师范学院学报》2009年第11期。

型，通过对我国29个省市自治区1992～2003年面板数据实证分析表明，由于人力资本存量不足和结构层次低，人力资本的投入对我国经济增长虽具有显著意义，但作用机制不强，沿海与内地的差异不仅表现在存量水平，更表现在结构水平上，后者更具有解释力。[①] 另外，杨建芳、龚六堂、张庆华也对此进行了研究，他们指出，影响人力资本形成的因素是多方面的，其中受教育程度和健康状况是两个关键因素，他们用1985～2000年中国29个省市自治区的经验数据对模型进行了实证分析，结果表明，人力资本和存量及人力资本形成要素对经济增长有显著影响，人力资本积累的经济增长效应不容忽视。[②]

沿着人力资源与经济增长关系这一思路，有些学者努力把人才资源从人力资源中分解出来，把人才资本作为自变量，把GDP作为因变量，应用柯布—道格拉斯生产函数的变化形式对中国经济增长中人才作用加以分析，李建民、[③] 桂昭明、[④] 程芳[⑤]等人的研究成果是这方面的典型代表。桂昭明认为，在制定人才政策时，需要把握动态的人才资本概念，应用连续积累法计算人才贡献率，这样有利于国家制定长远的人才战略规划。与此同时，还有些学者对异质性人力资本对经济增长的贡献进行了更进一步研究，如边云霞在人力资本理论的基础上，利用有效劳动模型和资本外部性模型，对我国人力资本和异质性人力资本在经济增长中的贡献进行测算，结果显示，异质性人力资源对经济增长的贡献率大于普通人力资源的贡献率，在1990～2003年，异质性人力资源的贡献为10.47%，普通人力资源贡献仅为1.87%，因而加大异质性人力资源投资是维持经济增长的一条重要渠道。[⑥]

近年来，在人力资源与经济增长关系等方面，对某一具体区域的研究越来越受到重视，在这方面较有代表性的研究成果有朱诩敏[⑦]采用卢卡斯模型分析了广东各区域的经济发展同人力资本的关系。张一力[⑧]、盛乐[⑨]等人分别对温州和苏

---

① 陈浩：《人力资本对经济增长影响的结构分析》，《数量经济与技术经济研究》2007年第8期。

② 杨建芳等：《人力资本形成机器对经济增长的影响——一个包含教育和健康投入的内生增长模型及其检验》，《管理世界》2006年第5期。

③ 李建民等：《人才资源在经济增长中的作用研究》，《人口与经济》1999年第5期。

④ 桂昭明：《人才资本论纲》，《中国人才》2003年第9期。

⑤ 程芳：《中国人才资本积累与经济增长的相关性研究》，南京工业大学［硕士学位论文］，2002年。

⑥ 边云霞：《我国人力资本对经济增长贡献率的实证分析》，《中南财经政法大学学报》2006年第2期。

⑦ 朱诩敏：《广东省经济增长中人力资本贡献的实证分析》，《中国工业经济》2002年第12期。

⑧ 张一力：《人力资本与区经济增长——温州、苏州实证研究》，厦门大学［博士学位论文］2004年。

⑨ 盛乐：《人力资本投资与经济增长关系的实证研究》，《经济问题探索》2000年第6期。

州等地人力资本和区域经济增长的关系展开了实证分析。周志梁、廖加固以武汉为研究对象，构建了以人力资本为基础的经济增长动态理论模型，通过脉冲响应函数和方差分解，发现人力资本的变化对产出的均衡点有乘数效应，对经济增长具有巨大的冲击作用，而科教兴市、科教兴国战略则更有利于经济的长期增长。[①] 李艳华运用岭回归方法估算了物质资本、人力资本和人力资本水平对甘肃省经济增长的贡献，并建立 VEC 模型和脉冲响应函数，对甘肃省物质资本、人力资本和人力资本水平与经济增长的关系进行了动态分析，结果显示，甘肃自身具有一定的稳定性，当系统受到冲击偏离长期均衡时，会自动恢复到均衡状态，但是这种过程调整速度较慢。[②] 丁兆罡通过对安徽省 1996～2007 年统计数据进行分析，发现当前安徽省经济增长的主要拉动力为物质资本，人力资本的贡献率很低。[③] 刘萍、林鸿利用卢卡斯模型分析了不同层次人力资本对四川经济增长的贡献率，认为劳动投入是四川经济增长的关键，而教育资本的投入则是重中之重，同时越是高级的人力资源，对经济增长的贡献率越高，但是越是高级的人力资源存量波动幅度越大。[④] 孙拥军、崔亮、张子麟以河北省为例估算出人力资本的边际报酬递增效应的临界值为 0.87，而推动经济可持续增长的人力资本条件必须满足这一临界值。[⑤]

对区域范围内人才资源与经济增长关系的研究，早期多见于战略层面上，如蔡哲人、沈荣华等人对上海市人才建设高地问题进行了研究。[⑥] 陈琳、赵晓澜等人对云南人才战略问题进行了研究。[⑦] 杜德印、曾湘泉等人对北京人才发展战略进行了研究。[⑧] 张志新在研究西部经济增长过程中指出，西部各地区政府部门应做好人才引进工作，并合理规划人才引进，加大政府支持力度，做到优化人才环境，留住人才。[⑨] 董君舒等人提出了对江西省人才高地建设的政策建议，并对未

---

① 周志梁、廖加固：《人力资本对经济增长贡献的动态效应研究——基于武汉数据的分析》，《中南财经政法大学研究生学报》2006 年第 6 期。

② 李艳华：《人力资本与经济增长研究——基于甘肃的实证分析》，《经济经纬》2009 年第 5 期。

③ 丁兆罡：《基于 eiviews 的人力资本对安徽省经济增长的贡献分析》，《安徽工业大学学报》2009 年第 9 期。

④ 刘萍、林鸿：《人力资本对四川经济增长贡献的计量分析》，《四川理工学院学报》2010 年第 2 期。

⑤ 孙拥军、丁兆罡、张子麟：《关于人力资本促进经济增长的临界值分析——以河北省为例：1949～2004 年》，《石家庄经济学院学报》2010 年第 3 期。

⑥ 蔡哲人、沈荣华：《上海构筑国际人才高地对策研究》，《中国人力资源开发》2002 年第 9 期。

⑦ 云南人才战略研究课题组：《云南人才战略研究》，科学出版社 2003 年。

⑧ 北京市委组织部等：《构建新世纪现代人才管理体制》，中国人民大学出版社 2004 年。

⑨ 张志新：《关于西部地区经济增长与人才引进的理性思考》，《长春工业大学学报》2006 年第 3 期。

来江西省人才资源进行了预测。① 周爱军针对河北省人才资源现状，提出了以科学发展观为指导，以高层次高技能人才队伍建设为重点，统筹各类省内人才资源开发与省外资源利用的战略思路。② 近年来，不少学者开始将研究视角转向人才资源与经济增长关系的定量化研究上，如叶仁荪等人通过对江西省 1990～2003 年的人才数据进行回归分析，得出了江西省人才贡献份额大于物质资本贡献份额；人才使用效率存在提升空间；江西应选择人力资本优先发展战略等结论。③ 谢勇、徐乔以新增长理论为依据，利用相关统计数据对南京市 1978～2000 年人才资本投入与经济增长的关系进行分析，发现人才资本对经济增长的贡献额大于固定资产投资贡献额，人才规模收益有规模递增的趋势。④ 陈洁莲通过对广西 1978～2004 年数据的实证分析，认为人才资本存量对经济增长极为有效，对经济增长的作用大于固定资产投资，建议政府部门尽快转变增长方式，注重人才资本的投资。⑤ 荣志远分析了人才资源对欠发达的西北地区经济增长的促进作用，回归分析发现，地区人才资本存量与经济增长呈正相关关系，但是目前西北 5 省物质资本的产出弹性在 74% 以上，人才资源的外部性作用没有得到发挥。⑥ 李兴江、陈开军考察了西北地区人才资本对经济增长的作用，通过面板数据的多元回归分析，发现人才资源对经济增长的作用呈显著正相关关系。⑦ 马建会、李萍研究了广东省不同层次人才的贡献率差异，发现企业家人才对经济增长的贡献率为 26%，其他层次较低的人才贡献率相对较低⑧等。

## 三、对国内外相关研究的简要评价

根据上述分析，对国内外研究现状作出如下简要评价：

1. 成熟的模型较多，但在中国的应用有一定局限性

通过以上分析，我们对国内外就人力资本、人才资本等要素与经济增长关系的研究情况，作出如下基本判断：20 世纪 50 年代以来，有关人力资本与经济增

---

① 董君舒等：《构筑新世纪江西人才高地》，中国人事出版社 2004 年。

② 周爱军：《基于经济增长的人才开发模式选择——以河北省为例》，《经济论坛》2008 年第 11 期。

③ 叶仁荪、胡雪梅、蒋晓光等：《江西崛起中的人才问题》，中国人事出版社 2005 年。

④ 谢勇、徐乔：《南京市人才资本投入对经济增长的贡献率》，《南京人口管理干部学院学报》2006 年第 7 期。

⑤ 陈洁莲：《广西人才资本与经济增长的关系》，《学术论坛》2007 年第 12 期。

⑥ 荣志远：《西北地区人才资源开发与经济增长——面板数据的实证分析》，《西北师大学报》2007 年第 5 期。

⑦ 李兴江、陈开军：《人才资本开发与经济增长的实证分析——以西北地区为例》，《宁夏大学学报》2008 年第 7 期。

⑧ 马建会、李萍：《广东经济增长过程中人力资本贡献率差异分析》，《改革与战略》2008 年第 10 期。

长关系的研究非常活跃，许多理论模型已经成为学术界公认的、较成熟的模型，但由于我国统计口径并未与国际惯例完全接轨，加上信息基础工作还薄弱，因此这些模型在我国的应用还是受到了一定的限制。随着经济全球化的有序推进，这种局限性有望得到进一步缓解。

2. 虽然国情不同，但在人力资本与经济增长关系的研究结论上并不存在明显的差异

上述研究表明，无论对美国、苏联、日本和中国和巴西等国分别进行的研究，还是对多个国家同时进行的对比研究，均得出这样的结论：教育是作为人力资本投入的主要手段之一，与所在国的经济增长呈正相关关系，这种关系与这些国家的不同国情并不存在明显差异。

3. 国内有关经济发展中的人才问题研究较活跃，但将中西部地区作为一个整体来研究的文献还很鲜见

从研究的区域范围看，面对西部大开发、中部崛起的大背景，中国政府显然已将中西部地区的经济发展问题提到了非常重要的高度。遗憾的是，目前还很少有以中西部地区作为一个整体的研究成果，仅见的是针对中西部某省或西北某个较窄的区域的研究成果。中西部地区有其共性的特征，跟东部地区相比有很大差异，因此，从整体来把握中西部地区经济发展过程中人才问题的共性是非常有必要的，符合国家整体推进东、中、西部区域经济协调发展的战略思路。

4. 有关人力资源相关成果较多，而涉及人才的相对较少

从研究的实际内容看，大部分成果是针对人力资源对经济增长的贡献率来进行实证分析的，仅有少数学者将人才资源从人力资源中分离出来，进行了有益的应用研究。而对人才的应用研究中，总结经验的较多，比较性研究、前瞻性研究较少；定性研究较多，定量研究较少；研究人才总量的较多，研究人才结构的较少。

基于上述判断，我们认为：将中西部地区人才问题纳入并上升到我国东、中、西区域经济协调发展的整体战略中，考虑中西部地区的共性特征，将人才资源从人力资源中分离出来，通过对东、中、西部地区经济增长过程中的人才贡献率的比较，对理解和解决中西部地区经济发展中的人才问题是有重要的理论和实际价值的。

# 第二节　中西部地区经济增长过程中人才资本贡献率分析

在分析之前，有必要对本部分研究的相关内容进行界定，首先要说明的是，本部分所研究的中西部区域概念系指本书开始所界定的中部6省、西部12省市区。[①] 由于在1994年以前，经济和人才统计口径有很大差异，统计数据尤其是人才结构数据很难统一。考虑到数据搜集的困难和统计计量分析样本数量的要求，计量分析的时间范围定为1994~2008年。

改革开放30多年来，我国区域经济增长方式发生了很大的变化，与经济高速增长过程相伴随的是区域经济差距逐步拉大，导致我国区域经济间的发展不平衡。为促进社会公平，实现区域经济的均衡发展，1999年11月中央经济工作会议提出了“西部大开发”的战略决策，2004年3月5日，温家宝总理在《政府工作报告》中首次提出“中部地区崛起”的战略思想。在政府战略思想的指导下，中西部地区各省份开始了如火如荼的建设浪潮，以招商引资、政策优惠、人才引进、基础设施建设等为特征的经济建设全面展开，并取得了显著的成就。然而，近年来的研究发现，东、中、西的差距并未实现理想中的缩小，反而呈现进一步拉大的趋势，是什么原因导致了这种差距的扩大？人才到底在其中起到怎样的作用？为此，本部分拟围绕以下两个问题进行研究：

第一，在中西部地区经济增长过程中人才起着怎样的作用？这种作用与东部地区是否存在差异？

第二，在1999年、2004年两个分界点对应的三个时段，人才对经济增长的贡献率有无差异？如有差异表现在哪些方面？

## 一、中西部地区经济增长过程中人才资本贡献率分析理论模型设计

如前所述，在人力资本与经济增长关系研究的众多模型中，柯布—道格拉斯生产函数是公认的、最基本的一个理论模型，通过该函数可以分解出资本投入、劳动力投入和技术进步对经济总量的贡献份额。该函数表述为：

$$Y = AK^{\alpha}L^{\beta} \tag{3-18}$$

式中：$Y$代表产出；$K$代表物质资本投入；$L$代表人力资本投入；$A$代表技

① 需要指出的是，在西部省份四川省中，重庆市于1996年纳入单独的直辖市管理，因而从统计年鉴从业人员数据和资本形成总量看，1996年以后四川省的指标数据大大降低，为保证数据的稳定性，本书的研究数据将重庆数据一并列入四川进行研究。

术进步；$\alpha$代表物质资本的产出弹性系数；$\beta$代表人力资本的产出弹性系数。

根据卢卡斯人力资本理论，在一般性人力资本中对经济增长起主要作用的是特殊知识和生产某种产品所需要的“专业化人力资本”，即为人才资本。因而，有必要将人才资本从人力资本中分离出来，从而将劳动力分为两个变量：一般劳动力（人力资本）和人才资本。这样式（3-18）可变为：

$$Y_t = A_t L_t^{\alpha} H_t^{\beta} K_t^{\gamma} \quad (3-19)$$

两边取对数：

$$\ln Y_t = \ln A_t + \alpha \ln L_t + \beta \ln H_t + \gamma \ln K_t \quad (3-20)$$

式中：$\alpha$、$\beta$、$\gamma$分别代表一般劳动力对产出的弹性系数、人才资本对产出的弹性系数、物质资本对产出的弹性系数；$L_t$、$K_t$、$H_t$、$A_t$分别代表一般劳动力、物质资本、人才资本、科技进步4个要素。

为了明确物质资本、一般劳动力、人才资本等要素投入对经济增长的贡献率，我们要引入增长速度方程，利用增长速度方程进行因素分析，从各经济变量相对变化的角度来观察经济增长要素贡献率。计算公式如下：

$$\Delta Y/Y = \Delta A/A + \alpha \Delta L/L + \beta \Delta H/H + \gamma \Delta K/K \quad (3-21)$$

式中：$\Delta Y/Y$，$\Delta L/L$，$\Delta H/H$，$\Delta K/K$分别为经济增长率、劳动增长率、人才增长率和资本增长率。

## 二、指标选取与数据获取

经济计量分析的有效性既取决于经济模型是否高度地拟合于经济现象的本质，同时还取决于模型中变量的代表指标是否符合经济模型的要求，以及数据的易获得性和准确性。在计量分析中除该概念自身的变化，其他因素的影响都不能导致应用这一指标所获得测度结果的差异。

1. 产出总量指标的度量

衡量产出的总量指标主要有国民生产总值、国内生产总值、国民收入等。本书选择国内生产总值（GDP）作为产出指标。分析所采用的数据来自《中国统计年鉴》（1995~2009），并转换成按不变价格计算的各省市实际GDP，然后依据东、中、西部地区涵盖省份进行加总得出三个区域1994~2008年的实际GDP总量。

2. 物质资本指标的度量

物质资本投入指标用资本形成总额表示，记为CA。资本形成总额是在一定时期内获得减去处置的固定资产和存货的净额，包括固定资本形成总额和存货增加两部分，该指标是用支出法计算的当年国内生产总值的一部分。计算公式为：

资本形成总量=固定资产投资总量+流动资产（存货）

这一指标在统计年鉴上的反映有所不同。通过对《中国统计年鉴》统计数据的分析，发现1996年以后的年鉴中，直接列出了各省份资本形成总量这一指标数据，1989～1995年的年鉴中没有直接列出资本形成总量这一指标，但是可以根据上述公式将两项统计指标［固定资产投资总量、流动资产（存货）］相加来得出该项指标数据。1988年以前的年鉴中没有列出固定资产投资总量、流动资产（存货）这两项指标，而是使用了“积累额”的概念，包括固定资产和流动资金两部分。但是从这两项指标表示的概念来看，基本上相当于固定资产投资总量和存货的概念，两项相加大体上相当于资本形成总量。为保证统计数据的完整性和代表性，本部分在分析时，忽略总体上的三种统计口径存在的一定误差，按照上述方法整理数据。本部分所整理的1994～2008年东、中、西部地区资本形成总量数据是去除固定资产投资物价指数后的实际资本形成总量。

*3. 一般劳动力和人才资本指标度量*

为研究方便，本部分将人才界定为中专及以上从业人员，一般劳动力是指从业人员中初中及以下学历从业人员，从业人员数减去人才数，记为GL。数据取自于《中国劳动统计年鉴》。[①] 人才结构数据包括高中（中专）、大专、本科、研究生四个层次的从业人员，四个层次的人才数据反映在《中国劳动统计年鉴》上，如《中国劳动统计年鉴》（1997～2000）列出了高中（中专）、大专及以上人数的百分比，《中国劳动统计年鉴》（2002～2008）列出了高中（中专）、大专、本科及研究生人数的百分比，根据从业人员总量数据和结构百分比数据可以得出各类从业人员总量数据，计算方法如下：

某省某类人才总量＝某省某类人才占从业人员总量百分比×某省从业人员总量

将各省某类人才数据相加得到分地区各类人才总量数据，然后按照人才资本存量的换算方法得出人才资本存量数据。

人才资本存量记为SL。按照桂昭明[②]关于人才资本价值的界定，人才资本包括人才的显性价值和隐性价值两部分，其中人才资本显性价值包括“人力资本”意义上的教育、卫生保健等投资量和对过去的业绩、贡献、成就、声誉等静态的、显性的价值衡量；人才资本的隐性价值是指对人才资本实际价值实现的整个过程进行度量。从目前研究现状看，由于人才资本的内涵不断延伸和拓展，尚未形成普遍认可的、最终以货币化来度量的人才资本显性价值评价体系，同时，人才隐性资本价值的度量也是本领域研究的重点和难点之一。从现实的统计数据的

---

① 年鉴中，2006年份地区从业人员总量数据缺失，为保证数据完整性，2006年数据取2005年和2007年总量数据的平均值。

② 桂昭明：《人才资本的有偿转移研究》，《武汉工程大学学报》2008年第5期。

可获得性看，用于卫生、就业调查、信息获得、迁移和在职培训的投资无法进行数据统计和汇总，给人才资本的计量带来更大难度。目前常见的衡量人才资本的方法有投入法和产出法两种。在我国，由于工资、奖金、红利等方面供给的劳动者报酬又往往低估了劳动者实际的收入，也就低估了人力资本的实际存量价值，因而这种方法在我国实际应用中受到限制，大部分学者使用投入法，通过教育投资来计算所形成的人才资本存量。概括起来主要有以下几种：①

（1）受教育年限法。该法属于投入角度的度量方法，将经济体中的劳动力按受教育程度分类，然后按不同劳动力的人才资本特质对其进行加权求和，即得到该经济体的人才资本存量。

$$H = \sum HE_i t_i \qquad (3-22)$$

式中：$HE_i$ 为某年的人才总数；$t_i$ 为某层次人才受教育年限。这种方法简明扼要，数据的可得性与精确性都令人满意，但是，它忽略了知识的累积效应，不能充分反映不同教育阶段的时间价值存在的巨大差异。

（2）教育经费法。该法是从人力资本核算的角度测算培养劳动力的教育和培训成本，也是度量人力资本的重要方法之一。培养劳动力的成本有公共支出部分与个体支出部分，公共部分主要来源于政府财政支出中的公共教育经费，以及其他公共机构用于培养劳动力的经费支出部分，这一部分的统计口径差异较大；个体支出部分更是无从统计。故在实际中只考虑公共教育支出部分。由于忽略了个体支出部分，实际上低估了人力资本存量。

（3）各级教育入学率。这是一个流量指标，是人力资本存量的积累基础。

（4）成人识字率。用此来代表人力资本只反映人力资本存量的一部分，未接受正规教育而通过其他途径获得的人力资本得不到反映。

考虑所选数据的可得性和准确性，以及期望人才资本存量的计算更接近实际，本书采用受教育年限法计算人力资本存量。根据我国的教育体系及教育年限设置，一般劳动力和各类人才按受教育程度分为7组，为了便于计算对应各受教育程度，我们采用7级权数，具体见表3-1所示。

**表3-1　一般劳动力、各类人才受教育程度权重系数界定**

| 组别 | 受教育程度的人才层次 | 权数 |
|---|---|---|
| 1 | 文盲 | 2 |
| 2 | 小学 | 6 |
| 3 | 初中 | 9 |

① 胡永远：《中国居民人力资本投资研究》，湖南人民出版社2003年。

续表

| 组别 | 受教育程度的人才层次 | 权数 |
|---|---|---|
| 4 | 高中（中专） | 12 |
| 5 | 大专 | 15 |
| 6 | 本科 | 16 |
| 7 | 研究生（硕士研究生、博士研究生） | 19 |

## 三、数据整理与调整

根据《中国统计年鉴》（1995～2009）、《中国劳动统计年鉴》（1995～2009）数据，按照上述思路整理出东、中、西部各省市的历年 GDP、资本形成总量、人才资本存量和一般劳动力等数据，然后进行加总，得出模型需要的各项指标数据。需要说明的是，本章中所列出的数据是经过调整以后的数据，调整内容和方法有以下几点：

第一，为保证数据和计量分析的合理性，某些年份的数据进行了相关拟合处理。2000 年、2008 年有从业人员数据，但缺少结构数据，为保证数据完整性，分别取 1999 年和 2007 年各类人才增长率计算作为 2000 年和 2008 年结构的总量数据。

第二，由于统计口径的差异，《中国劳动统计年鉴》（1997～2000）未详细列出本科、研究生数据，为保证数据完整性，本书使用向量自回归技术对此进行了数据拟合分析，最终得出各类人才相关结果，由于这部分分析不是本书的研究范畴，因而在此不作详细的数据分析过程，仅列出分析结果。

第三，1994 年和 1995 年结构数据同样使用了向量自回归技术进行了数据拟合分析，从而得出下述结果。

第四，国家统计局 2004 年对 GDP 进行了修正，我国 GDP 总量大幅调升，本章 2004 年以后使用的实际 GDP 是根据《中国统计年鉴》公布的实际数据和公布的全国实际 GDP 增长率加以调整而得。详见表 3－2、表 3－3、表 3－4、表 3－5。

**表 3－2 中西部地区 1994～2008 年 GDP、一般劳动力、人才资本和物质资本**

| 年份 | GDP（亿元） | 一般劳动力（万元） | 人才资本存量（万元） | 物质资本（亿元） |
|---|---|---|---|---|
| 1994 | 14021.015 | 196161.3570 | 50365.6092 | 6559.9909 |
| 1995 | 18961.849 | 199943.5950 | 54930.8366 | 8652.1720 |
| 1996 | 24291.710 | 205333.3010 | 62886.8322 | 10640.1922 |
| 1997 | 28940.790 | 210193.4537 | 65620.4102 | 11873.4418 |
| 1998 | 32094.580 | 208635.0359 | 65658.1600 | 13599.8094 |
| 1999 | 33858.010 | 209759.4778 | 67225.9260 | 13877.1892 |

续表

| 年份 | GDP（亿元） | 一般劳动力（万元） | 人才资本存量（万元） | 物质资本（亿元） |
|---|---|---|---|---|
| 2000 | 36300.41 | 205903.4574 | 72588.7818 | 14735.3511 |
| 2001 | 39467.47 | 207801.2373 | 75999.7562 | 16551.5337 |
| 2002 | 44005.44 | 216866.2236 | 77648.5650 | 18608.9217 |
| 2003 | 48718.51 | 218524.7393 | 82756.8078 | 22263.9570 |
| 2004 | 51574.97 | 224620.4726 | 86512.1624 | 27390.9970 |
| 2005 | 56847.13 | 228099.1925 | 88772.8834 | 35041.8130 |
| 2006 | 63441.41 | 229565.1156 | 90565.5648 | 42908.1990 |
| 2007 | 70990.93 | 241799.7987 | 94122.3623 | 51866.6410 |
| 2008 | 77380.12 | 257614.7772 | 100830.4720 | 63834.5280 |

**表 3－3　中部地区 1994～2008 年 GDP、一般劳动力、人才资本和物质资本**

| 年份 | 实际 GDP（亿元） | 一般劳动力（万元） | 人才资本存量（万元） | 物质资本（亿元） |
|---|---|---|---|---|
| 1994 | 7261.998 | 99408.1170 | 23380.4000 | 3229.230 |
| 1995 | 10037.050 | 101439.7350 | 26356.0200 | 4451.256 |
| 1996 | 12937.600 | 106223.1730 | 32368.4200 | 5388.173 |
| 1997 | 15666.510 | 108799.1837 | 34849.8000 | 6395.369 |
| 1998 | 17329.010 | 106775.7759 | 34706.7400 | 7267.615 |
| 1999 | 18285.940 | 107572.5478 | 35429.4800 | 7418.896 |
| 2000 | 19712.100 | 108957.0534 | 38636.0500 | 7869.268 |
| 2001 | 21345.750 | 107798.2863 | 40671.3600 | 8471.962 |
| 2002 | 23696.410 | 111223.7236 | 41031.0300 | 9324.281 |
| 2003 | 26036.030 | 111512.6893 | 42514.2100 | 10773.830 |
| 2004 | 28665.670 | 114531.3826 | 44622.1700 | 13395.760 |
| 2005 | 31646.900 | 115543.8125 | 45496.8800 | 16795.140 |
| 2006 | 35317.940 | 114685.1056 | 46207.6647 | 20579.440 |
| 2007 | 39520.770 | 121594.4287 | 48211.9357 | 25257.430 |
| 2008 | 43077.640 | 132787.6072 | 51935.8676 | 31073.830 |

注：2006 年实际统计数据 36207.6647 偏小，为异常波动，表中 2006 年人才资本总量数据为修正以后的数据。

表 3－4　西部地区 1994～2008 年 GDP、一般劳动力、人才资本和物质资本

| 年份 | 实际 GDP（亿元） | 一般劳动力（万元） | 人才资本存量（万元） | 物质资本（亿元） |
|---|---|---|---|---|
| 1994 | 6759.017 | 96753.24 | 26985.2046 | 3330.7609 |
| 1995 | 8924.799 | 98503.86 | 28574.8183 | 4200.9160 |
| 1996 | 11354.110 | 99110.13 | 30518.4129 | 5252.0192 |
| 1997 | 13274.280 | 101394.30 | 30770.6137 | 5478.0728 |
| 1998 | 14765.570 | 101859.30 | 30951.4166 | 6332.1944 |
| 1999 | 15572.070 | 102186.90 | 31796.4450 | 6458.2932 |
| 2000 | 16588.310 | 96946.40 | 33952.7292 | 6866.0831 |
| 2001 | 18121.720 | 100002.95 | 35328.3913 | 8079.5717 |
| 2002 | 20309.030 | 105642.50 | 36617.5343 | 9284.6407 |
| 2003 | 22682.480 | 107012.10 | 40242.5955 | 11490.1270 |
| 2004 | 22909.300 | 110089.10 | 41889.9902 | 13995.2370 |
| 2005 | 25200.230 | 112555.40 | 43276.0001 | 18246.6730 |
| 2006 | 28123.470 | 114880.00 | 44357.9001 | 22328.7590 |
| 2007 | 31470.160 | 120205.40 | 45910.4266 | 26609.2110 |
| 2008 | 34302.480 | 124827.20 | 48894.6043 | 32760.6980 |

注：2001 年实际统计数据 91002.9，为保证数据稳定性，调整为 100002.95。2005 年、2006 年实际统计数据分别为 37639.0541、32733.7855 偏小，为异常波动，表中 2005 年、2006 年人才资本总量数据为修正以后的数据。

表 3－5　东部地区 1994～2008 年 GDP、一般劳动力、人才资本和物质资本

| 年份 | 实际 GDP（亿元） | 一般劳动力（万元） | 人才资本存量（万元） | 物质资本（亿元） |
|---|---|---|---|---|
| 1994 | 18604.64948 | 126851.9255 | 39742.0380 | 10253.98 |
| 1995 | 25235.82408 | 126984.6129 | 44044.4416 | 13851.56 |
| 1996 | 31994.29363 | 127816.9093 | 45223.1596 | 16248.85 |
| 1997 | 37964.78599 | 126476.8005 | 50975.2065 | 18122.05 |
| 1998 | 42627.20766 | 126232.4923 | 51763.7139 | 20301.18 |
| 1999 | 46084.36105 | 127860.6589 | 52470.7849 | 21324.69 |
| 2000 | 50817.24104 | 127160.7282 | 56164.7627 | 22910.27 |
| 2001 | 55988.97716 | 128706.3109 | 59982.2718 | 25114.07 |
| 2002 | 63324.08266 | 128227.2562 | 69756.0047 | 27848.85 |
| 2003 | 72423.41897 | 129853.7868 | 75625.8747 | 34213.99 |
| 2004 | 79738.18430 | 135787.7670 | 78075.4899 | 40664.55 |

续表

| 年份 | 实际 GDP（亿元） | 一般劳动力（万元） | 人才资本存量（万元） | 物质资本（亿元） |
|---|---|---|---|---|
| 2005 | 88030.95550 | 144515.5594 | 78825.1577 | 50355.71 |
| 2006 | 98242.54630 | 150176.1751 | 79574.8255 | 58295.46 |
| 2007 | 109933.40900 | 156465.7020 | 86945.8603 | 67096.33 |
| 2008 | 119827.41600 | 162122.1970 | 112195.9203 | 76629.26 |

注：2005 年实际统计数据 78825.1577 偏小，表中 2005 年人才资本总量数据为调整以后的数据。

## 四、模型分析与结果检验

为求出各地区各生产要素经济增长贡献率，首先结合所选定模型对各地区相关数据进行回归分析。

将相应指标代入式（3－20）得到：

$$\ln GDP_t = \ln A_t + \alpha \ln GL_t + \beta \ln SL_t + \gamma \ln CA_t + \mu \qquad (3-23)$$

式中：$GL$ 为一般劳动力；$SL$ 为人才资本；$CA$ 为资本形成总量；$A$ 为技术进步速度；$\mu$ 为误差调整项。

1. 中西部地区人才资本贡献率计量分析与检验

应用式（3－23）模型，使用 Eviews 软件，对表 3－2 进行回归，结果显示一般劳动力和物质资本的 T 统计量检验和相伴概率均不能通过，而且调整后的决定系数为 0.982，模型拟合度有待提高，同时，D－W 值显示较小，经验判断存在高阶序列相关，为消除序列相关，引入 ar（1），ar（2），ar（3）以获取有效估计量，如表 3－6 所示。

**表 3－6　中西部地区人才资本模型 Eviews 分析结果**

| 变　量 | 系　数 | 标准误 | T 统计量 | 相伴概率 |
|---|---|---|---|---|
| 常数 | －3.440379 | 4.118059 | －0.835437 | 0.4416 |
| 一般劳动力 | 0.139739 | 0.152756 | 1.569422 | 0.1773 |
| 人才资本 | 0.514391 | 0.370215 | 2.037708 | 0.0972 |
| 物质资本 | 0.413658 | 0.070170 | 3.899940 | 0.0114 |
| ar（1） | 0.730672 | 0.233667 | 3.126984 | 0.0260 |
| ar（2） | －0.913456 | 0.281573 | －3.244117 | 0.0228 |
| ar（3） | 0.575547 | 0.172933 | 3.328141 | 0.0208 |
| 复相关系数 $R^2$ | 0.998914 | D－W 值 | | 2.010443 |
| 修正后的复相关系数 $\hat{R}^2$ | 0.997610 | F 统计量 | | 766.2790 |

从表 3－6 可以看出，引入滞后回归分析以后，模型各项指标有了显著改善。复相关系数提高到 $R^2=0.999$，修正后的 $\hat{R}^2=0.998$，模型拟合度有了显著提高。D－W 值显示为 2.010443，序列相关已被消除。一般劳动力系数 T 统计量绝对值显示为 1.569422，通过 5%～10% 置信水平下的显著性检验，人才资本系数 T 统计量绝对值显示为 2.037708，物质资本系数 T 统计量绝对值显示为 3.899940，均大于 5% 置信水平下的临界值，显著性检验通过。

因而，中西部地区人才资源对经济增长的贡献分析模型可最终表述为：

$$
\begin{aligned}
&\ln GDP_t=-3.44+0.14\ln GL_t+0.51\ln SL_t+0.41\ln CA_t+\\
&\qquad [ar(1)=0.730672, ar(2)=-0.913456, ar(3)=0.575547]\\
&se=(4.118059)(0.152756)(0.370215)(0.070170)\\
&(0.730672)(-0.913456)(0.575547)\\
&t=(-0.835437)(1.569422)(2.037708)(3.899940)\\
&(3.126984)(-3.244117)(3.328141)\\
&p=(0.4416)(0.1773)(0.0972)(0.0114)\\
&(0.0260)(0.0228)(0.0208)\\
&\hat{R}^2=0.998, D-W=2.010443
\end{aligned}
\tag{3-24}
$$

2. 中部地区人才资本贡献率计量分析与检验

应用式（3－23）模型，使用 Eviews 软件，对表 3－3 进行回归，结果显示如表 3－7 所示。

**表 3－7　中部地区人才资本模型 Eviews 分析结果**

| 变　量 | 系　数 | 标准误 | T统计量 | 相伴概率 |
|---|---|---|---|---|
| 常数 | 3.348110 | 4.274087 | 0.783351 | 0.450000 |
| 一般劳动力 | 0.054784 | 0.390765 | 2.699278 | 0.020700 |
| 人才资本 | 0.530383 | 0.116052 | 12.325370 | 0.000000 |
| 物质资本 | 0.439783 | 0.057584 | 7.116216 | 0.000000 |
| 复相关系数 $R^2$ | 0.996628 | D－W 值 | | 2.052734 |
| 修正后的复相关系数 $\hat{R}^2$ | 0.995708 | F 统计量 | | 1083.60200 |

通过表 3－7 可以看出，复相关系数 $\hat{R}^2=0.997$，修正后的 $\hat{R}^2=0.996$，D－W 值显示为 2.052734，一般劳动力系数 T 统计量绝对值显示为 2.699278，人才资本系数 T 统计量绝对值显示为 12.32537，物质资本系数 T 统计量绝对值显示为 7.116216，均大于 5% 置信水平下 1.761 的临界值，显著性检验通过。

因而，中部地区人才资源对经济增长的贡献分析模型可最终表述为：

$$\ln GDP_t = 3.35 + 0.05\ln GL_t + 0.53\ln SL_t + 0.44\ln CA_t$$
$$se = (4.274087)(0.390765)(0.116052)(0.057584)$$
$$t = (0.783351)(-2.699278)(12.32537)(7.116216) \quad (3-25)$$
$$p = (0.4500)(0.0207)(0.0000)(0.0000)$$
$$\hat{R}^2 = 0.996, D-W = 2.052734$$

3. 西部地区人才资本贡献率计量分析与检验

应用式（3－23）模型，使用Eviews软件，对表3－4进行回归，结果显示，一般劳动力、人才资本和物质资本的T统计量检验和相伴概率均不能通过，同时，D－W值显示较小，经验判断存在序列相关，为消除序列相关，引入ar(1)，以获取有效估计量，如表3－8所示。

**表3－8　西部地区人才资本模型Eviews分析结果**

| 变　量 | 系　数 | 标准误 | T统计量 | 相伴概率 |
|---|---|---|---|---|
| 常数 | 1.644666 | 4.509693 | 0.364696 | 0.723800 |
| 一般劳动力 | 0.258385 | 0.203354 | 1.270617 | 0.235700 |
| 人才资本 | 0.248526 | 0.416905 | 0.596122 | 0.565800 |
| 物质资本 | 0.295901 | 0.107329 | 2.756949 | 0.022200 |
| ar（1） | 0.716307 | 0.055108 | 12.998160 | 0.000000 |
| 复相关系数 $R^2$ | 0.995931 | D－W值 | | 1.747288 |
| 修正后的复相关系数 $\hat{R}^2$ | 0.994123 | F统计量 | | 550.727800 |

通过表3－8可以看出，引入滞后回归分析以后，模型各项指标有了显著改善。复相关系数 $R^2=0.996$，修正后的 $\hat{R}^2=0.994$，D－W值显示为1.747288，一般劳动力系数T统计量绝对值显示为1.270617，显著性检验置信水平低。人才资本系数T统计量绝对值显示为0.596122，不显著。物质资本系数T统计量绝对值显示为12.99816，大于5%置信水平下1.761的临界值，显著性检验通过。

因而，西部地区人才资源对经济增长的贡献分析模型可最终表述为：

$$\ln GDP_t = 1.65 + 0.258385GL_t + 0.25\ln SL_t + 0.30\ln CA_t + [ar(1) = 0.716307]$$
$$se = (4.509693)(0.203354)(0.416905)(0.107329)(0.055108)$$
$$t = (0.364696)(1.270617)(0.596122)(2.756949)(12.99816) \quad (3-26)$$
$$p = (0.7238)(0.5658)(0.0222)(0.0000)$$
$$\hat{R}^2 = 0.994123, D-W = 1.747288$$

4. 东部地区人才资本贡献率计量分析与检验

应用式（3－23）模型，使用Eviews软件，对表3－5进行回归，结果显示，一般劳动力、人才资本 T 统计量检验和相伴概率均不能通过，同时，D－W 值显示较小，经验判断存在序列相关，为消除序列相关，引入 ar（1），以获取有效估计量，如表 3－9 所示。

**表 3－9　东部地区人才资本模型 Eviews 分析结果**

| 变　　量 | 系　数 | 标准误 | T 统计量 | 相伴概率 |
|---|---|---|---|---|
| 常数项 | －13.952690 | 4.578129 | －3.047684 | 0.01380 |
| 一般劳动力 | 0.183918 | 0.429310 | 3.596279 | 0.00580 |
| 人才资本 | 0.465769 | 0.125555 | 1.799929 | 0.05500 |
| 物质资本 | 0.485860 | 0.126523 | 3.840099 | 0.00400 |
| ar（1） | 0.772883 | 0.038692 | 19.975060 | 0.00000 |
| 复相关系数 $R^2$ | 0.99920600 | D－W 值 | | 2.002328 |
| 修正后的复相关系数 $\hat{R}^2$ | 0.99885300 | F－statistic | | 2830.61700 |

通过表 3－9 可以看出，引入滞后回归分析以后，模型各项指标有了显著改善。复相关系数 $R^2=0.999$，修正后的 $\hat{R}^2=0.998$，D－W 值显示为 2.002328，一般劳动力系数 T 统计量绝对值显示为 3.596279，人才资本系数 T 统计量绝对值显示为 1.799929，物质资本系数 T 统计量绝对值显示为 3.840099，均大于 5% 置信水平下的临界值，显著性检验通过，模型拟合完美。

因而，东部地区人才资源对经济增长的贡献分析模型可最终表述为：

$$\ln GDP_t = -13.95 + 0.18\ln GL_t + 0.47\ln SL_t + 0.49\ln CA_t + [ar(1) = 0.772883]$$
$$se = (4.578129)(0.429310)(0.125555)(0.126523)(0.038692)$$
$$t = (-3.047684)(3.596279)(1.799929)(3.840099)(19.97506) \qquad (3-27)$$
$$p = (0.0138)(0.0058)(0.0550)(0.0040)(0.0000)$$
$$\hat{R}^2 = 0.998853, D-W = 2.002328$$

## 五、要素对经济增长的贡献率分析

假定某地区 GDP 总量或某要素 1994～2008 年年均增长率为 $a$，则按照指数法可以根据以下公式求出各地区不同要素年均增长率：

$$a = \sqrt[n]{\frac{A_n}{A_0}} - 1 \qquad (3-28)$$

式中：$A_0$ 为 GDP 总量或某要素基期绝对数；$A_n$ 为 GDP 总量或某要素报告期

绝对数；$n$ 为期数。

同时，根据式（3－21），可以测算出中西部地区 1994～2008 年间物质资本、一般劳动力和人才资本对经济增长的贡献率，如表 3－10 所示。为显示中西部地区不同阶段人才的贡献率，我们将 1994～2008 年 15 年的经济增长过程分为三个阶段，对应国家的 1999 年 11 月、2004 年 3 月政府宏观经济发展战略背景下的人才贡献率，以体现宏观政策的导向作用，如表 3－11、表 3－12、表 3－13、表 3－14 所示。

**表 3－10　中国分地区 1994～2008 年各要素对经济增长贡献表**

| 地区 | GDP 年均增长率（%） | 内　容 | 一般劳动力 | 人才资本 | 物质资本 |
|---|---|---|---|---|---|
| 中西部地区 | 12.06 | 产出弹性 | 0.13 | 0.51 | 0.41 |
| | | 要素年均增长率（%） | 1.83 | 4.74 | 16.38 |
| | | 要素贡献份额（%） | 1.98 | 20.05 | 55.69 |
| 中部地区 | 12.60 | 产出弹性 | 0.05 | 0.53 | 0.44 |
| | | 要素年均增长率（%） | 1.81 | 5.46 | 16.29 |
| | | 要素贡献份额（%） | 0.72 | 22.97 | 56.89 |
| 西部地区 | 11.44 | 产出弹性 | 0.26 | 0.25 | 0.30 |
| | | 要素年均增长率（%） | 1.73 | 4.04 | 16.46 |
| | | 要素贡献份额（%） | 3.94 | 8.83 | 43.17 |
| 东部地区 | 13.22 | 产出弹性 | 0.18 | 0.47 | 0.49 |
| | | 要素年均增长率（%） | 1.65 | 7.16 | 14.35 |
| | | 要素贡献份额（%） | 2.25 | 25.46 | 53.19 |

**表 3－11　中西部地区 1994～2008 年各要素对经济增长贡献表**

| 政策阶段 | GDP 年均增长率（%） | 要　素 | 产出弹性 | 要素年均增长率（%） | 要素贡献份额（%） |
|---|---|---|---|---|---|
| 1994～1999 年 | 15.82 | 一般劳动力 | 0.13 | 1.12 | 0.92 |
| | | 人才资本 | 0.51 | 4.93 | 15.90 |
| | | 物质资本 | 0.41 | 13.30 | 34.47 |
| 2000～2003 年 | 7.63 | 一般劳动力 | 0.13 | 1.50 | 2.56 |
| | | 人才资本 | 0.51 | 3.33 | 22.27 |
| | | 物质资本 | 0.41 | 10.87 | 58.42 |
| 2004～2008 年 | 8.45 | 一般劳动力 | 0.13 | 2.78 | 4.28 |
| | | 人才资本 | 0.51 | 3.11 | 19.88 |
| | | 物质资本 | 0.41 | 18.44 | 89.48 |

**表 3－12　中部地区 1994～2008 年各要素对经济增长贡献表**

| 政策阶段 | GDP 年均增长率（%） | 要　素 | 产出弹性 | 要素年均增长率（%） | 要素贡献份额（%） |
|---|---|---|---|---|---|
| 1994～1999 年 | 16.64 | 一般劳动力 | 0.05 | 0.98 | 0.3 |
| | | 人才资本 | 0.53 | 7.17 | 22.84 |
| | | 物质资本 | 0.44 | 14.87 | 39.33 |
| 2000～2003 年 | 7.20 | 一般劳动力 | 0.05 | 2.42 | 1.69 |
| | | 人才资本 | 0.53 | 2.42 | 17.82 |
| | | 物质资本 | 0.44 | 8.17 | 49.94 |
| 2004～2008 年 | 8.48 | 一般劳动力 | 0.05 | 3.00 | 1.77 |
| | | 人才资本 | 0.53 | 3.08 | 19.25 |
| | | 物质资本 | 0.44 | 18.33 | 95.11 |

**表 3－13　西部地区 1994～2008 年各要素对经济增长贡献表**

| 政策阶段 | GDP 年均增长率（%） | 要　素 | 产出弹性 | 要素年均增长率（%） | 要素贡献份额（%） |
|---|---|---|---|---|---|
| 1994～1999 年 | 14.92 | 一般劳动力 | 0.26 | 0.91 | 1.59 |
| | | 人才资本 | 0.25 | 4.18 | 7.01（不显著） |
| | | 物质资本 | 0.30 | 11.67 | 23.47 |
| 2000～2003 年 | 8.14 | 一般劳动力 | 0.26 | 2.50 | 7.99 |
| | | 人才资本 | 0.25 | 4.34 | 13.33（不显著） |
| | | 物质资本 | 0.30 | 13.74 | 50.64 |
| 2004～2008 年 | 8.41 | 一般劳动力 | 0.26 | 2.54 | 7.86 |
| | | 人才资本 | 0.25 | 3.14 | 9.34（不显著） |
| | | 物质资本 | 0.30 | 18.54 | 66.14 |

**表 3－14　东部地区 1994～2008 年各要素对经济增长贡献表**

| 政策阶段 | GDP 年均增长率（%） | 要　素 | 产出弹性 | 要素年均增长率（%） | 要素贡献份额（%） |
|---|---|---|---|---|---|
| 1994～1999 年 | 16.32 | 一般劳动力 | 0.18 | 0.13 | 0.11 |
| | | 人才资本 | 0.47 | 4.74 | 13.66 |
| | | 物质资本 | 0.49 | 12.98 | 38.98 |

续表

| 政策阶段 | GDP 年均增长率（%） | 要　素 | 产出弹性 | 要素年均增长率（%） | 要素贡献份额（%） |
|---|---|---|---|---|---|
| 2000～2003 年 | 9.26 | 一般劳动力 | 0.18 | 0.52 | 1.02 |
| | | 人才资本 | 0.47 | 7.72 | 39.19 |
| | | 物质资本 | 0.49 | 10.55 | 55.83 |
| 2004～2008 年 | 8.49 | 一般劳动力 | 0.18 | 3.60 | 7.64 |
| | | 人才资本 | 0.47 | 7.52 | 41.64 |
| | | 物质资本 | 0.49 | 13.51 | 77.98 |

通过对表 3－10、表 3－11、表 3－12、表 3－13 及表 3－14 的分析可知：

1. 东、中、西部各地区不同要素对经济增长的贡献率有明显差异

从总体来看，东部与中西部地区各要素对经济增长的贡献率排序为：物质资本、人才资本和一般劳动力。具体表现在以下三个方面：一是东、中、西部各地区各要素对经济增长的贡献率仍以物质资本为主。1994～2008 年，两类地区都经历了不同程度高速增长阶段，但是无论是中西部地区，还是东部地区，物质资本对经济增长的贡献率仍是第一位的，西部地区表现得更为明显。二是中西部地区物质资本贡献率高于东部地区，东部地区人才贡献份额高于中西部地区，表明西部大开发战略和中部崛起战略实施以来，在政府政策的大力支持下，中西部地区物质资本投资得到了大幅度提升，而东部地区经济增长在各时期都高于中西部地区，表明东部地区在政策、区位、一般拉动力吸引、人才利用等方面都有一定的优势。三是一般劳动力和人才资本在经济增长中的地位有所不同。从东部地区总体情况看，一般劳动力对经济增长的贡献份额高于中西部地区，人才资本对经济增长的贡献份额同样高于中西部整体，东部地区人才资本贡献份额为 25.46%。一般劳动力向东部转移后，接受了高质量的职业技能培训，从而对东部地区经济增长发挥了重要作用。

2. 人才资本对经济增长的作用潜力尚待进一步挖掘

理论研究和实证研究表明，人才资本对经济增长的作用非常重要，但是从目前我国东、中、西部地区的现实看，1994～2008 年，中西部地区物质资本贡献份额为 55.69%，高于同时期人才资本 20.05% 的贡献份额，东部地区物质资本贡献份额为 53.19%，人才资本贡献份额为 25.46%，充分表明了人才投资收益仍未提升到比较高的水平，单纯依靠物质资本来推动经济增长的做法将日益暴露出其内在动力的不足。

3. 东部地区人才资本对经济增长的作用具有可持续性，而中西部地区相对较弱

从东、中西部的人才资本对经济增长的差异性看，中西部地区 1994～1999

年人才资本以高贡献率的态势对经济增长发挥推动作用，但是近十年来，中西部地区人才资本年增长率在三个时期逐期下降，2000～2003 年，人才资本增长率下降至 3.33%，2004～2008 年，人才资本年增长率下降至 3.11%，相应的人才资本贡献率从 2000～2003 年的 22.27%，下降至 2004～2008 年的 19.88%，而东部地区人才资本贡献份额却逐年上升，表明西部大开发和中部崛起战略的实施虽然促进了中西部经济的快速增长，但人才被动的局面并没有得到相应的改善。而东部地区则相反，在中西部地区人才资本贡献率下降期间，东部地区人才贡献率则有了明显的上升，这是否预示着东、中西部经济差距拉大的原因里有人才资本的因素？

4. 实施中西部地区人才优先发展战略更有利于缩小东、中、西差距

从现实数据看，东部地区人才资源比较丰富，人才基数高，中西部地区人才资源较少，人才基数小；从弹性系数看，中西部地区人才资源的弹性系数为 0.51，高于东部地区 0.47 的弹性系数，弹性系数越高，越有利于经济增长贡献率的提高，中西部地区经济增长对人才的反应越敏感。因而，对于中西部地区而言，实施人才优先发展战略，加大人才引进力度，提升人才利用效率，更有利于缩小东部与中西部的差距。

5. 加大一般劳动力职业技能培训力度是中西部共同面临的问题

从中西部的共性看，中西部地区一般劳动力弹性系数较低，仅为 0.13，小于东部地区 0.18 的弹性系数。较小的一般劳动力弹性系数表明一般劳动力素质低的情况越来越成为中西部地区经济发展的障碍。结合东部地区对一般劳动力的现实政策看，由于东部地区经济发展水平高，对一般劳动力的职业技术水平要求相对较高，因而从中西部地区转移到东部地区的劳动力，上岗前都经历了一定程度的职业技能培训，也因此在经济发展中充分发挥了一般技术工人应有的作用。而中西部地区在一般劳动力充足的情况下，缺乏对这些人的技能培训，对经济增长的作用非常有限，这就从实证角度印证了“中西部地区不缺劳动力，而缺技术工人”① 的说法。可见，对于中西部地区，加大对一般劳动力职业技术培训，开展对一般劳动力的职业技术教育，增加职业技术教育投资，有利于增加中西部地区一般劳动力贡献份额，对于缩小东、中、西地区差异，促进人均收入分配水平的公平具有非常重要的作用。

① 早在 2006 年，国务院研究室发布的《中国农民工调研报告》显示，我国中西部农村劳动力中接受过短期职业培训的占 20%，接受过初级职业技术培训或教育的占 3.4%，接受过中等职业技术教育的占 0.13%，而没有接受过技术培训的高达 76.4%。近年来这种说法逐步成为焦点话题，如 http://www.zynews.com/misc/2007-03-28/content_444674.htm 公布的河南省数据，2009 年 11 月 12 日《安徽日报》刊登的《缺技术工不缺劳动力，结构性矛盾困扰企业用工》文章等，都说明了这一点。

6. 中西部地区要素之间的结合未达到内生增长态势

从理论角度讲，推动经济增长的各要素之间是具有相关关系的，物质资本的增加和技术进步需要对应的职业技术工人，人才资本的上升有利于技术进步和全要素生产率的提高。这种理论关系可以从各要素弹性系数之和来反映。从数据分析结果显示，中部地区各要素弹性系数之和为 0.975，西部地区各要素弹性系数之和为 0.81，均小于 1，未出现规模效益递增的趋势。中西部地区整体要素弹性系数之和为 1.05，也小于东部地区各要素弹性系数之和为 1.14 的现实，由此可见，中西部地区各要素之间的结合并不十分协调，因此，建立生产各要素之间的互动协调机制，实现各要素间的优化组合也是非常重要的。

## 第三节　本章小结

本章运用柯布—道格拉斯生产函数，对中西部地区 1994 ~ 2008 年实际 GDP 与物质资本、人才资本及一般劳动力等生产要素的关系进行定量分析。通过分析，可以得出以下结论：

第一，中西部地区近年来采用的仍是物质资本优先投入的发展方式。近十五年来，中西部地区物质资本年均增长率达 16.38%，高于东部地区年均增长 14.35% 的增速，而且中部和西部增幅相当，都在 16% 以上。这说明，国家西部大开发、中部崛起战略的实施，确实为中西部地区发展迎来难得的历史机遇。但与此相应的是，中西部地区人才资本的年均增长率只有 4.74%，小于东部地区 7.16% 的增幅，这说明中西部地区实行的仍然是物质资本优先投入的发展方式。

第二，促进中西部地区经济增长的生产要素仍然是物质资本。近十五年来，在促进中西部地区经济发展的物质、人才、一般劳动力三要素中，物质资本的贡献率最大，达 55.69%，人才资本次之，为 20.05%。这说明，在中西部地区年均增长 12.06% 的大发展中，第一贡献者是物质资本，而非人才资本。相比东部而言，虽然东部经济增长的最大贡献者也是物质资本，但东部地区人才的贡献率已经达到 25.46%，而且呈快速增长的态势，1994 ~ 1999 年人才贡献率是 13.66%，2004 ~ 2008 年就上升到 41.64%。这说明，东部地区正在实现经济发展方式的战略转型。

第三，对中西部地区人才的投资是最有效益的投资。研究表明，在物质、人才、一般劳动力三要素中，中西部地区人才要素的产出弹性系数最大，为 0.51，大于物质资本要素系数 0.41 及一般劳动力系数 0.13。这说明，在其他条件不变的情况下，当人才资本投资增加 1% 时，GDP 产出就可能增加 0.51%，因此，对人才的投资是最有效益的投资。今后促进人才投资是中西部地区各级政府应当认真思考并且努力做好的。

第四，中西部地区人才问题需引起各级政府的高度关注。近十五年来，中西部地区年均增长率达12.06%，实现了持续快速的增长。这当中，人才资本的贡献率虽没有物质资本高，但也达到了20.05%这一较高的水平。同时，值得注意的是，近十年来，中西部地区人才资本的贡献率是下降的，从2000~2003年的22.27%下降到2004~2008年的19.88%，尤其值得关注的是，人才资本年均增长率也是下降的，即从1994~1999年的4.93%，下降到2000~2003年的3.33%，进一步下降到2004~2008年的3.11%。而在同一时期，东部地区人才资本的增长率却从4.74%，增加到7.72%，再到7.52%，其相应的人才贡献率也从13.66%，提高到39.19%，再到41.64%。这说明，这些年来，中西部地区人才资本投入和人才作用的成效，并没有在西部大开发和中部崛起战略实施中实现同步的发展。这种状况如得不到高度关注，则中西部地区与东部地区之间的发展差距将会进一步拉大，中西部地区经济发展的可持续性也会受到威胁。

# 第四章　中西部地区经济发展相对落后的成因分析

改革开放以来，中国经济高速发展，东、中、西部地区的经济发展都取得了巨大的进步，然而，正如我们在第二章中所看到的，东、中、西部间经济发展的差距也是越来越大。那么，导致这种差距的原因是什么？人才资源在其中起着怎样的作用呢？本章将在系统梳理现有研究的基础上，通过回归模型就人才资源对东、中、西部经济发展差距的影响做出分析。

## 第一节　地区间经济发展差距的研究述评

### 一、地区间经济发展差距衡量指标、研究方法述评

普遍存在的区域经济发展差距的现实促成学术界积极探究区域经济差距及其变化，成果很多，这些研究从不同角度对不同时期、不同区域经济差距和变化过程进行了富有成效的测度和原因解读，也有许多真知灼见触及了问题的本质，为平衡各种差距贡献良多。

1. 关于地区经济差距衡量指标的研究

在如何评价地区经济发展差距这一问题上，多数学者选择用某一个指标进行评价，也有学者主张用多个指标形成指标体系进行综合评价。

单一指标包括人均国内生产总值、人均国民生产总值、人均收入或其他一些单一指标，这类指标计算简单，使用方便。如林毅夫、李周等人在研究东、中、西部地区之间差距时就采用了人均国内生产总值、人均收入。① 周玉翠等人以人均 GDP 为测度指标，研究沿海与内陆及沿海各省市之间经济发展差距。② Chen 和 Fleisher 研究 1978～1993 年中国各省份人均 GDP 增长存在着条件收敛，得出

① 林毅夫、李周等：《中国经济转型时期的地区差距分析》，《经济研究》1998 年第 6 期。

② 周玉翠：《近 10 年中国省际经济差异动态变化特征》，《地理研究》2002 年第 6 期。

改革开放以后中国地区之间的差异正在缩小的结论。① 也有许多学者采用人均国民收入等作为衡量区域经济发展差距的指标。由于人均国民收入反映了国家和地区的经济实力和经济发展水平，因此选用它来衡量区域经济差距有一定的可比性，也便于与国际接轨。胡鞍钢使用人均国民收入和人均国内生产总值两个指标，衡量我国省区层次上的经济差距。② 李文陆通过计算 GDP、人均 GDP 探讨了 1978～2004 年东、中、西部的经济差距。③ 刘树成等人使用人均国民收入这个指标来反映区域经济差距状况。④ 魏后凯采用人均收入指标，来研究中国农村地区间的收入差距变化。⑤

此外也有学者用城市居民可支配收入、农民家庭人均纯收入等单一指标来衡量区域经济发展差距。如吴殿廷通过考察东、中、西三地农民家庭人均纯收入和城市居民可支配收入差异来揭示三地经济发展的差距。⑥

与单一指标相比，综合指标体系能较全面地反映一个国家或地区经济社会发展的总体水平，因此，也得到较广泛的应用。如有用社会发展总指数、实际生活质量指数（PQLI）、人类发展指数（HDI）、基本要求满足度等来衡量国家或地区经济社会发展的差异。其中，实际生活质量指数是衡量一个国家或地区人民社会福利和生活水平的综合性指标，由识字率、期望寿命、婴儿死亡率组成；人类发展指数由联合国发展计划署提出，由期望寿命、成人识字率和人均 GDP 组成；基本要求满足度是世界银行所使用的衡量一个国家或地区社会经济发展水平的指标体系，由食品、健康、给水、住房等方面十余项指标构成。由于综合指标体系在数据获取方面存在一定的局限性，因此实际选择时只有相对较少的研究者采用。

2. 关于区域经济发展差距的测度方法

由于研究对象不同、分析的期间不同，所以选择研究方法也各不相同。

张鸿武认为测度地区经济差距的分析指标大多由测度收入差距的指标演化而来，如洛伦茨曲线、基尼系数、库兹涅茨比率、沃尔夫森"极化指数"、泰尔指数等。⑦ 赵雪慧认为衡量地区经济发展差距的测度指标有反映绝对差距的绝对指

① Jian Chen and Belton M. Fleisher, Reginal Income Inequality and Economic Growth in China. Journal of Comparative Economics. Volume 22, (2) 1996, 141－164.

② 胡鞍钢：《欠发达地区发展问题研究》，《改革》1994 年第 3 期。

③ 李文陆：《我国东、中、西部地区经济"S 形"发展差距态势的实证分析》，《技术经济》2007 年第 3 期。

④ 刘树成等：《中国地区经济发展研究》，中国统计出版社 1994 年。

⑤ 魏后凯：《中国地区间居民收入差异及其分解》，《经济研究》1996 年第 11 期。

⑥ 吴殿廷：《中国三大地带经济增长差异的系统分析》，《地域研究与开发》2001 年第 2 期。

⑦ 张鸿武：《趋同与中国地区经济差距实证研究》，华中科技大学［博士学位论文］，2006 年。

标和反映相对差距的相对指标，常见的衡量绝对差距的绝对指标有三种：极差、离差、标准差；反映相对差距的指标有最小最大比、变异系数、洛伦茨曲线、基尼系数、泰尔指数等。[①] Barro 使用总体 β 收敛性方法，对美国、日本和欧洲的地区收敛性进行了研究。[②] Young 对美国县一级的总体 6 收敛性以及各州内部的 6 收敛性进行了研究。[③] 杨伟民通过 1978 年与 1992 年人均 GNP 洛仑兹曲线对中国的区域差距进行了研究。[④] 魏后凯和杨开忠通过计算 1952 ~ 1990 年主要年份的全国和三个经济带间人均国民收入的加权变异系数探讨了中国各省区之间收入差距的变动格局。[⑤] 蔡昉等人用巴罗回归方法证明了人力资本等变量是形成条件收敛的重要原因。[⑥] 管卫华等人采用经验模态分解方法分析中国区域经济差距状况。[⑦] 沈坤荣和马俊通过回归分析考察了东、中、西三地间和内部各省份的差距。[⑧] 贺灿飞、梁进社归纳了对中国区域经济发展差距研究的两种方法：其一是采用各种指数，如基尼系数、标准差、变异系数、加权变异系数、熵指数及泰尔指数等测度中国经济在不同时间段和空间尺度上的差距性，从而描绘中国经济发展差距的演变；其二是从经济增长出发，采用计量经济模型考察省区、地带初始人均 GDP 或人均收入及其他因素对区域经济增长速度的影响，从而判断区域经济是否收敛。[⑨]

其他还有极差比、极值比、偏离—份额法、α 与 β 影响因素法等。

综上所述，衡量地区经济差距的指标较多，如何选择，主要取决于具体的研究目的和数据的可获得性。本书根据研究东、中、西部地区经济发展差距的目的和数据的可获得性等，拟选择人均 GDP 和人均收入作为衡量经济差距的指标。

---

① 赵雪慧：《我国地区经济发展差距的测度问题》，《山西统计》2001 年第 3 期。

② Barro, R. and Sala – i – Marti. Regional Drowth and Migration: A Japan – United States Comparison. Journal of the Japanese and International Economies, 1995 (6).

③ Young, Andrew T, Higgins, Matthew J. and Daniel Levy. Sigma Convergence versus Beta Convergence: Evidence from US County – level Data. Dep. of Economics, Bar – LLan University, Working Paper, 2005, 6 (3).

④ 杨伟民：《地区间收入差距变动的实证分析》，《经济研究》1992 年第 1 期。

⑤ 魏后凯：《论我国区际收入差异的变动格局》，《经济研究》1992 年第 4 期。

⑥ 蔡昉、都阳：《地区经济增长的趋同与趋异——对西部开发战略的启示》，《经济研究》2000 年第 10 期。

⑦ 管卫华、林振山等：《中国区域经济发展差异及其原因的多尺度分析》，《经济研究》2006 年第 7 期。

⑧ 沈坤荣、马俊：《中国经济增长的“俱乐部收敛”特征及其成因研究》，《经济研究》2002 年第 1 期。

⑨ 贺灿飞、梁进社：《中国区域经济差异的时空变化：市场化、全球化与城市化》，《管理世界》2004 年第 8 期。

## 二　地区间经济发展差距形成原因的研究述评

学术界对中国地区间经济发展差距变动的实际状况、趋势及内在原因的认识研究非常活跃。就差距形成的原因看，代表性的观点主要有五个。

1. 地域差异说

认为中国各地区区位条件差异等导致区域发展不平衡，这是由初始要素禀赋的静态差异的不可逆转性所决定的。具有代表性的研究成果有：Sylvie 等人认为地理优势和优惠政策对沿海经济的增长都有影响，但是地理因素的影响比政策影响来得持久，户口制度将农民绑在土地上，垄断的国家银行系统偏向于贷款给国有企业，地方保护主义减少省际贸易机会，这些制度都需要解除。他们认为开发西部的一个有效战略是必须围绕资本、人力、制度三方面展开。在西部地区建立两三个内生增长中心，提高西部地区接收沿海和国外科技扩散的吸收能力。① Bao 等人也认为沿海地区在自身地理优势和低运输成本的基础上实行市场改革和开放政策，吸引了大量的外资和流动劳动力，是其经济增长的主要原因。他们发现地理因素可以解释省份经济增长变化原因的 60%，虽然各个省份都会出台优惠政策，但是大部分外资选择沿海地区主要是受其地理优势和运输便利的吸引。由于循环累积效应的作用，他们预测沿海经济将持续增长，沿海内陆经济发展差距将持续存在。②

2. 市场机制说

由于市场机制的客观性，生产要素必然流向高回报率的地区，要素配置效率高的地区对生产要素区域流动形成更强的吸引力。生产要素的跨区域流动的累积效应造成了地区发展差距不断扩大。如北京大学中国经济研究中心的胡书东、刘书林认为，缩小、消除地区经济差距必须实行市场经济，增加资源流动性，让各地区的比较优势充分发挥出来。中央政府应继续实行向中西部地区倾斜政策，但必须彻底改变执行方式和内容，应该重点帮助中西部地区发展基础设施和教育事业，扶持中西部地区具备比较优势的产业，提高中西部地区的投资回报率。③ 范剑勇认为，产业集聚是由制造业规模报酬递增、厂商为节省制造业产品的运输成本而做的努力、要素的流动性等综合因素引发的，因为这些要素使得存在上下游联系的产业具有内在冲动集聚在某一地区。他通过实证分析后发现，在地区间高贸易壁垒存在的情况下，中国东部沿海各省的人口初始条件和优越的地理位置，

---

① 卢丽春、李延国：《中国区域经济发展差距研究综述》，《上海财经大学学报》2006 年第 4 期。

② Shuming BAO , Gene Hsin CHANG, Jeff rey D. SACHS , Wing Thye WOO. Geographic Factors and China's Regional Development Under Market Reforms, 1978 - 1998. China Economic Review, 2002, 13.

③ 胡书东、刘书林：《地区经济发展差距成因新论》，《社会科学战线》2000 年第 3 期。

以及中西部地区部分省份的劳动力跨省流动，这三个因素促使了产业在东部沿海地区的集聚，同时也使东部沿海地区在一定程度上成为中国的制造业中心，甚至是世界的制造业中心；这一产业兼要素的集聚是中国目前地区差距形成的重要原因。[①] 林毅夫对1978～2000年各省区市的劳动年均增长率的统计数据进行回归分析后发现，各省、区、市之间发展水平差距形成的主要原因在于“新中国成立以来所推行的重工业优先发展的赶超战略下形成的生产要素存量配置结构，与许多省区市的要素禀赋结构决定的比较优势相违背，从而导致大量的赶超企业缺乏自生能力”。[②] 余鹏翼、夏振坤用人均GDP来分析我国区域经济发展差距的历史演变，认为影响我国区域经济差距的主要原因是区位、资本及人力资本、历史文化等非制度因素差距。[③] 彭小辉认为人力资源差距是我国区域经济差距诸多成因中的关键因素；没有人才，知识、技术及资本的积累和发展就失去了赖以生存的实体，人才战略，特别是人才问题是缩小东西部区域经济差距的政策侧重点和切入点，是政府收敛作用能否有效发挥的关键，也是缩小中国东西部经济差距的必然选择。[④] 李玲认为，我国东西部地区经济发展差距的原因是由以人力资本为依托的知识、技术、信息等相关因素造成的。[⑤] 中国社会科学院人口研究所的蔡昉和都阳认为，东西部地区经济绝对差距扩大的原因是东西部地区的人均收入水平，城市化、工业化水平，人力资本禀赋差距不断扩大。[⑥] 郭玉清、杨栋从经济的内生增长理论的角度分析认为，中国落后地区的低人力资本禀赋难以同本地创新形成良性互动，是导致其经济增长速度缓慢的原因，只有加强人力资本建设才能从根本上缩小地区间的经济发展差距。[⑦] 李国平和范红忠认为，中国区域经济差距的主要原因是改革开放以来中国生产向东部沿海不断集中，人口没有相应地向那里集中而造成的核心发达区域生产与人口分布高度失衡，鼓励中西部贫困人口向东部尤其是东部核心区域流动，是解决我国地区经济差距的有效策略。[⑧]

3. 资本投入政策倾斜说

认为国家对东部地区实行的多方面的资本投入的倾斜性政策，在东部优势地区进一步形成要素的累积性优势，是区域差距扩大的主要原因或重要原因。郭金

① 范剑勇：《要素集聚与地区差距：来自中国的证据》，《中国社会科学评论》2004年第3期。

② 林毅夫：《中国的经济发展战略与地区收入差距》，《经济研究》2003年第3期。

③ 余鹏翼、夏振坤：《影响中国区域经济发展差异的非制度因素分析》，《江西财经大学学报》2002年第1期。

④ 彭小辉：《区域经济差异成因研究综述》，《广西经济管理干部学院学报》2007年第3期。

⑤ 李玲：《论人力资本投资的经济效应》，《北京市计划劳动管理干部学院学报》2003年第2期。

⑥ 蔡昉、都阳：《区域差距、趋同与西部开发》，《中国工业经济》2001年第2期。

⑦ 郭玉清、杨栋：《人力资本门槛、创新互动能力与低发展陷阱——对1990年以来中国地区经济差距的实证检验》，《财经研究》2007年第6期。

⑧ 李国平、范红忠：《生产集中、人口分布与地区经济差异》，《经济研究》2003年第11期。

龙和王宏伟把资本流动作为影响区域经济差距变化的重要因素，发现国家投资政策的倾斜所引起的资本向东部流动，促使东部地区拥有坚实的经济基础、良好的发展环境和较高的投资收益率，造成了区域经济发展差距。而中西部地区政策环境和经济基础的薄弱，使得资本在该地区的投资收益率低下，资本反梯度向东部地区流动，从而进一步加大区域间差距。他们认为政府政策导向引起的资本流动对改变地区间经济发展差距作用明显，建议在我国目前资源有限和存在地方利益的情况下，政府应该在协调地区资本流动和地区经济发展方面采取兼顾均等的金融和财政调节政策，也就是中央政府或者直接在欠发达地区进行投资，或者与欠发达地区的地方政府共同投资，或者通过提供贴息贷款、投资津贴及税收优惠等方式促进资本在地区间的流动，使欠发达地区的经济体能够获得接近于社会平均水平的投资收益率。① 王小鲁和樊纲认为，除了资本流动以外，要素生产率、城市化程度、科技成果市场化等因素都是中国东部与中西部经济发展差距扩大的原因。② Jian 等也认为沿海地区经济增长的原因是其开放自由的贸易政策和资金流动，建议进一步提高内陆的自由化程度，从而缩小沿海和内陆的经济增长差距。③

4. 制度因素说

认为从计划经济向市场经济过渡时期，各地区市场成熟程度的不同及传统体制下形成的要素和产品价格扭曲的延续造成了地区发展差距的拉大。孙敬水、熊璐在给出东、中、西部三区域制度性差距比较的基础上，得出区域制度和非正式制度差异是造成区域经济差距的重要原因。④ 魏后凯认为未来的市场竞争是人才、技术和经济实力的综合竞争。其中，人才是最为关键，也是最为重要的。然而，无论是人才还是资金和技术投入，要很好地发挥其效能和作用，都必须有相应的制度保障。因此，在未来市场竞争和区域经济发展中，制度创新将起到越来越重要的作用。⑤ 曹阳认为制度非均衡发展是形成区域经济发展差异众多因素中最为重要的，制度中的非正式制度对区域经济发展有潜移默化的深层影响。⑥ 王必达认为制度变迁是后发展区域经济增长的发动因素，并认为由技术模仿创新所决定的制度移植变迁是后发展区域制度变迁的主要形式。⑦

---

① 郭金龙、王宏伟：《中国区域间资本流动与区域经济差距研究》，《管理世界》2003 年第 1 期。

② 王小鲁、樊纲：《中国地区差距的变动趋势和影响因素》，《经济研究》2004 年第 1 期。

③ Tianlun Jian, Jeffrey D. Sachs , Andrew M Warner. Trends in Regional Inequality in China. China Economic Review, 1996, 7 (1) .

④ 孙敬水、熊璐：《区域经济发展差距的制度性因素分析》，《特区经济》2005 年第 12 期。

⑤ 魏后凯：《跨世纪我国区域经济发展与制度创新》，《财经问题研究》1998 年第 12 期。

⑥ 曹阳：《区域经济发展的差异性与制度发展的非均衡》，《经济学家》2009 年第 12 期。

⑦ 王必达：《关于后发展区域经济制度变迁问题的理论探讨》，《经济学家》2003 年第 6 期。

5. 综合因素说

认为形成中国区域经济差距的原因是多方面的，需要进行综合的全面的分析，这种观点为多数学者所接纳。魏后凯和刘楷认为，东西部经济发展差距的扩大是地理区位的影响、资金投入的增长、产业结构效应、投入产出效果因素、地区发展战略的取向和政府政策的作用等多方面因素综合作用的结果。[①] 陈国阶认为，中国东、中、西部经济发展差距的形成和扩大是历史、自然、社会等综合因素长期演化的结果并受世界区域经济发展不平衡的影响。[②] 苏方林等人采用几种定量化指标研究 1952 ~ 2002 年中国省际发展差距，主张自然条件和社会、经济、文化等因素的影响以及原有基础和政策上的原因，造成了东部地区与中西部地区之间经济的差距。[③] 张文宣、张伦伦将地区经济发展差距的原因归纳为“生产要素分布与流动”、“政策和制度因素”、“地理位置和历史因素”、“经济结构因素” 4 种因素。[④] 胡大立就东、中、西部经济发展差距与其民营经济发展差距的相关性进行了实证分析，通过分析发现，改革开放以来，东、中、西部民营经济发展速度的差距是其经济发展差距扩大的主要原因。[⑤] 林毅夫、蔡昉和李周从人均 GDP 和人均收入来考察中国经济转型时期（1978 ~ 1995 年）的地区差距变化，他们按照产业对人均 GDP 进行分解，发现第二产业是总体经济发展差距扩大的主要原因。[⑥] 杨文举运用动态偏离 - 份额分析法对 1997 ~ 2002 年中国区域经济发展差距状况进行分析发现，区域产业结构差距是中国区域经济发展差距的重要原因。[⑦] 刘恩华、龚志平认为地区发展差距存在的原因是非公有制经济发展很不平衡，特别是西部地区与东部地区比较仍存在着较大的发展差距，为了缩小差距，必须采取切实可行的措施，加快西部地区非公有制经济发展。[⑧]

综上所述，区域经济差距形成原因非常复杂，不同学科研究者有不同的视角。经济学者归因于投资倾斜、吸引资本能力差距、开放的次序及程度差距、市场化程度、基础设施建设差距、地区产业结构变动、资本、劳动力、人力资本等原因；社会学、地理学等学科专家则从区位、人口素质、历史、意识等多方面展开分析。应该说这些研究都很有价值，它们为本书的研究奠定了坚实的理论基

---

① 魏后凯、刘楷：《我国东西差距扩大的原因分析》，《学术交流》1997 年第 2 期。

② 陈国阶：《我国东、中、西部发展差异原因分析》，《地理科学》1997 年第 1 期。

③ 苏方林等：《中国省际区域经济发展差异的实证分析》，《北方经济》2004 年第 11 期。

④ 张文宣、张伦伦：《我国地区经济发展差距影响因素研究综述》，《经济纵横》2001 年第 4 期。

⑤ 胡大立：《中国区域经济发展差距与民营经济发展差距的相关性分析》，《上海经济研究》2006 年第 2 期。

⑥ 林毅夫等：《中国经济转型时期的地区差距分析》，《经济研究》1998 年第 6 期。

⑦ 杨文举：《我国产业结构与区域经济发展差距关系的实证分析》，《生产力研究》2005 年第 3 期。

⑧ 刘恩华、龚志平：《加快西部地区非公有制经济发展缩小与东部发达地区之间的差距》，《区域经济》2007 年第 5 期。

础。但是，上述成果很少有将人才问题作为一个独立因素进行研究，从人才的视角分析东、中、西部地区经济发展差距的成因就有重要的现实意义。

## 第二节　东、中、西部地区经济发展差距的成因分析——以人均 GDP 差距为例

### 一、东、中、西部地区经济差距的总体特征分析

本书将采用极差、标准差系数及泰尔指数指标进行衡量。

极差能反映地区间经济指标的绝对数差异程度，是一个比较直观的指标。其计算公式为：

$$R = \max(x) - \min(x) \tag{4-1}$$

式中：$R$ 表示极差，$x$ 表示变量值。

标准差系数能较好地反映不同水平总体的标志变动度，其计算公式为：

$$V_\sigma = \frac{\sigma}{\bar{x}} \tag{4-2}$$

式中：$V_\sigma$ 为标准差系数；$\sigma$ 为标准差；$\bar{x}$ 为平均数。

泰尔指数或称泰尔熵标准最早是由荷兰著名经济学家 H. Theil 于 1967 年利用信息理论中的熵概念来计算收入的不平等性，是衡量个人之间或者地区之间收入差距的指标。该数值越小，说明区域间不均衡程度越小。泰尔指数的计算公式为：

$$I = \sum_{i=1}^{N}\left(\frac{Y_i}{Y}\right)\log\left(\frac{Y_i/Y}{P_i/P}\right) \tag{4-3}$$

式中：$I$ 为泰尔指数；$P_i$ 为 $i$ 区域的人口；$P$ 为所有区域的总人口；$Y_i$ 是 $i$ 区域的收入；$Y$ 为总收入。

如前所述，本书根据研究东、中、西部地区经济发展差距的目的和数据的可获得性等，拟选择人均 GDP 和人均收入作为衡量经济差距的指标。

根据相关年度中国统计年鉴，我们汇总东、中、西部人均 GDP 数据如表 4－1 所示。

考虑到从 1995～2008 年的物价上涨因素，将表 4－1 的数据以 1995 年为基期做物价指数扣除，得到表 4－2。

表 4－1　1995～2008 年东、中、西部人均 GDP　　单位：元

| 年份 | 东部 | 中部 | 西部 |
|---|---|---|---|
| 1995 | 8839.0 | 3424.97 | 3069.48 |
| 1996 | 10266.6 | 4087.23 | 3591.26 |
| 1997 | 11505.7 | 4607.18 | 3940.26 |
| 1998 | 12465.4 | 4884.18 | 4122.54 |
| 1999 | 13384.2 | 5078.45 | 4283.33 |
| 2000 | 14868.0 | 5544.50 | 4687.35 |
| 2001 | 16296.1 | 5975.93 | 5006.84 |
| 2002 | 18001.8 | 6514.42 | 5646.72 |
| 2003 | 20718.0 | 7450.53 | 6417.59 |
| 2004 | 24526.2 | 9032.32 | 7704.23 |
| 2005 | 27379.1 | 10635.50 | 9335.65 |
| 2006 | 31322.6 | 12255.83 | 10932.09 |
| 2007 | 36333.0 | 14722.17 | 13186.44 |
| 2008 | 41467.1 | 17773.00 | 18307.73 |

表 4－2　1995～2008 年东、中、西部扣除物价指数后的人均 GDP　单位：元

| 年份 | 东部不变价格 | 中部不变价格 | 西部不变价格 |
|---|---|---|---|
| 1995 | 8839.00 | 3424.97 | 3069.48 |
| 1996 | 9894.97 | 3872.90 | 3444.72 |
| 1997 | 11030.79 | 4320.21 | 3773.59 |
| 1998 | 12148.53 | 4710.65 | 4104.02 |
| 1999 | 13354.90 | 5070.07 | 4423.77 |
| 2000 | 14760.29 | 5509.52 | 4807.96 |
| 2001 | 16278.59 | 5994.07 | 5257.95 |
| 2002 | 18092.78 | 6576.17 | 5799.62 |
| 2003 | 20387.53 | 7288.61 | 6473.39 |
| 2004 | 23209.69 | 8215.85 | 7292.00 |
| 2005 | 26168.64 | 9239.79 | 8243.01 |
| 2006 | 29731.93 | 10423.87 | 9331.12 |
| 2007 | 34022.12 | 11902.78 | 10664.56 |
| 2008 | 37849.78 | 13334.61 | 11092.83 |

将表 4 - 2 的数据绘成标准差系数图如图 4 - 1 所示；泰尔指数图如图 4 - 2 所示。

此外，我们将东、中、西部人均 GDP 的极差绘成图 4 - 3。

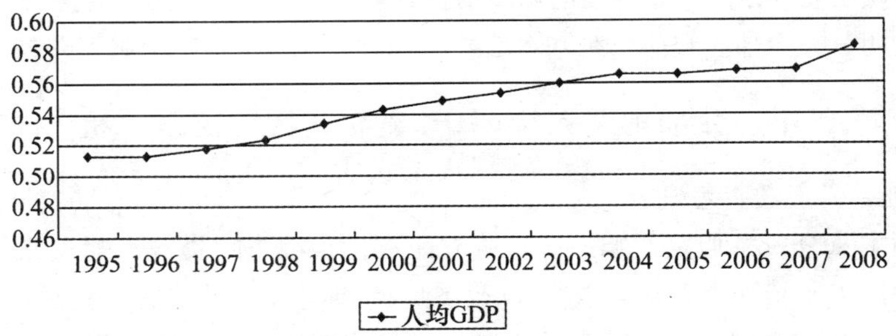


图 4 - 1　1995 ~ 2008 年东、中、西部人均 GDP 标准差系数

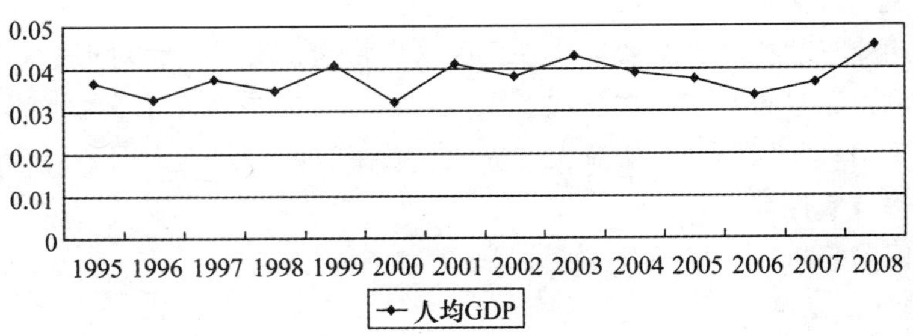


图 4 - 2　1995 ~ 2008 年东、中、西部人均 GDP 泰尔指数

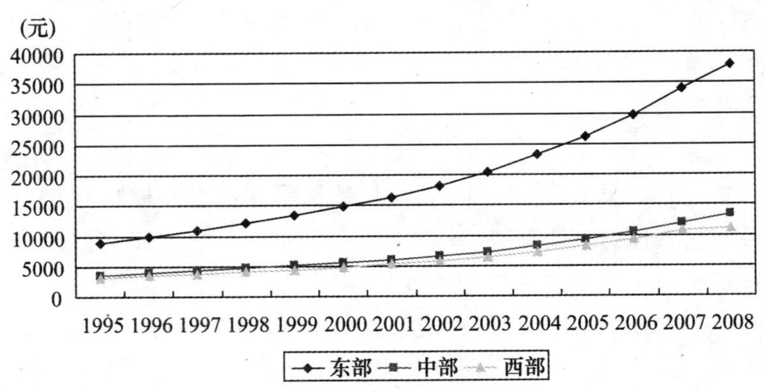


图 4 - 3　1995 ~ 2008 年东、中、西部人均 GDP 极差趋势

综合图 4 - 1、图 4 - 2、图 4 - 3，在 1995 ~ 2008 年，无论是东、中、西部标准差系数趋势图还是泰尔指数趋势图，或者极差趋势图，都显示出在此期间中西部地

区与东部地区的经济差距在拉大。标准差系数由1995年的0.516上升到了2008年的0.588。泰尔指数也是呈现拉大的趋势，总体上由1995年的0.381上升到了2008年的0.46，虽然其中也有个别年份，如2000年降到了0.32，但大多数年份在高位运行，反映出相互间的差距并没有随着时间的推移而缩小。从极差趋势看，剪刀差趋势非常明显，中部线和西部线基本上叠在一起，与东部线形成剪刀差趋势。

## 二、东、中、西部地区人均GDP差距成因的定量分析

1. 研究假设及模型设计

根据本章分析，假定影响地区经济差距有三种因素：资源禀赋因素、政策因素和结构因素。资源禀赋因素是指与经济发展和收入水平相关的资源丰富情况，尤其是人才资源禀赋；政策因素是指与地区经济差距有关的政策制度；结构因素是指区域内人力、物力、财力的空间分布状况，是一个与区域产业结构、技术结构密切相关的因素。

本书构建下述模型希望验证这三大因素，特别是人才因素对形成东、中、西部地区经济差距是否真正存在影响，程度如何？研究参照北京大学刘爱玉①的研究方法，采用多元回归分析法对人才资源、政策、结构这三大因素对地区经济差距的影响进行实证分析。

多元回归分析的一般模型为：

$$Y = B_0 + B_1X_1 + B_2X_2 + B_3X_3 + \xi \qquad (4-4)$$

式中：$Y$为因变量，在此表示被考察的东、中、西部地区的经济差距指标；$X_1$、$X_2$、$X_3$为自变量，分别代表人才资源因素、政策因素、结构的变量；$\xi$为残差，即那些不能以人才资源因素、政策因素和结构因素解释的部分；$B_0$、$B_1$、$B_2$、$B_3$为需要确定的模型参数，反映的是某一自变量在其他自变量控制的情况下对于因变量的影响程度。

2. 指标选取和数据采集

（1）反映地区经济差距指标的选取和数据采集。在反映区域经济差距的指标中选取最有代表性的人均GDP指标，在计算时对人均GDP指标取自然对数处理。数据采集于相应年度的《中国统计年鉴》。

（2）人才资源指标的选取和数据采集。由于人才资源的独特性，其资本存量的计算存在着相当难度。在综合考虑数据的可获性和统计口径基础上，本书从现有的研究方法中选取了能综合反映地区人才的数量和质量的人均人才受教育年限指标。该指标的获取首先需要根据人才的统计口径（中专或初级以上）来确

① 刘爱玉：《政策结构与人力资本对地区经济差距的成因分析》，《宁夏社会科学》2002年第7期。

定各层次人才的数量，从而把人才资源的数量从一般人力资源中剥离出来。同时，考虑到不同层次的人才质量是不同的，因此，借用不同层次人才培养需要花费的教育年限来衡量和表示人才质量。在这里，把研究生毕业学历受教育年限取19年、本科毕业学历受教育年限取16年、大专毕业学历受教育年限取15年、中专或高中毕业受教育年限取12年，计算得到总的人才受教育年限。人才受教育年限总和为：

$$H = \sum (P_i^* B_i)(i = 1, 2, 3, 4) \qquad (4-5)$$

式中：$P_i$ 为第 $i$ 种学历层次的人才数目；$B_i$ 为第 $i$ 种学历的人才受教育年限。考虑到各地区的人口基数不同，为了能更准确地进行各地区的比较，得到的地区人才总的受教育年限后再除以各地区人口，得到各地区人均人才受教育年限值。数据采集于《中国统计年鉴》、《中国干部统计五十年》① 和《全国专业技术人员统计资料汇编》。②③

（3）政策因素指标的选取和数据采集。改革开放以来，中国优先支持沿海地区发展外向型经济，国家政策向东部地区倾斜。这些地区体制改革先行，并在贸易、投资和税收等方面享受优惠政策，对吸引国内外资金和人才等起到了重要作用，并使这些地区的经济与社会发展日益领先其他地区。在市场经济的原则下，外资及我国港、澳、台投资者的投资行为是为了获取最大利益从而充分比较了各地区政策的优惠性和灵活性以后做出的选择。所以，外资及我国港、澳、台投资占全社会投资额的份额这一指标反映了政策因素的影响，因而，选取该指标作为反映地区经济发展政策因素的指标。数据采集于相应年份的《中国统计年鉴》。

（4）结构因素的指标选取和数据采集。由于经济差距突出地表现为非农化水平高的地区和非农化水平低的地区间的差距，用第三产业生产总值占国内生产总值GDP的比重可以较好地反映一个地区的产业结构和经济发展阶段，可以用它代表影响经济差距的结构因素指标。数据采集于相应年份的《中国统计年鉴》。

3. 结果及分析

根据1995～2009年《中国统计年鉴》和分省统计年鉴资料，按照上述思路整理出东、中、西部的历年人均GDP、人均受教育年限值、第三产业生产总值占国内生产总值GDP的比重、外资及我国港澳台投资占全社会投资额的份额等数据，然后进行加总，得出模型需要的各项指标数据（见表4－3、表4－4、表4－5）。

---

① 中共中央组织部、中共中央人事部：《中国干部统计五十年》，党建读物出版社1999年。

② 王树岩：《全国专业技术人员统计资料汇编》，党建读物出版社2003年。

③ 为保证数据和计量分析的合理性，某些年份的数据进行了相关处理。1995～2009年《中国统计年鉴》、《中国劳动统计年鉴》中，2000人才总量数据缺失，为保证数据完整性，2000年数据取1999、2001年数据平均数；本章以后论述人才受教育年限时，数据处理也是如此。

表 4－3　东部地区 1995～2008 年地区经济差距指标、人才资源因素指标、政策因素指标、结构因素指标量表

| 年份 | 人均 GDP（元） | 人均人才受教育年限值（年） | 外资及我国港澳台投资占全社会投资额的比值（%） | 第三产业生产总值占国内生产总值 GDP 的比值（%） |
|---|---|---|---|---|
| 1995 | 8839. 12 | 1. 46 | 0. 16 | 0. 35 |
| 1996 | 10266. 62 | 1. 46 | 0. 16 | 0. 36 |
| 1997 | 11505. 71 | 1. 66 | 0. 16 | 0. 37 |
| 1998 | 12465. 43 | 1. 55 | 0. 15 | 0. 37 |
| 1999 | 13384. 21 | 1. 64 | 0. 13 | 0. 38 |
| 2000 | 14868. 01 | 1. 58 | 0. 11 | 0. 39 |
| 2001 | 16296. 13 | 1. 64 | 0. 12 | 0. 40 |
| 2002 | 18001. 81 | 1. 95 | 0. 12 | 0. 41 |
| 2003 | 20718. 05 | 2. 18 | 0. 13 | 0. 39 |
| 2004 | 24526. 21 | 2. 29 | 0. 14 | 0. 37 |
| 2005 | 27379. 13 | 2. 02 | 0. 14 | 0. 41 |
| 2006 | 31322. 62 | 2. 11 | 0. 15 | 0. 41 |
| 2007 | 36333. 08 | 2. 24 | 0. 15 | 0. 42 |
| 2008 | 41467. 17 | 2. 36 | 0. 14 | 0. 42 |

表 4－4　中部地区 1995～2008 年地区经济差距指标、人才资源因素指标、政策因素指标、结构因素指标量表

| 年份 | 人均 GDP（元） | 人均人才受教育年限值（年） | 外资及我国港澳台投资占全社会投资额的比值（%） | 第三产业生产总值占国内生产总值 GDP 的比值（%） |
|---|---|---|---|---|
| 1995 | 3424. 97 | 0. 83 | 0. 08 | 0. 30 |
| 1996 | 4087. 23 | 0. 83 | 0. 07 | 0. 31 |
| 1997 | 4607. 18 | 0. 94 | 0. 07 | 0. 31 |
| 1998 | 4884. 18 | 0. 88 | 0. 06 | 0. 33 |
| 1999 | 5078. 45 | 0. 92 | 0. 05 | 0. 35 |
| 2000 | 5544. 50 | 1. 06 | 0. 04 | 0. 35 |
| 2001 | 5975. 93 | 1. 20 | 0. 04 | 0. 36 |
| 2002 | 6514. 42 | 1. 07 | 0. 05 | 0. 36 |
| 2003 | 7450. 53 | 1. 27 | 0. 05 | 0. 36 |
| 2004 | 9032. 32 | 1. 26 | 0. 06 | 0. 35 |
| 2005 | 10635. 50 | 1. 18 | 0. 06 | 0. 37 |
| 2006 | 12255. 83 | 1. 29 | 0. 06 | 0. 36 |
| 2007 | 14722. 17 | 1. 47 | 0. 05 | 0. 36 |
| 2008 | 17773. 00 | 1. 52 | 0. 06 | 0. 37 |

**表4-5　西部地区1995~2008年地区经济差距指标、人才资源因素指标、政策因素指标、结构因素指标量表**

| 年份 | 人均GDP（元） | 人均人才受教育年限值（年） | 外资及我国港澳台投资占全社会投资额的比值（%） | 第三产业生产总值占国内生产总值GDP的比值（%） |
|---|---|---|---|---|
| 1995 | 3069.48 | 0.75 | 0.04 | 0.25 |
| 1996 | 3591.26 | 0.75 | 0.05 | 0.31 |
| 1997 | 3940.26 | 0.78 | 0.04 | 0.32 |
| 1998 | 4122.54 | 0.76 | 0.04 | 0.34 |
| 1999 | 4283.33 | 0.85 | 0.03 | 0.35 |
| 2000 | 4687.35 | 0.79 | 0.03 | 0.36 |
| 2001 | 5006.84 | 0.98 | 0.03 | 0.38 |
| 2002 | 5646.72 | 0.99 | 0.03 | 0.38 |
| 2003 | 6417.59 | 1.09 | 0.03 | 0.37 |
| 2004 | 7704.23 | 1.17 | 0.04 | 0.35 |
| 2005 | 9335.65 | 1.10 | 0.04 | 0.39 |
| 2006 | 10932.09 | 1.09 | 0.04 | 0.39 |
| 2007 | 13186.44 | 1.02 | 0.04 | 0.38 |
| 2008 | 18307.73 | 1.04 | 0.05 | 0.36 |

对东、中、西部地区上述4个指标采用SPSS统计软件进行了多元回归分析，回归结果如表4-6所示。

**表4-6　东部地区多元回归分析结果**

| 变　量 | 标准化的回归系数 | T统计量 | 相伴概率 |
|---|---|---|---|
| $X_1$ | 0.562 | 5.606 | 0.000 |
| $X_2$ | 0.150 | 1.782 | 0.105 |
| $X_3$ | 0.549 | 4.898 | 0.001 |
| 判定系数 $R^2$ | 0.947 | F检验 | 59.806 |
| 调整后判定系数 $R^2$ | 0.931 | 总体显著水平 | 0.000a |
| 参数估计标准误差 | 0.12737 | D-W值 | 1.693 |

根据表4-6中的数据，东部地区多元回归模型估计的结果为：

$$Y = 0.562X_1 + 0.150X_2 + 0.549X_3 \tag{4-6}$$

（0.000）（0.105）（0.001）

T = (5.606) (1.782) (4.898)

$R^2$ =0.947，调整后的 $\hat{R}^2$ =0.931，F =59.806，D - W =1.693，检验值显示，回归方程整体拟合优度较好，模型效果较理想。

式中：$Y$ 表示人均 GDP 取自然对数；$X_1$ 表示地区人才平均受教育年限；$X_2$ 表示外资及我国港、澳、台投资占全社会投资额的份额；$X_3$ 表示第三产业生产总值占国内生产总值的份额。

**表 4-7 中部地区多元回归分析结果**

| 变量 | 标准化的回归系数 | T 统计量 | 相伴概率 |
|---|---|---|---|
| $X_1$ | 0.706 | 4.858 | 0.001 |
| $X_2$ | 0.382 | 3.047 | 0.012 |
| $X_3$ | 0.473 | 2.475 | 0.033 |
| 判定系数 $R^2$ | 0.937 | F 检验 | 49.484 |
| 调整后判定系数 $\hat{R}^2$ | 0.918 | 总体显著水平 | 0.000a |
| 参数估计标准误差 | 0.14169 | D - W 值 | 1.847 |

根据表 4-7 中的数据，中部地区多元回归模型估计的结果为：

$$Y = 0.706X_1 + 0.382X_2 + 0.473X_3 \qquad (4-7)$$

(0.001) (0.012) (0.033)

T = (4.858) (3.047) (2.475)

$R^2$ =0.937，调整后的 $\hat{R}^2$ =0.918，F =49.484，D - W =1.847，检验值显示，回归方程整体拟合优度较好，模型效果较理想。

式中各变量的含义同式 (4-6)。

**表 4-8 西部地区多元回归分析结果**

| 变量 | 标准化的回归系数 | T 统计量 | 相伴概率 |
|---|---|---|---|
| $X_1$ | 0.560 | 5.606 | 0.023 |
| $X_2$ | 0.622 | 1.782 | 0.001 |
| $X_3$ | 0.364 | 4.898 | 0.110 |
| 判定系数 $R^2$ | 0.839 | F 检验 | 17.377 |
| 调整后判定系数 $\hat{R}^2$ | 0.791 | 总体显著水平 | 0.000a |
| 参数估计标准误差 | 0.24482 | D - W 值 | 1.545 |

根据表 4-8 中的数据，西部地区多元回归模型估计的结果为：

$$Y = 0.560X_1 + 0.622X_2 + 0.364X_3 \qquad (4-8)$$

(0.023) (0.001) (0.110)

T = （5.606）（1.782）（4.898）

$R^2$ = 0.839，调整后的 $\hat{R}^2$ = 0.791，F = 17.377，D - W = 1.545，检验值显示，回归方程整体拟合优度较好，模型效果较理想。

式中各变量的含义同式（4 - 6）。

基于以上三个回归方程，可以做出如下判断：

（1）从上述东、中、西部三个回归方程可以发现，回归模型中所有的 $R^2$ > 0.839，同时 t 检验值、方差检验 F 值显示，回归方程整体拟合优度较好，模型效果比较理想。并且可以得出相应结论：东、中、西部地区人均 GDP 与人才资源、政策因素、产业结构存在明显的线性关系，即造成地区经济差距的原因可以用人才资源、政策因素、产业结构来解释，当然这些因素在地区经济上的影响或者预测能力上有所区别。

（2）人才资源因素方面，从回归方程标准化的系数值可以发现，1995 ~ 2008 年，人才资源因素对东中部地区经济发展水平有显著的解释力，并且是第一位的。这说明，人才资源因素对地区人均 GDP 差距的扩大起了主要作用。

（3）政策因素方面，政策因素对西部地区经济差距有重要影响，并且政策因素起作用的相对重要性排序为西部地区、中部地区、东部地区，这也解释了国家实施西部开发战略和中部崛起战略起了重要作用。

（4）产业结构因素方面，东、中、西部地区产业结构因素对地区人均国内生产总值差距有显著的解释力，并且产业结构因素起作用的相对重要性排序为东部地区、中部地区、西部地区。这说明中西部地区与东部地区相比较，产业结构方面有待优化。

（5）解释地区经济差距的三大因素中，东部地区解释力由强到弱的排序为人才资源因素、产业结构因素、政策因素；中部地区解释力由强到弱的排序为人才资源因素、产业结构因素、政策因素；而西部地区解释力由强到弱的排序为政策因素、人才资源因素、产业结构因素。

## 第三节 东、中、西部地区经济发展差距的成因分析——以收入差距为例

### 一、东、中、西部地区收入差距的总体特征分析

收入水平是地方经济发展水平的重要体现，在本节我们将通过东、中、西部地区职工平均工资、城镇居民人均可支配收入及农民家庭人均纯收入三个收入水

平指标，来分析 1995～2008 年东、中、西部的经济差距及其成因。

首先，根据相关统计年鉴，我们将 1995～2008 年的东、中、西部职工平均工资、城镇居民人均可支配收入及农民家庭人均纯收入数据汇总成表 4－9、表 4－10 和表 4－11。

**表 4－9　1995～2008 年东、中、西部职工平均工资比较**　　单位：元

| 年份＼地区 | 东部 | 中部 | 西部 |
| --- | --- | --- | --- |
| 1995 | 6591.7 | 4561.17 | 5178.09 |
| 1996 | 7428.3 | 5055.5 | 6036.64 |
| 1997 | 8103.0 | 5308.83 | 6275.75 |
| 1998 | 9295.9 | 5986.17 | 7019.25 |
| 1999 | 10540.1 | 6630.67 | 7819.08 |
| 2000 | 11910.4 | 7257.33 | 8863.67 |
| 2001 | 13822.5 | 8639.00 | 10679.08 |
| 2002 | 15636.9 | 9616.83 | 12364.83 |
| 2003 | 17679.2 | 10915.5 | 13691.33 |
| 2004 | 20084.9 | 12604.67 | 15515.67 |
| 2005 | 22750.3 | 14837.83 | 17077.00 |
| 2006 | 25880.1 | 17119.67 | 19712.08 |
| 2007 | 30305.3 | 20732.00 | 24294.33 |
| 2008 | 35229.0 | 24269.33 | 30550.64 |

**表 4－10　1995～2008 年东、中、西部城镇居民人均可支配收入比较**　　单位：元

| 年份＼地区 | 东部 | 中部 | 西部 |
| --- | --- | --- | --- |
| 1995 | 5411.96 | 3750.87 | 3363.88 |
| 1996 | 6121.00 | 4194.54 | 3996.92 |
| 1997 | 6568.91 | 4439.50 | 4492.31 |
| 1998 | 6885.31 | 4600.11 | 4777.30 |
| 1999 | 7521.94 | 4948.06 | 5284.23 |
| 2000 | 8099.09 | 5271.80 | 5647.88 |

续表

| 年份＼地区 | 东部 | 中部 | 西部 |
|---|---|---|---|
| 2001 | 8891.28 | 5744.98 | 6171.79 |
| 2002 | 9638.78 | 6432.48 | 6674.90 |
| 2003 | 10678.32 | 7101.13 | 7235.39 |
| 2004 | 11874.40 | 7886.51 | 7996.08 |
| 2005 | 13261.59 | 8830.36 | 8700.13 |
| 2006 | 14893.87 | 9911.27 | 9545.13 |
| 2007 | 16907.80 | 11624.44 | 11149.77 |
| 2008 | 19227.72 | 13196.83 | 12741.78 |

**表 4－11　1995～2008 年东、中、西部农民家庭人均纯收入比较**　单位：元

| 年份＼地区 | 东部 | 中部 | 西部 |
|---|---|---|---|
| 1995 | 2495.01 | 1369.47 | 1009.91 |
| 1996 | 2946.34 | 1711.60 | 1228.78 |
| 1997 | 3188.48 | 1921.25 | 1470.32 |
| 1998 | 3329.62 | 1978.47 | 1580.08 |
| 1999 | 3428.93 | 2015.88 | 1604.05 |
| 2000 | 3587.74 | 2071.18 | 1632.31 |
| 2001 | 3799.62 | 2159.53 | 1692.96 |
| 2002 | 4032.76 | 2271.93 | 1791.73 |
| 2003 | 4283.02 | 2369.92 | 1754.29 |
| 2004 | 4690.54 | 2692.77 | 2135.78 |
| 2005 | 5266.72 | 3637.84 | 2355.61 |
| 2006 | 5813.01 | 3279.92 | 2575.73 |
| 2007 | 6558.17 | 3836.62 | 3004.22 |
| 2008 | 7405.01 | 4436.67 | 3481.26 |

然后，将上述三表的极差趋势绘成图 4－4、图 4－5 和图 4－6。

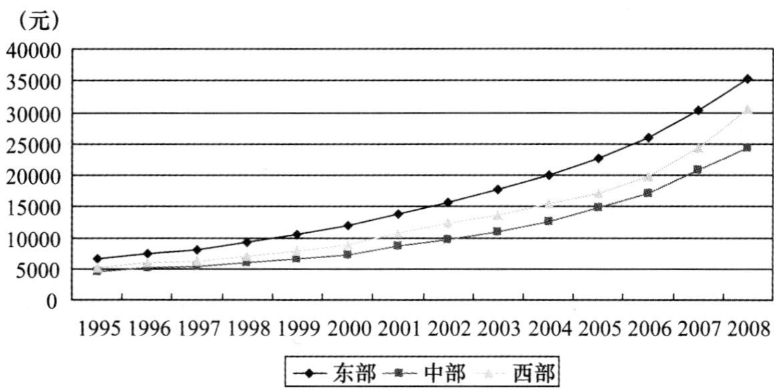


**图 4-4　1995~2008 年东、中、西部职工平均工资极差趋势**

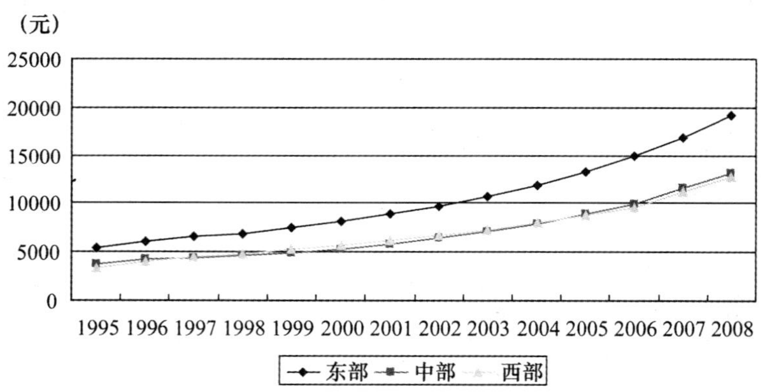


**图 4-5　1995~2008 年东、中、西部城镇居民人均可支配收入极差趋势**

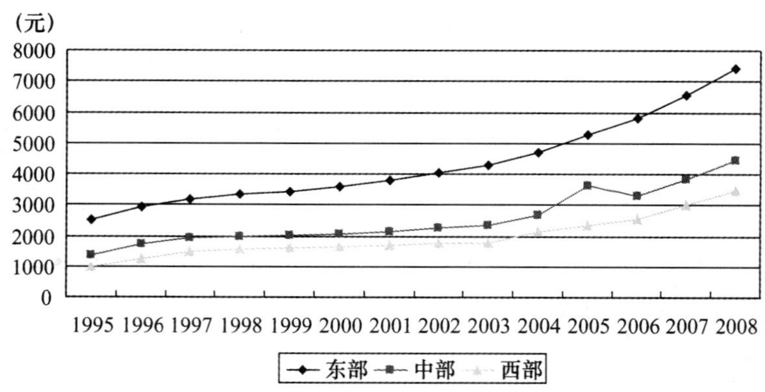


**图 4-6　1995~2008 年东、中、西部农民家庭人均纯收入极差趋势**

表4－9、表4－10、表4－11及图4－4、图4－5、图4－6清楚地显示，在1995～2008年，中西部地区在三个收入指标上，与东部的差距是越来越大，呈明显的剪刀差趋势。其中，农民纯收入的差距最大，城镇居民人均可支配收入差距次之，职工平均工资的差距最小。

## 二、东、中、西部地区收入差距成因的定量分析

1. 研究假设及模型

假定影响地区收入差距有三种因素：资源禀赋因素、结构因素和政策因素。资源禀赋因素是指与经济发展和收入水平相关的资源丰富程度，尤其是人才资源禀赋；结构因素是指区域内人力、物力、财力的空间分布状况，是一个与区域产业结构、技术结构密切相关的方面；政策因素是指与地区经济差距有关的政策制度。

本书采用多元回归分析法对人才资源、产业结构、政策三大因素对地区收入差距的影响进行实证分析。

多元回归分析的一般模型为：

$$Y = B_0 + B_1X_1 + B_2X_2 + B_3X_3 + \mu \qquad (4-9)$$

式中：$Y$为因变量，在此表示被考察的东、中、西部地区的收入差距指标；$X_1$、$X_2$、$X_3$为自变量，分别代表人才资源因素、产业结构因素、政策因素的变量；$\mu$为残差，即不能以人才资源因素、产业结构因素和政策因素解释的部分；$B_0$、$B_1$、$B_2$、$B_3$为需要确定的模型参数，反映的是某一自变量在其他自变量控制的情况下对于因变量的影响程度。

2. 指标选取和数据采集

（1）反映地区收入差距指标的选取和数据采集。反映区域收入差距的指标主要有三个，即职工平均工资、城镇居民家庭人均可支配收入和农民家庭人均纯收入。考虑到数据的可获性，本书选取职工平均工资指标，在计算时对职工平均工资指标取自然对数处理。

（2）人才资源因素指标的选取和数据采集。本指标的选取和数据采集同前。

（3）政策因素指标的选取和数据采集。本指标的选取和数据采集同前。

（4）结构因素的指标选取和数据采集。本指标的选取和数据采集同前。

3. 结果及分析

根据1995～2009年《中国统计年鉴》和分省统计年鉴资料，按照上述思路整理出东部、中部、西部的历年各地区从业人员平均工资、人均受教育年限值、第三产业生产总值占国内生产总值GDP的比重、外资及我国港澳台投资占全社会投资额的比重等数据，然后进行加总，得出模型需要的各项指标数据（见表4－12、表4－13、表4－14）。

表 4－12　东部地区 1995～2008 年地区收入差距指标、人才资源因素指标、政策因素指标、结构因素指标量表

| 年份 | 职工平均工资（元） | 人均人才受教育年限值（年） | 外资及我国港澳台投资占全社会投资额的比值（%） | 第三产业生产总值占国内生产总值 GDP 的比值（%） |
|---|---|---|---|---|
| 1995 | 6591.70 | 1.46 | 0.16 | 0.35 |
| 1996 | 7428.30 | 1.46 | 0.16 | 0.36 |
| 1997 | 8103.00 | 1.66 | 0.16 | 0.37 |
| 1998 | 9295.90 | 1.55 | 0.15 | 0.37 |
| 1999 | 10540.10 | 1.64 | 0.13 | 0.38 |
| 2000 | 11910.40 | 1.58 | 0.11 | 0.39 |
| 2001 | 13822.50 | 1.64 | 0.12 | 0.40 |
| 2002 | 15636.90 | 1.95 | 0.12 | 0.41 |
| 2003 | 17679.20 | 2.18 | 0.13 | 0.39 |
| 2004 | 20084.90 | 2.29 | 0.14 | 0.37 |
| 2005 | 22750.30 | 2.02 | 0.14 | 0.41 |
| 2006 | 25880.10 | 2.11 | 0.15 | 0.41 |
| 2007 | 30305.30 | 2.24 | 0.15 | 0.42 |
| 2008 | 35229.00 | 2.36 | 0.14 | 0.42 |

表 4－13　中部地区 1995～2008 年地区收入差距指标、人才资源因素指标、政策因素指标、结构因素指标量表

| 年份 | 职工平均工资（元） | 人均人才受教育年限值（年） | 外资及我国港澳台投资占全社会投资额的比值（%） | 第三产业生产总值占国内生产总值 GDP 的比值（%） |
|---|---|---|---|---|
| 1995 | 4561.17 | 0.83 | 0.08 | 0.30 |
| 1996 | 5055.50 | 0.83 | 0.07 | 0.31 |
| 1997 | 5308.83 | 0.94 | 0.07 | 0.31 |
| 1998 | 5986.17 | 0.88 | 0.06 | 0.33 |
| 1999 | 6630.67 | 0.92 | 0.05 | 0.35 |
| 2000 | 7257.33 | 1.06 | 0.04 | 0.35 |
| 2001 | 8639.00 | 1.20 | 0.04 | 0.36 |
| 2002 | 9616.83 | 1.07 | 0.05 | 0.36 |
| 2003 | 10915.50 | 1.27 | 0.05 | 0.36 |
| 2004 | 12604.67 | 1.26 | 0.06 | 0.35 |
| 2005 | 14837.83 | 1.18 | 0.06 | 0.37 |
| 2006 | 17119.67 | 1.29 | 0.06 | 0.36 |
| 2007 | 20732.00 | 1.47 | 0.05 | 0.36 |
| 2008 | 24269.33 | 1.52 | 0.06 | 0.37 |

表 4-14 西部地区 1995~2008 年地区收入差距指标、人才资源因素指标、政策因素指标、结构因素指标量表

| 年份 | 职工平均工资（元） | 人均人才受教育年限值（年） | 外资及我国港澳台投资占全社会投资额的比值（%） | 第三产业生产总值占国内生产总值 GDP 的比值（%） |
|---|---|---|---|---|
| 1995 | 5178.09 | 0.75 | 0.04 | 0.25 |
| 1996 | 6036.64 | 0.75 | 0.05 | 0.31 |
| 1997 | 6275.75 | 0.78 | 0.04 | 0.32 |
| 1998 | 7019.25 | 0.76 | 0.04 | 0.34 |
| 1999 | 7819.08 | 0.85 | 0.03 | 0.35 |
| 2000 | 8863.67 | 0.79 | 0.03 | 0.36 |
| 2001 | 10679.08 | 0.98 | 0.03 | 0.38 |
| 2002 | 12364.83 | 0.99 | 0.03 | 0.38 |
| 2003 | 13691.33 | 1.09 | 0.03 | 0.37 |
| 2004 | 15515.67 | 1.17 | 0.04 | 0.35 |
| 2005 | 17077.00 | 1.10 | 0.04 | 0.39 |
| 2006 | 19712.08 | 1.09 | 0.04 | 0.39 |
| 2007 | 24294.33 | 1.02 | 0.04 | 0.38 |
| 2008 | 30550.64 | 1.04 | 0.05 | 0.36 |

对东、中、西部地区上述 4 个指标采用 SPSS 统计软件进行了多元回归分析，回归结果如表 4-15 所示。

表 4-15 东部地区多元回归分析结果

| 变　量 | 标准化的回归系数 | T 统计量 | 相伴概率 |
|---|---|---|---|
| $X_1$ | 0.589 | 6.945 | 0.000 |
| $X_2$ | 0.059 | 0.850 | 0.415 |
| $X_3$ | 0.499 | 5.262 | 0.000 |
| 判定系数 $R^2$ | 0.965 | F 检验 | 90.699 |
| 调整后判定系数 $\hat{R}^2$ | 0.954 | 总体显著水平 | 0.000a |
| 参数估计标准误差 | 0.11554 | D-W 值 | 1.835 |

根据表 4-15 中的数据，东部地区多元回归模型估计的结果为：

$$Y = 0.589X_1 + 0.059X_2 + 0.499X_3 \tag{4-10}$$

（0.000）（0.415）（0.000）

T = （6.945）（0.850）（5.262）

$R^2=0.965$，调整后的 $\hat{R}^2=0.954$，$F=90.699$，$D-W=1.835$，检验值显示，回归方程整体拟合优度较好，模型效果较理想。

式中：$Y$ 表示地区从业人员平均工资；$X_1$ 表示地区人才平均受教育年限；$X_2$ 表示外资及我国港、澳、台投资占全社会投资额的份额；$X_3$ 表示第三产业生产总值占国内生产总值的份额。

**表 4－16　中部地区多元回归分析结果**

| 变　量 | 标准化的回归系数 | T 统计量 | 相伴概率 |
|---|---|---|---|
| $X_1$ | 0.653 | 7.194 | 0.000 |
| $X_2$ | 0.341 | 4.284 | 0.002 |
| $X_3$ | 0.553 | 4.659 | 0.001 |
| 判定系数 $R^2$ | 0.973 | F 检验 | 122.321 |
| 调整后判定系数 $\hat{R}^2$ | 0.966 | 总体显著水平 | 0.000a |
| 参数估计标准误差 | 0.10083 | D－W 值 | 2.118 |

根据表 4－16 中的数据，中部地区多元回归模型估计的结果为：

$$Y=0.653X_1+0.341X_2+0.553X_3 \qquad (4-11)$$

（0.000）（0.002）（0.001）

T = （7.194）（4.284）（4.659）

$R^2=0.973$，调整后的 $\hat{R}^2=0.966$，$F=122.321$，$D-W=2.118$，检验值显示，回归方程整体拟合优度较好，模型效果较理想。

式中各变量的含义同式（4－10）。

**表 4－17　西部地区多元回归分析结果**

| 变　量 | 标准化的回归系数 | T 统计量 | 相伴概率 |
|---|---|---|---|
| $X_1$ | 0.590 | 3.868 | 0.003 |
| $X_2$ | 0.415 | 3.229 | 0.009 |
| $X_3$ | 0.373 | 2.634 | 0.025 |
| 判定系数 $R^2$ | 0.878 | F 检验 | 23.991 |
| 调整后判定系数 $\hat{R}^2$ | 0.841 | 总体显著水平 | 0.000a |
| 参数估计标准误差 | 0.22024 | D－W 值 | 1.286 |

根据表4－17中的数据，西部地区多元回归模型估计的结果为：

$$Y = 0.590X_1 + 0.415X_2 + 0.373X_3 \quad (4-12)$$

（0.003）（0.009）（0.025）

$T=$（3.868）（3.229）（2.634）

$R^2=0.878$，调整后的 $\hat{R}^2=0.841$，F＝23.991，D－W＝1.286，检验值显示，回归方程整体拟合优度较好，模型效果较理想。式中各变量的含义同式（4－10）。

基于以上三个回归方程，可以做出如下判断：

（1）从上述东、中、西部三个回归方程可以发现，回归模型中所有的 $R^2>0.878$，同时t检验值、方差检验F值显示，回归方程整体拟合优度较好，模型效果非常理想。并且可以得出相应结论：东、中、西部地区职工平均工资与人才资源、政策因素、产业结构存在明显的线性关系，即造成地区收入差距的原因可以用人才资源、政策因素、产业结构来解释，当然这些因素对地区收入的影响或者预测能力上有所区别。

（2）人才资源因素方面，从回归方程标准化的系数值可以发现，1995～2008年，人才资源因素对东、中部地区收入发展水平有显著的解释力，并且都是第一位的解释因素。这说明人才资源因素对东、中、西部大地区职工平均工资差距的扩大起了主要作用。

（3）政策因素方面，政策因素对东部地区收入发展水平的解释力较弱，但对中西部地区职工平均工资差距有较大的影响，这也解释了国家实施西部开发战略和中部崛起战略起了重要作用。

（4）产业结构因素方面，东、中、西部地区产业结构因素对职工平均工资差距有显著的解释力，且产业结构因素对职工平均工资差距的影响，中部地区大于东部地区，东部地区大于西部地区。

（5）解释东、中、西部地区职工平均工资差距的三大因素中，东部地区解释力由强到弱的排序为产业结构因素、人才资源因素、政策因素，其中前两者重要程度旗鼓相当；中部地区解释力由强到弱的排序为人才资源因素、产业结构因素、政策因素；西部地区解释力由强到弱的排序为人才资源因素、政策因素、产业结构因素。

## 第四节　本章小结

通过本章的研究，可以得出以下基本结论：

第一，人才资源因素是导致东、中、西部地区经济差距扩大的最主要因素，政策因素和产业结构因素对东、中、西部地区的经济差距有着重要的影响，但其重要程度因地区而有所差异。

第二，影响东、中、西部收入差距的因素主要有人才资源因素、产业结构因素和政策因素等。人才资源因素由于其刚性对地区收入差距的拉大占主导地位，政策因素、产业结构因素起着重要作用，三者对各个地区收入差距的影响程度有所差异。

第三，政策因素对中西部地区经济差距和收入发展水平差距有重要影响，并且政策因素起作用的相对重要性排序为西部地区、中部地区、东部地区，这也解释了国家实施西部大开发战略和中部崛起战略起了重要作用。

第四，东、中、西部地区产业结构因素对东、中、西部地区经济差距和各个地区收入差距有显著的解释力。在各地区人均国内生产总值差距方面，产业结构因素所起作用的相对重要性排序为东部地区、中部地区、西部地区。这说明中西部地区与东部地区相比较，产业结构方面有待优化。在各个地区收入差距方面，产业结构因素对职工平均工资差距的影响，中部地区大于东部地区，东部地区大于西部地区。

# 第五章　中西部地区人才资源与经济发展协调性分析

前面章节对地区差距形成的原因及中西部地区人才对经济增长的作用进行了较深入的分析，得出了人才缺失是导致中西部地区经济相对落后的主要原因的结论。本章将对中西部地区人才资源与经济发展的协调性进行分析，以判断不同地区人才资源是否适应经济发展的需要及适应的程度。

## 第一节　国内外研究综述

协调既是一种状态，也是一种过程。在系统科学中，协调是一种状态，是指为了实现最终目标，系统要素之间通过相互影响、相互促进形成有序的、整体的良性循环关系。在管理科学中，协调是一种过程，是通过外力使系统中分散的各个要素具有一定的系统性、整体性，并使之配合适当，换句话说，协调就是力求把系统中的各要素有机联系起来，协同一致，实现共同的预定目标。①

按照系统科学的概念，人才系统与经济系统的协调是指人才发展和经济发展之间相互协作、相互配合、相互促进的有序整体状态。二者之间的协调发展应该包括系统间的相互作用与系统内部各要素之间的相互作用两个方面的内容。

协调度是指系统之间或要素之间协调发展状况的定量指标。② 人才系统与经济系统的协调度是一个相对指标，是指对一定时期、一定区域内人才系统与经济系统内部要素相互配合及两系统间相互作用耦合程度的定量描述。通过二者协调度的定量化研究，可以判定人才发展与经济发展是否处于协调状态。若不协调，是人才增长超前于经济发展，还是正好相反；或是由于人才系统内部哪些要素功能滞后，使整个人才系统作用得不到有效发挥，最终导致人才系统与经济系统不协调，这些都可以通过定量化模型进行评判。这样就可以为实现区域经济与人才

---

① 陈颖：《青海省人口、资源、环境与经济、社会的协调发展研究》，《西北人口》2007 年第 5 期。

② 蒲婷婷、王家勋、王生林：《甘肃省人口与经济协调发展评价与分析》，《甘肃理论学刊》2010 年第 2 期。

协调发展制定有效政策措施提供依据和参考。

## 一、国内外研究述评

人才资源与经济发展关系的研究经历了漫长的历史过程，最早可以追溯到西方古典经济学中的劳动价值理论。迄今为止，该领域的理论研究已经相对成熟，并对现实状况具有一定的指导意义。

在国外，有关人才与经济增长协调性的研究文献在前面有关人力资本对经济增长的作用、贡献等章节中已经涉及并做了介绍。本节重点介绍国内关于这方面的研究。国内有关人才与经济增长协调性的研究，主要集中在以下几个方面：

1. 利用系统耦合理论对人力资源与经济增长的协调性进行研究

俞荣建利用系统耦合原理考察了欠发达地区人力资源与经济发展之间在总量、结构、能力与流动性等方面的系统耦合结构及状况，得出人力资源与经济发展在总量、结构、能力、流动性 4 个方面的耦合共同构成系统的耦合结构。他对这些耦合的机制进行了分析，指出每一种耦合状态的决定因素，并尝试用人力资源在经济增长中的贡献率、产业结构错位系数、区域人力资源能力评价模型及流动性指标来评价特定区域人力资源与经济发展系统的总量、结构、能力与流动性耦合，并运用此方法分析了我国欠发达地区人力资源开发的主要问题、障碍及成因，还以福建省闽清县为例做了实证分析。[①] 该文的主要贡献在于，作者引入了系统耦合理论来研究人力资源与经济增长的协调性，但是，作者并没有构建出一个具体的模型来研究，也没有提出耦合的标准。叶仁荪等人在索洛模型的基础上，通过增加考虑人才变动内生化的变量，建立了人才—经济系统耦合模型，分析江西省人才与经济增长系统在总量、结构、能力、流动性的耦合程度。[②] 他们的研究不仅弥补了俞荣建的不足，而且在对江西省的实证分析中也得出了有效的结论，但是，系统耦合模型对变量原始数据的精确度、时间连续性及完整性有比较高的要求，原始数据较小的误差可能使模型的结果产生较大偏离，进而会影响结论的正确性。

2. 运用系统工程方法研究了人力资源与经济增长之间的协调关系

高金浩等人以多目标模糊综合评判为依据，以定量分析与定性分析相结合的方法构建了经济与人才系统发展协调性的评判模型，研究了地区人力资源开发与经济发展的协调性问题。他们认为，地区经济的发展并不是人才资源总量越多越好，重要的是二者的协调。他们的研究为人们进一步理解人才资源是第一资源提

---

① 俞荣建：《我国欠发达地区人力资源开发与经济发展的系统耦合研究——以福建省闽清县为例》，福建农林大学［硕士学位论文］，2003 年。

② 叶仁荪、胡雪梅、蒋晓光等：《江西崛起中的人才问题》，中国人事出版社，2005 年。

供了理论和实证依据。[①] 刘兵、李劲松采用系统工程理论和协同论的观点，建立了经济—人才发展系统的指标结构体系和模糊综合评判模型，并进行了两系统协调性的实证分析。[②] 叶仁荪等人运用多目标模糊综合评判方法分析了江西省人才与经济系统之间的协调性状况。[③] 多目标模糊综合评判法在理论上较为成熟，比较适合用于分析人才数量与经济系统的协调性状况，但不太适合分析人才能力、人才结构和人才流动是否适应经济发展的需要。

3. 运用偏离度系数和动态协调度指标对人才资源与经济发展的协调性进行研究

杨益民借鉴就业偏离度系数原理，提出产业专业人才结构偏离度公式，并将其运用于对江苏省人才结构与产业结构的协调性分析。他认为，通过偏离度系数计算的结果，可以判断出在某地区经济中人才结构与产业结构的构成比例是否协调，即某产业的人才供给与该产业的人才需求是否均衡。[④] 这种方法在理论上比较容易接受，公式及数据处理也较为简易，对人才资源与经济发展之间的协调性研究具有一定意义。但它主要是反映某一时点上人才分布与经济结构的静态协调状况，不能用来分析某一时间段的动态协调度变化情况；同时它也难以对协调程度划分等级。李春平等人根据人才增长速度与经济增长速度的相互关系，提出用动态协调度指标来反映人才数量变化是否与经济增长相适应，并运用此方法对江苏省人才结构与经济发展的协调性进行了实证分析。[⑤] 这样就弥补了偏离度系数只能用来分析人才与经济静态协调性的不足。

总体来看，国内外学者在人力资源与经济增长关系及协调性的研究上已经取得了丰硕的成果，这为本书的研究开阔了思路。但目前的研究也还存在一些需要进一步深入的方面。如：

第一，从研究领域上看，尽管有许多学者对“人口—经济”、“环境—经济”、“教育—经济”、“科技—经济”及“人力资本—经济”等多个领域的协调发展作了研究，但是将人才资源从人口和人力资本中剥离出来单独研究的还比较少。

第二，到目前为止，虽然有不少学者对人才与经济增长协调性进行了研究，但在研究方法和模型方面，较有影响的是多目标模糊综合评判法，但是由于该方法在指标权重选择上具有明显的主观臆断性，这在一定程度上影响了结论的说服力。

第三，针对两个系统之间协调关系的研究较多，而对两系统中的各个因素之

① 高金浩：《经济与人才系统协调性评判模型》，《中国人才资源开发》2003 年第 2 期。

② 刘兵、李劲松：《基于模糊综合评判的经济与人才系统的协调性判定》，《河北工业大学学报》2002 年第 5 期。

③ 叶仁荪、胡雪梅、蒋晓光等：《江西崛起中的人才问题》中国人事出版社，2005 年。

④ 杨益民：《人才结构与经济发展协调性分析的指标及应用》，《安徽大学学报》2007 年第 1 期。

⑤ 李春平：《江苏人才结构与经济发展协调性分析》，南京财经大学［硕士学位论文］，2006 年。

间的协调性研究较少。如许多学者研究了人才与经济增长系统之间的协调程度，而对人才系统中的人才总量、结构、能力及流动性等因素与经济增长系统中的经济增长速度、经济结构、经济发展与升级所需要的人才能力之间的协调关系研究较少。

第四，对某省、市、自治区人才与经济增长协调性的研究较多，而针对某一大区域进行人才与经济协调性的研究较少。

### 二、本章的研究思路

根据以上分析，本章对中西部地区人才资源与经济增长协调性的研究主要从三个方面进行。首先，运用动态协调度指标对人才资源数量增长与经济增长的协调状况进行分析；其次，运用偏离度指标对人才资源产业分布结构与经济增长的协调性进行分析；最后，运用适合度景观理论和 NK 模型对人才资源总量、能力、结构和流动 4 个要素与经济增长的总体协调状况进行分析。

## 第二节　中西部地区人才资源数量与经济发展的协调性分析

中部崛起和西部大开发均离不开人才资源。但是，只有当人才与经济发展相互协调时，才能更好地发挥人才资源对经济发展的促进作用，反之，则不能满足二者相互的需要。本节就中西部地区专业技术人才与经济发展之间的协调性进行分析。

### 一、协调性指标的构建

区域人才资源的存量变化与经济发展的协调关系，其实质是指经济发展与所需人才资源的供给是否保持平衡，若平衡，则两者相互促进而协调发展；反之，则二者处于矛盾状态，或是人才资源供给过多，或是人才资源供给不能满足经济发展的需要。为衡量这种协调性，张晓东、李春平等人提出了动态协调度指标。该指标能反映出人才资源与经济发展的数量关系，并且人才资源增长与经济发展的各种变化能与动态协调度呈现一一对应的关系。其计算公式是：①②

$$C_{xy} = \frac{x + y}{\sqrt{x^2 + y^2}} \tag{5-1}$$

① 张晓东、朱德海：《中国区域经济与环境协调度预测分析》，《资源科学》2003 年第 2 期。

② 李春平：《江苏人才结构与经济发展协调性分析》，南京财经大学［硕士学位论文］，2006 年。

式中：$C_{xy}$为人才与经济的协调度，$x$为人才的增长速度，$y$为经济的增长速度，$-1.414 \leq C_{xy} \leq 1.414$。当$x>0$，$y>0$且两者相等时，协调度指标取得最大值1.414；当$x<0$，$y<0$且两者相等时，协调度指标取得最小值$-1.414$。$x$与$y$同时为0是个奇异点，可以忽略不计，因为在现实社会经济发展过程中，人才和经济产值同时没有变化是非常罕见的。对$x$、$y$与$C_{xy}$变化关系的进一步说明，如表5-1所示。

**表5-1　$x$、$y$与$C_{xy}$变化关系**

| | |
|---|---|
| $C_{xymax}=1.414$ | 当且仅当$x=y>0$ |
| $\|C_{xy}\|$越接近1.414 | 说明$x$，$y$越呈现同比例增长的态势 |
| $\|C_{xy}\|$越接近1 | 说明$x$，$y$增长的差异越大 |
| | 说明$x$，$y$变化的绝对值差异越大 |
| $\|C_{xy}\|<1$ | 说明$x$，$y$呈反方向变化 |
| | 且越接近0时，说明$x$，$y$反方向变化的绝对值越接近 |
| $C_{xymax}=-1.414$ | 当且仅当$x=y<0$ |

由于经济发展具有阶段性（起步、稳定增长和衰退等阶段），不同阶段对人才的需求具有不同的特点，如在经济起步阶段，人才增长的速度应高于经济增长的速度，在经济稳定增长阶段，人才增长的速度比较稳定且应滞后于经济增长，而在衰退阶段，人才下降应快于经济下降。因此，动态协调度的分级标准根据经济发展的不同阶段而有所不同。如表5-2所示。

**表5-2　协调度类型表**

| 发展阶段 | 协调度 | 变量值 | 协调类型 |
|---|---|---|---|
| 初步发展期 | $1.2 \leq C_{xy} \leq 1.414$ | $x>0$，$y>0$ | 基本协调 |
| | $1 \leq C_{xy} \leq 1.2$ | $x>0$，$y>0$，$(x>y)$ | 比较协调 |
| | $C_{xy}<0$ | | 不协调 |
| 稳定增长期 | $1.2 \leq C_{xy} \leq 1.414$ | $x>0$，$y>0$ | 比较协调 |
| | $1 \leq C_{xy} \leq 1.2$ | $x>0$，$y>0$ | 基本协调 |
| | $0 \leq C_{xy} \leq 1$ | $x<0$，$y>0$ | 勉强协调 |
| | $C_{xy}<0$ | | 不协调 |
| 衰退期 | $-1.414<C_{xy}<-1.2$ | $x<0$，$y<0$ | 基本协调 |
| | $-1.2<C_{xy}<-1$ | $x<0$，$y<0$，$(x<y)$ | 比较协调 |
| | $-1<C_{xy}$ | | 不协调 |

## 二、中西部地区人才资源数量与经济发展协调性的分析

下面就中西部地区 1995 ~ 2008 年的人才资源增长与经济发展之间的协调度进行计算及分析并与东部地区进行比较。

1. 数据收集与整理

动态协调度的计算主要涉及两个指标，即人才增长率 $X$ 和经济增长率 $Y$。这里将人才界定为具有中专（高中）及以上学历的从业人员。其原始数据取自《中国统计年鉴》（1995 ~ 2009）和《中国劳动统计年鉴》（1995 ~ 2009），先根据每个省某年的就业人员数据和具有中专（高中）及以上学历人员所占就业人员总数百分比，算出每个省该年的人才数，然后依据东、中、西部地区涵盖省份进行加总得出三个区域 1994 ~ 2008 年的人才数量，进而计算出三个区域的人才增长率。区域 GDP 是由区域内各省经 GDP 指数换算的 GDP 加总而来。GDP 具体换算方法是：以 1994 年为基期，用某省 1994 年的 GDP 乘以该省 1995 年的 GDP 指数（以上年为 100，按不变价格计算）就作为该省 1995 年的 GDP，该 GDP 乘以 1996 年的 GDP 指数就为 1996 年的 GDP，依此类推。然后计算经济增长率，如表 5 – 3 所示。

**表 5 – 3 东、中、西部三区域人才数、人才增长率及经济增长率**

| 年份 | 人才数（万人） | | | 人才增长率 $x$（%） | | | 经济增长率 $y$（%） | | |
|---|---|---|---|---|---|---|---|---|---|
| | 东部 | 中部 | 西部 | 东部 | 中部 | 西部 | 东部 | 中部 | 西部 |
| 1994 | 3399.832 | 1954.542 | 1832.438 | — | — | — | — | — | — |
| 1995 | 3551.757 | 2263.478 | 2056.557 | 4.469 | 15.806 | 12.231 | 13.600 | 13.367 | 10.182 |
| 1996 | 3516.491 | 2408.562 | 2349.952 | -0.993 | 6.410 | 14.266 | 11.800 | 13.083 | 10.967 |
| 1997 | 3996.040 | 2749.461 | 2384.104 | 13.637 | 14.154 | 1.453 | 11.300 | 11.483 | 9.500 |
| 1998 | 4026.672 | 2654.717 | 2387.230 | 0.767 | -3.446 | 0.131 | 10.170 | 8.967 | 8.833 |
| 1999 | 4080.841 | 2738.994 | 2505.419 | 1.345 | 3.175 | 4.951 | 9.790 | 7.595 | 7.875 |
| 2000 | 4371.755 | 2977.063 | 2658.245 | 7.129 | 8.692 | 6.100 | 10.321 | 8.621 | 8.689 |
| 2001 | 4659.308 | 3301.140 | 2688.752 | 6.578 | 10.886 | 1.148 | 10.200 | 9.111 | 9.586 |
| 2002 | 5184.652 | 3024.206 | 2809.089 | 11.275 | -8.389 | 4.476 | 11.332 | 10.121 | 10.544 |
| 2003 | 5736.517 | 3478.738 | 3056.050 | 10.644 | 15.030 | 8.791 | 12.836 | 11.198 | 11.646 |
| 2004 | 5864.611 | 3581.806 | 3242.420 | 2.233 | 2.963 | 6.098 | 13.900 | 13.117 | 12.642 |
| 2005 | 5651.693 | 3188.444 | 2829.313 | -3.631 | -10.982 | -12.741 | 12.910 | 12.483 | 12.683 |
| 2006 | 5965.838 | 2973.043 | 2519.325 | 5.558 | -6.756 | -10.956 | 13.820 | 12.783 | 12.925 |
| 2007 | 6170.725 | 3274.596 | 3340.225 | 3.434 | 10.143 | 32.584 | 14.420 | 14.150 | 14.042 |
| 2008 | 6799.021 | 3518.765 | 3850.817 | 10.182 | 7.456 | 15.286 | 11.270 | 11.983 | 12.225 |

2. 计算结果及分析

将上述人才增长率和经济增长率数据代入式（5－1），计算出东、中、西部地区1995～2008年人才资源增长与经济发展的协调度，结果如表5－4和图5－1所示。

表5－4　东、中、西部动态协调度值

| 年份 | 东部 | 中部 | 西部 | 年份 | 东部 | 中部 | 西部 |
|---|---|---|---|---|---|---|---|
| 1995 | 1.262 | 1.409 | 1.396 | 2002 | 1.414 | 0.132 | 1.311 |
| 1996 | 0.913 | 1.338 | 1.413 | 2003 | 1.408 | 1.399 | 1.401 |
| 1997 | 1.408 | 1.407 | 1.408 | 2004 | 1.146 | 1.196 | 1.335 |
| 1998 | 1.072 | 0.575 | 0.782 | 2005 | 0.692 | 0.090 | －0.003 |
| 1999 | 1.127 | 1.308 | 1.345 | 2006 | 1.301 | 0.417 | 0.116 |
| 2000 | 1.391 | 1.414 | 1.393 | 2007 | 1.204 | 1.395 | 1.314 |
| 2001 | 1.382 | 1.409 | 1.112 | 2008 | 1.412 | 1.377 | 1.413 |

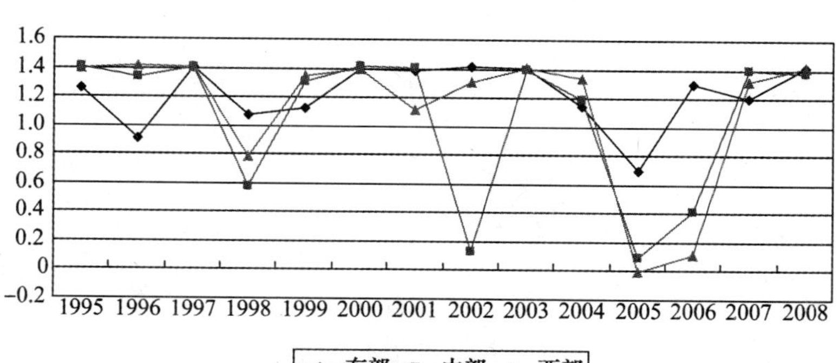


图5－1　1995～2008年东、中、西部人才与经济动态协调度折线图

根据表5－4中协调度值的变化特点，可以分为三个时间段来分析东、中、西部地区人才增长与经济增长的协调状况，如表5－5所示。

分析表5－5中的数据，可以得出以下基本结论：

（1）在1995～2008年，总体上，中西部地区人才资源与经济增长基本协调，但是比东部地区的协调度低。这说明，东部地区人才与经济增长的协调性比中西部地区好，即东部地区人才与经济实现了良性互动的发展关系。

（2）在1995～1997年，中西部地区人才资源与经济增长是比较协调的，高于东部地区的基本协调，其原因是这期间中西部地区人才资源增长与经济增长比较同步，而东部地区人才增长滞后于经济增长；在1998～2003年，东部和西部地区比较协调，而中部地区基本协调，这一时期整体上中西部地区的协调度低于东部地区；而在2004～2008年，东部地区的协调度高于中部地区，而中部地区又高于西部地区，东部地区基本协调，中西部地区勉强协调。

表5－5　东、中、西部人才增长与经济增长协调状况表

| 地区 / 协调状况 / 年份 | 东部地区 | | 中部地区 | | 西部地区 | |
|---|---|---|---|---|---|---|
| | 协调度值 | 协调等级 | 协调度值 | 协调等级 | 协调度值 | 协调等级 |
| 1995～1997 | 1.194 | 基本协调 | 1.385 | 比较协调 | 1.406 | 比较协调 |
| 1998～2003 | 1.299 | 比较协调 | 1.039 | 基本协调 | 1.224 | 比较协调 |
| 2004～2008 | 1.151 | 基本协调 | 0.895 | 勉强协调 | 0.835 | 勉强协调 |
| 1995～2008 | 1.224 | 比较协调 | 1.062 | 基本协调 | 1.124 | 基本协调 |

注：从1995～2008年的年均经济增长率来看，我国经济已处于稳定增长阶段，按照前述动态协调度的分级标准（见表5－2），东、中、西部地区人才资源增长与经济增长相应协调等级结果列入表5－5。

（3）中西部地区人才资源与经济增长的协调度在三个时间段里是下降的，且降幅较大。这说明中西部地区人才增长与经济增长并没有实现良性互动的关系，这个结果与第三章研究得出的结论一致，即与中西部地区在经济快速发展的进程中，其人才增长率呈下降趋势的结论一致；而东部地区在对应时段里的协调度波动幅度却较小。

## 第三节　中西部地区人才资源产业分布结构与经济发展的协调性分析

上节从人才资源存量的变化与经济增长的协调性进行了分析，结果表明，中西部地区的协调性低于东部地区，但这只能说明中西部地区相比东部地区，人才数量增长还不能更好地适应经济发展的需要，不能说明各产业人才资源是否满足经济发展的要求。因此，本节将从人才资源产业分布结构与经济发展的关系方面，分析中西部地区的协调性。由于我国分地区分行业具有中专（高中）及以

上学历的就业人员方面的数据难以完整收集，本节就采用专业技术人员[①]作为人才。另外，本节分析的时间段是 1999～2007 年，这是因为 1998 年及以前和 2008 年及以后的分地区分行业专业技术人员数据缺乏。本节所用的专业技术人员和 GDP 数据取自《中国统计年鉴》（2000～2008）。

## 一、中西部地区三次产业协调性分析

下面就用偏离度指标对中西部地区三次产业 1999～2007 年人才资源与产业发展之间的协调度进行计算和分析。

1. 偏离度指标的构建

为衡量产业人才分布结构与行业发展之间的协调状况，杨益民借鉴就业结构偏离度（注：就业结构偏离度是指一个国家就业结构与产值结构应保持合理的比例，超出这一比例的程度就是就业结构偏离度）的思想，提出了产业专业人才结构偏离度。其计算公式是：[②]

产业专业人才结构偏离度 =（GDP 产业构成比/专业人才产业构成比）－1　　（5－2）

式中：GDP 产业构成比是指某产业 GDP 占三次产业全部 GDP 的比例；专业人才产业构成比是指某产业专业人才数占三次产业全部专业人才的比例。

计算出的偏离度有零、正值和负值三种情况。若偏离度等于零，说明该产业人才与该产业产值完全协调，两者是相互促进的；若偏离度为正值，说明该产业人才的供给小于该产业发展对人才的需求，正值越大，两者越不协调；若偏离度为负值，说明人才供给大于该产业的需要，负值越小，两者越不协调。

2. 数据收集与整理

区域各产业专业技术人员数由区域内各省该产业专业技术人员数加总而得到，每个省的各产业专业技术人员数则由该产业所涵盖行业的专业技术人员数加总得到。如表 5－6 所示。

---

① 专业技术人员指从事专业技术工作的人员及从事专业技术管理工作且已在 1983 年以前评定了专业技术职称或在 1984 年以后聘任了专业技术职务的人员。以所包含的专业技术类别来分，专业技术人员包括工程技术人员，农业技术人员，科研人员（自然科学研究、社会科学研究及实验技术人员），卫生技术人员，教学人员（含高等院校、中等专业学校、技工学校、中学、小学），民用航空飞行技术人员，船舶技术人员，经济人员，会计人员，统计人员，翻译人员，图书资料、档案、文博人员，新闻、出版人员，律师，公证人员，广播电视播音人员，工艺美术人员，体育人员，艺术人员及政工人员；专业技术管理人员包括企业、事业单位的领导及企业、事业单位下设的职能机构，企业的生产车间和辅助车间（或附属辅助生产单位）中从事生产、技术、经济管理和政治工作人员。按照公务员管理或参照公务员管理的人员不统计为专业技术人员。

② 杨益民：《人才结构与经济发展协调性分析的指标及应用》，《安徽大学学报》2007 年第 1 期。

表 5-6 东、中、西部各产业专业技术人员数 单位：万人

| 年份 | 东部地区专业技术人才数 | | | 中部地区专业技术人才数 | | | 西部地区专业技术人才数 | | |
|---|---|---|---|---|---|---|---|---|---|
| | 第一产业 | 第二产业 | 第三产业 | 第一产业 | 第二产业 | 第三产业 | 第一产业 | 第二产业 | 第三产业 |
| 1999 | 17.76 | 313.24 | 887.58 | 15.08 | 173.04 | 511.10 | 35.16 | 182.69 | 550.86 |
| 2000 | 18.08 | 303.63 | 887.46 | 14.35 | 169.00 | 529.22 | 36.29 | 176.79 | 567.66 |
| 2001 | 17.41 | 299.10 | 895.64 | 13.39 | 162.59 | 532.20 | 34.65 | 170.94 | 575.88 |
| 2002 | 16.30 | 308.80 | 916.00 | 13.20 | 157.50 | 544.54 | 33.70 | 169.10 | 580.10 |
| 2003 | 15.05 | 306.58 | 924.32 | 11.56 | 163.45 | 557.08 | 32.85 | 174.10 | 585.93 |
| 2004 | 14.12 | 314.90 | 935.04 | 11.36 | 166.35 | 575.18 | 31.84 | 171.57 | 595.07 |
| 2005 | 12.58 | 344.61 | 959.63 | 10.16 | 168.44 | 574.03 | 30.73 | 173.65 | 603.93 |
| 2006 | 11.56 | 362.04 | 976.34 | 9.53 | 172.48 | 586.32 | 29.18 | 174.23 | 614.69 |
| 2007 | 11.63 | 373.93 | 991.30 | 8.86 | 173.14 | 589.35 | 28.45 | 183.98 | 630.16 |

区域 GDP 由区域内各省经 GDP 指数换算的 GDP 加总而来（GDP 具体换算方法见本章第二节），如表 5-7 所示。

表 5-7 东、中、西部各产业 GDP 值 单位：亿元

| 年份 | 东部地区 GDP 值 | | | 中部地区 GDP 值 | | | 西部地区 GDP 值 | | |
|---|---|---|---|---|---|---|---|---|---|
| | 第一产业 | 第二产业 | 第三产业 | 第一产业 | 第二产业 | 第三产业 | 第一产业 | 第二产业 | 第三产业 |
| 1999 | 5727.49 | 22144.69 | 17567.08 | 3920.88 | 8054.33 | 6163.98 | 3652.40 | 6297.03 | 5404.59 |
| 2000 | 5950.03 | 24672.93 | 19538.32 | 4076.07 | 8876.28 | 6772.29 | 3757.34 | 6920.33 | 5966.02 |
| 2001 | 6197.14 | 27321.15 | 21619.23 | 4225.35 | 9803.66 | 7452.09 | 3866.83 | 7614.99 | 6617.12 |
| 2002 | 6443.96 | 30927.27 | 24005.17 | 4392.73 | 10971.65 | 8165.62 | 4054.69 | 8577.45 | 7284.80 |
| 2003 | 6678.57 | 36195.78 | 26586.00 | 4441.78 | 12577.45 | 8982.83 | 4267.77 | 9926.48 | 7988.65 |
| 2004 | 7041.13 | 42373.66 | 29835.82 | 4838.39 | 14542.48 | 9944.36 | 4540.99 | 11632.42 | 8855.29 |
| 2005 | 7328.08 | 48698.18 | 33891.60 | 5073.08 | 16860.86 | 11143.50 | 4825.55 | 13628.47 | 9894.36 |
| 2006 | 7656.71 | 56325.28 | 38698.82 | 5382.59 | 19674.22 | 12446.98 | 5034.24 | 16102.59 | 11108.99 |
| 2007 | 7933.05 | 65124.53 | 44447.83 | 5588.60 | 23113.64 | 14222.61 | 5282.91 | 19133.62 | 12636.84 |

根据表 5-6 和表 5-7 的数据，分别计算出中西部地区三次产业人才数占全国总人才数比重和三次产业 GDP 占全国 GDP 比重，如表 5-8、表 5-9 所示。

表 5－8　东、中、西部三次产业专业技术人才比例　　单位：%

| 年份 | 东部地区专业技术人才比例 | | | 中部地区专业技术人才比例 | | | 西部地区专业技术人才比例 | | |
|---|---|---|---|---|---|---|---|---|---|
| | 第一产业 | 第二产业 | 第三产业 | 第一产业 | 第二产业 | 第三产业 | 第一产业 | 第二产业 | 第三产业 |
| 1999 | 0.580 | 10.234 | 28.997 | 0.493 | 5.653 | 16.698 | 1.149 | 5.969 | 17.996 |
| 2000 | 0.591 | 9.922 | 29.001 | 0.469 | 5.523 | 17.294 | 1.186 | 5.777 | 18.550 |
| 2001 | 0.570 | 9.796 | 29.332 | 0.439 | 5.325 | 17.430 | 1.135 | 5.598 | 18.860 |
| 2002 | 0.528 | 10.003 | 29.672 | 0.428 | 5.102 | 17.639 | 1.092 | 5.478 | 18.791 |
| 2003 | 0.484 | 9.849 | 29.695 | 0.371 | 5.251 | 17.897 | 1.055 | 5.593 | 18.824 |
| 2004 | 0.448 | 9.988 | 29.658 | 0.360 | 5.276 | 18.244 | 1.010 | 5.442 | 18.875 |
| 2005 | 0.393 | 10.766 | 29.981 | 0.318 | 5.262 | 17.934 | 0.960 | 5.425 | 18.868 |
| 2006 | 0.355 | 11.117 | 29.98 | 0.293 | 5.296 | 18.004 | 0.896 | 5.350 | 18.875 |
| 2007 | 0.351 | 11.284 | 29.915 | 0.267 | 5.225 | 17.785 | 0.859 | 5.552 | 19.017 |

表 5－9　东、中、西部三次产业 GDP 比重　　单位：%

| 年份 | 东部地区 GDP 比重 | | | 中部地区 GDP 比重 | | | 西部地区 GDP 比重 | | |
|---|---|---|---|---|---|---|---|---|---|
| | 第一产业 | 第二产业 | 第三产业 | 第一产业 | 第二产业 | 第三产业 | 第一产业 | 第二产业 | 第三产业 |
| 1999 | 6.533 | 25.259 | 20.037 | 4.472 | 9.187 | 7.031 | 4.166 | 7.183 | 6.165 |
| 2000 | 6.196 | 25.693 | 20.346 | 4.245 | 9.243 | 7.052 | 3.913 | 7.206 | 6.213 |
| 2001 | 5.897 | 25.998 | 20.572 | 4.021 | 9.329 | 7.091 | 3.680 | 7.246 | 6.297 |
| 2002 | 5.544 | 26.606 | 20.651 | 3.779 | 9.439 | 7.025 | 3.488 | 7.379 | 6.267 |
| 2003 | 5.126 | 27.780 | 20.404 | 3.409 | 9.653 | 6.894 | 3.275 | 7.618 | 6.131 |
| 2004 | 4.763 | 28.666 | 20.184 | 3.273 | 9.838 | 6.727 | 3.072 | 7.869 | 5.991 |
| 2005 | 4.381 | 29.111 | 20.260 | 3.033 | 10.079 | 6.662 | 2.885 | 8.147 | 5.915 |
| 2006 | 4.018 | 29.560 | 20.310 | 2.825 | 10.325 | 6.532 | 2.642 | 8.451 | 5.830 |
| 2007 | 3.636 | 29.852 | 20.374 | 2.562 | 10.595 | 6.519 | 2.422 | 8.771 | 5.793 |

3. 计算结果及分析

将表 5－8、表 5－9 中的数据代入式（5－2），计算出东、中、西部地区三次产业的偏离度值，如表 5－10 所示。

表 5-10 东、中、西部三次产业的偏离度值 单位：万人

| 年份 | 第一产业偏离度 | | | 第二产业偏离度 | | | 第三产业偏离度 | | |
|---|---|---|---|---|---|---|---|---|---|
| | 东部地区 | 中部地区 | 西部地区 | 东部地区 | 中部地区 | 西部地区 | 东部地区 | 中部地区 | 西部地区 |
| 1999 | 10.259 | 8.079 | 2.627 | 1.468 | 0.625 | 0.203 | -0.309 | -0.579 | -0.657 |
| 2000 | 9.489 | 8.049 | 2.300 | 1.589 | 0.674 | 0.247 | -0.298 | -0.592 | -0.665 |
| 2001 | 9.343 | 8.169 | 2.242 | 1.654 | 0.752 | 0.294 | -0.299 | -0.593 | -0.666 |
| 2002 | 9.499 | 7.838 | 2.195 | 1.660 | 0.850 | 0.347 | -0.304 | -0.602 | -0.666 |
| 2003 | 9.599 | 8.183 | 2.104 | 1.820 | 0.838 | 0.362 | -0.313 | -0.615 | -0.674 |
| 2004 | 9.634 | 8.083 | 2.042 | 1.870 | 0.865 | 0.446 | -0.319 | -0.631 | -0.683 |
| 2005 | 10.146 | 8.551 | 2.005 | 1.704 | 0.915 | 0.502 | -0.324 | -0.629 | -0.687 |
| 2006 | 10.325 | 8.651 | 1.949 | 1.659 | 0.950 | 0.580 | -0.323 | -0.637 | -0.691 |
| 2007 | 9.360 | 8.578 | 1.821 | 1.645 | 1.028 | 0.580 | -0.319 | -0.633 | -0.695 |

用折线表示的东、中、西部地区三次产业人才增长与经济发展偏离度的变化情况，如图 5-2a、b、c 所示。

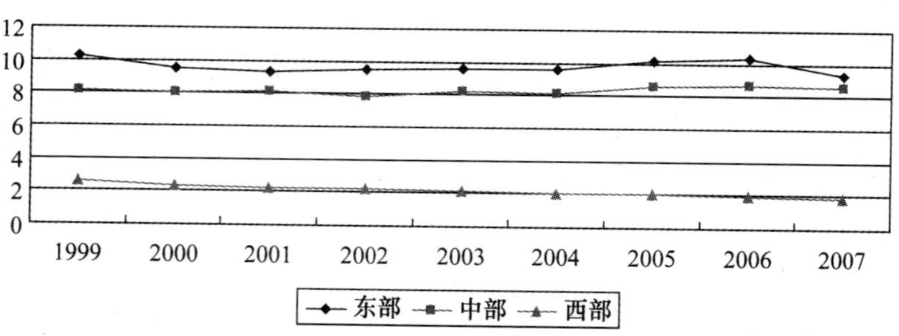


图 5-2a 东、中、西部第一产业偏离度

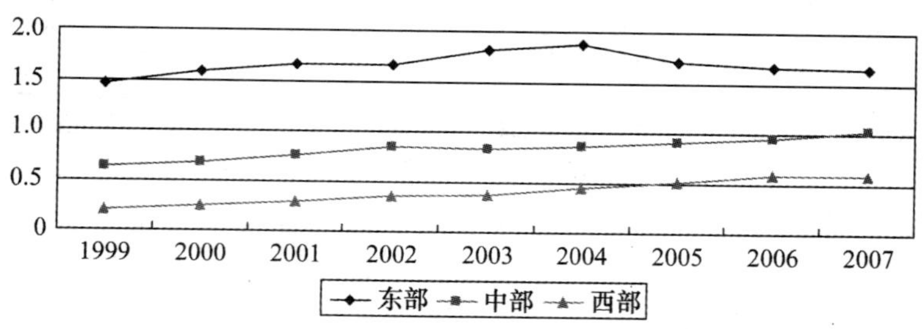


图 5-2b 东、中、西部第二产业偏离度

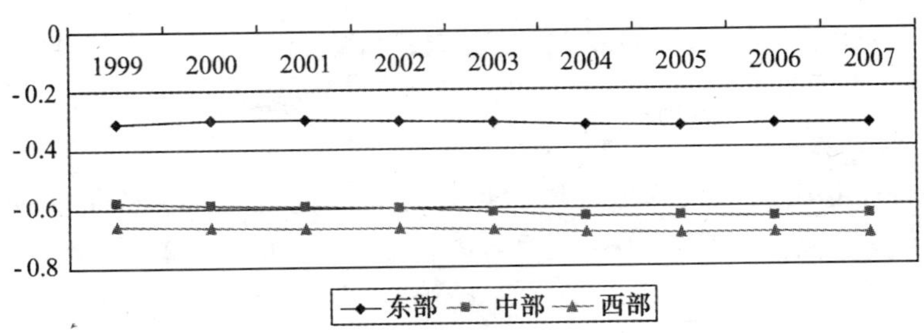


**图 5－2c　东、中、西部第三产业偏离度**

分析 1999～2007 年中西部地区三次产业人才增长与产业发展的偏离度，不难发现：

（1）中西部地区第一、第二产业人才结构偏离度均为正值，说明第一、第二产业人才的数量还没有很好适应第一、第二产业发展的需要。中西部地区第三产业人才偏离度为负值，说明该产业专业人才相对富余。这其中的原因可能是第三产业中的教育、科研、医疗卫生等部门对劳动者的素质要求较高从而聚集了大量专业人才，而这些部门又多是公益性组织，不以盈利为目的，产值不是衡量这些部门发展最主要的标准，因而其人才所占比重相对于其产值就显得过大。

（2）中西部地区第三产业人才相对过剩与该地区第一、第二产业人才相对短缺，给中西部地区政府有关部门一个启示，就是在制定人才有关政策时，除大力培养、开发和引进第一、第二产业所急需人才外，还应引导第三产业的专业人才流向第一、第二产业，这样才能使产业人才结构与产业发展相互协调。

（3）观察图 5－2a、b、c 可以看出，东部地区第一、第二产业人才结构正偏离值要分别大于中部地区，中部地区又大于西部地区，这也从另一个侧面说明，东部地区第一、第二产业人才的使用效率要高于中部，而中部又高于西部地区。对于第三产业则是东部地区高于中部，而中部又高于西部地区。

## 二、中西部地区分行业协调性分析

从三次产业人才资源与产业发展协调状况的分析可知，中西部地区第一、第二产业人才相对不足，而第三产业人才相对富余。为了解产业人才相对不足或富余具体表现在哪些行业上？接着我们进一步分析分行业人才分布与行业发展的协调性。考虑到人才数据与产值数据的对应性，由于有些行业有产值数据而没有人才数据，有些行业只有人才数据而没有产值数据，所以这里选取农业、工业、建筑业、交通运输业、金融保险业和房地产业 6 个行业作为代表进行行业人才资源与行业发展协调性分析，并选取三个年份即 2007 年、2004 年和 1999 年作为考察点，以考察行业协调性的变化。需要说明的是，由于没有 2008 年及以后年份的分地区分行业专业技术人员的统计数据，所以最近的时间点只能考察分析2007年。

1. 数据收集与处理

区域行业专业技术人数由区域内各省行业专业技术人员数加总而得，如表5－11所示。区域行业GDP由区域内各省行业GDP加总而得，如表5－12所示。

**表5－11　东、中、西部分行业专业技术人才数**　　单位：万人

| 行业 | 2007年分行业专业技术人才数 | | | 2004年分行业专业技术人才数 | | | 1999年分行业专业技术人才数 | | |
|---|---|---|---|---|---|---|---|---|---|
| | 东部 | 中部 | 西部 | 东部 | 中部 | 西部 | 东部 | 中部 | 西部 |
| 农林牧 | 11.631 | 8.863 | 28.450 | 14.123 | 11.361 | 31.842 | 17.760 | 15.078 | 35.156 |
| 工业 | 294.256 | 122.793 | 134.100 | 295.932 | 144.759 | 155.188 | 253.174 | 144.283 | 148.357 |
| 建筑 | 79.673 | 50.342 | 49.883 | 67.996 | 37.684 | 43.302 | 60.070 | 28.757 | 34.336 |
| 交通 | 36.110 | 17.380 | 18.515 | 37.901 | 20.867 | 19.859 | 46.500 | 21.200 | 24.900 |
| 金融 | 71.694 | 31.838 | 33.861 | 69.390 | 34.012 | 34.739 | 72.700 | 33.400 | 40.700 |
| 房地产 | 19.516 | 5.901 | 7.273 | 17.636 | 5.297 | 5.606 | 13.500 | 3.100 | 3.200 |

**表5－12　东、中、西部分行业GDP**　　单位：亿元

| 行业 | 2007年分行业GDP | | | 2004年分行业GDP | | | 1999年分行业GDP | | |
|---|---|---|---|---|---|---|---|---|---|
| | 东部 | 中部 | 西部 | 东部 | 中部 | 西部 | 东部 | 中部 | 西部 |
| 农林牧 | 10488.16 | 7597.81 | 7645.08 | 9667.410 | 5720.91 | 5368.818 | 5727.49 | 3920.883 | 3652.40 |
| 工业 | 71329.98 | 22507.48 | 18804.21 | 49664.140 | 12652.40 | 9527.604 | 19302.46 | 6977.580 | 5051.18 |
| 建筑 | 7076.42 | 3227.08 | 3367.90 | 6161.017 | 2647.67 | 2702.374 | 2842.23 | 1076.750 | 1245.85 |
| 交通 | 7851.46 | 3082.18 | 2746.64 | 7563.055 | 2348.19 | 2060.582 | 3476.24 | 1258.090 | 1052.39 |
| 金融 | 8488.55 | 1252.08 | 1515.06 | 4724.692 | 932.39 | 824.862 | 2711.95 | 749.951 | 541.59 |
| 房地产 | 7791.16 | 1779.94 | 1649.70 | 4264.360 | 951.41 | 780.924 | 1643.11 | 496.360 | 333.03 |

根据表5－11和5－12的数据，分别计算出东、中、西部地区行业人才数比重和行业GDP比重，如表5－13、表5－14所示。

2. 计算结果及分析

将表5－13和5－14的数据代入式（5－2），计算出中西部地区行业人才偏离度，如表5－15所示。

表 5-13　东、中、西部分行业专业技术人才比例　　单位：%

| 行业 | 2007 年分行业专业技术人才比例 | | | 2004 年分行业专业技术人才比例 | | | 1999 年分行业专业技术人才比例 | | |
|---|---|---|---|---|---|---|---|---|---|
| | 东部 | 中部 | 西部 | 东部 | 中部 | 西部 | 东部 | 中部 | 西部 |
| 农林牧 | 0.8 | 1.1 | 3.4 | 1.1 | 1.5 | 4.0 | 1.5 | 2.2 | 4.6 |
| 工业 | 21.4 | 15.9 | 15.9 | 23.4 | 19.2 | 19.4 | 20.8 | 20.6 | 19.3 |
| 建筑 | 5.8 | 6.5 | 5.9 | 5.4 | 5.0 | 5.4 | 4.9 | 4.1 | 4.5 |
| 交通 | 2.6 | 2.3 | 2.2 | 3.0 | 2.8 | 2.5 | 3.8 | 3.0 | 3.2 |
| 金融 | 5.2 | 4.1 | 4.0 | 5.5 | 4.5 | 4.3 | 6.0 | 4.8 | 5.3 |
| 房地产 | 1.4 | 0.8 | 0.9 | 1.4 | 0.7 | 0.7 | 1.1 | 0.4 | 0.4 |

表 5-14　东、中、西部分行业 GDP 比重　　单位：%

| 行业 | 2007 年分行业 GDP 比重 | | | 2004 年分行业 GDP 比重 | | | 1999 年分行业 GDP 比重 | | |
|---|---|---|---|---|---|---|---|---|---|
| | 东部 | 中部 | 西部 | 东部 | 中部 | 西部 | 东部 | 中部 | 西部 |
| 农林牧 | 6.9 | 14.6 | 16.0 | 10.9 | 17.8 | 19.5 | 12.6 | 21.6 | 23.8 |
| 工业 | 46.8 | 43.2 | 39.3 | 56.2 | 39.4 | 34.5 | 42.5 | 38.5 | 32.9 |
| 建筑 | 4.6 | 6.2 | 7.0 | 7.0 | 8.3 | 9.8 | 6.3 | 5.9 | 8.1 |
| 交通 | 5.2 | 5.9 | 5.7 | 8.6 | 7.3 | 7.5 | 7.7 | 6.9 | 6.9 |
| 金融 | 5.6 | 2.4 | 3.2 | 5.3 | 2.9 | 3.0 | 6.0 | 4.1 | 3.5 |
| 房地产 | 5.1 | 3.4 | 3.4 | 4.8 | 3.0 | 2.8 | 3.6 | 2.7 | 2.2 |

表 5-15　东、中、西部分行业偏离度值　　单位：万人

| 行业 | 2007 年分行业偏离度值 | | | 2004 年分行业偏离度值 | | | 1999 年分行业偏离度值 | | |
|---|---|---|---|---|---|---|---|---|---|
| | 东部 | 中部 | 西部 | 东部 | 中部 | 西部 | 东部 | 中部 | 西部 |
| 农林牧 | 7.150 | 11.706 | 3.732 | 8.785 | 10.815 | 3.882 | 7.648 | 9.026 | 4.204 |
| 工业 | 1.191 | 1.717 | 1.469 | 1.399 | 1.051 | 0.778 | 1.045 | 0.865 | 0.705 |
| 建筑 | -0.197 | -0.050 | 0.189 | 0.295 | 0.649 | 0.807 | 0.269 | 0.444 | 0.818 |
| 交通 | 0.965 | 1.629 | 1.612 | 1.852 | 1.640 | 2.005 | 1.005 | 1.288 | 1.117 |
| 金融 | 0.070 | -0.417 | -0.212 | -0.027 | -0.357 | -0.312 | 0.000 | -0.134 | -0.333 |
| 房地产 | 2.608 | 3.471 | 2.994 | 2.456 | 3.214 | 3.034 | 2.264 | 5.174 | 4.213 |

用折线表示的东、中、西部地区行业人才增长与经济发展偏离度的变化情况，如图 5-3a、b、c 所示。

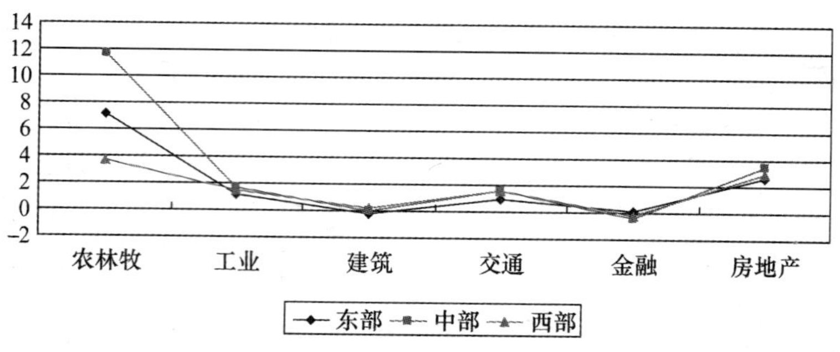


图 5-3a 2007 年分行业偏离度

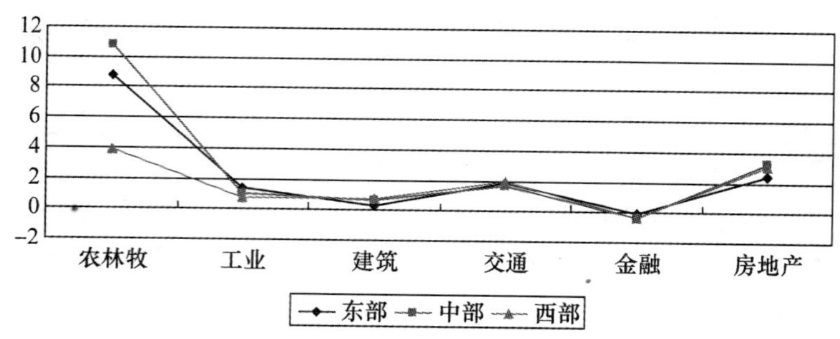


图 5-3b 2004 年分行业偏离度

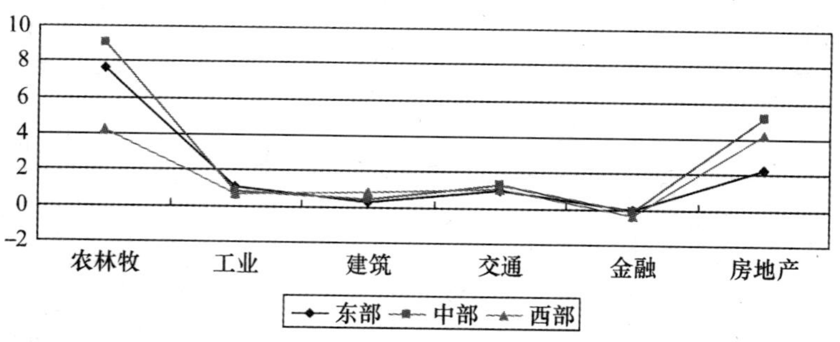


图 5-3c 1999 年分行业偏离度

分析行业人才偏离度，可以得出：

（1）中西部地区农、林、牧业人才数量与行业发展不协调，表现为人才数量不足，中部地区尤为严重。在第二产业中，主要是工业人才相对不足。而在第三产业中，房地产业人才相比于房地产业发展显得数量不足，其原因主要是自房改政策实施以来房地产业迅猛发展，导致人才不足；金融保险业人才分布相比其产值略有富余。

（2）农、林、牧业人才与行业发展不协调的程度，是中部地区重于东部地区，东部地区重于西部地区。工业人才与工业经济发展的不协调状况，是中西部地区比东部地区严重，其中一个很重要的原因是国家实施西部大开发和中部崛起战略以及东部地区产业结构升级，许多制造业向中西部地区转移，导致中西部地区人才的不足。

## 第四节　基于适合度景观模型的中西部人才资源与经济发展的协调性分析

前两节分别从人才数量、人才产业分布结构方面分析了人才资源与经济发展的协调性。但人才资源包括多方面要素，除人才数量、结构外，还有人才能力和人才流动等方面。因此，要全面评判中西部地区人才资源与经济发展的总体协调状况，就需要对人才资源从总量、能力、结构和流动等方面综合分析其是否适应经济发展的需要。本节尝试运用适合度景观理论和 NK 模型分析中西部地区人才与经济发展的协调性。

### 一、适合度景观理论和 NK 模型

Wright（1932）首次提出适合度景观理论（Fitness Landscape）的概念，并把它引入研究生物基因的过程。① 适合度景观是一种山谷和高峰相间的崎岖地貌。每一种基因组合都对应于景观中的一个点，而这个点正是基因型（Genotype）的适合度值。基因型的适合度值高，点的高度就大，对应着景观中的高峰；基因型的适合度值低，点的高度就小，对应着景观中的山谷。进化过程就是物种为了达到高的适合度值，在景观中的适应性行走或适应性跳跃的过程。

在 Wright 的研究基础上，Kauffman 于 1993 年提出了 NK 模型。② 在 NK 模型中，适合度景观被描述成不同系统的适合度，通过研究系统中不同元素的相互关系及其对该系统适合度的影响，来寻找更高适合度的系统构成。

NK 模型有 5 个主要的参数：物种的基因总数 N、基因间的互动程度或上位互动数 K、等位基因数量 A、相关物种的数量 S、与相关物种基因的联系 C。对于一个有 N 个基因、K 个相互关系及 A 个状态的物种，其基因组合的数量是 $A^N$。一个基因对该物种适合度值的贡献取决于 K。该物种的适合度值为其包含的所有

① Wright, S. The Roles of Mutation. Inbreeding , Crossbreeding and Selection in Evolution, in Proceedings of the Sixth International Congress on Genetics, 1932.

② Kauffman S. A. At Home in the Universe. Oxford University Press, New York, 1995.

基因适合度值的平均值。①

$$F_j = \frac{1}{N}\sum_{i=1}^{N} X_{ij}(\forall j = 1,2,\cdots,j) \tag{5-3}$$

式中：$F_j$ 代表物种或基因 $j$ 的总适合度值；$j$ 代表总的物种或基因数量；$N$ 代表模型中结构变量的数量；$X_{ij}$ 代表结构变量对物种或基因 $j$ 的总适合度值的贡献。

## 二、人才系统的 NK 模型

将 NK 模型应用于人才系统，相应的参数对比如表 5 - 16 所示。

表 5 - 16　NK 模型和人才系统

| 参数 | NK 模型 | 人才系统 |
|---|---|---|
| N | 物种的基因数量 | 人才系统要素的数量 |
| K | 基因之间的相互上位作用数量 | 人才要素之间的相互联系 |
| A | 一个基因拥有的等位基因的数量 | 一个要素拥有的可能的状态数 |
| S | 相关的其他物种的数量 | 与人才系统相关的其他系统 |
| C | 基因和相关物种的基因的联系 | 人才要素和其他系统的要素联系 |

## 三、经济景观和人才要素分析

经济的发展需要人才的推动，在经济实现增长的同时，也反过来促使了人才资源在更大范围内得到发展。二者之间不断地相互影响、相互作用，实现了螺旋式的上升发展。而人才作用的大小又主要受到人才总量、人才能力（质量）、人才结构及人才流动等四大要素的影响，这四大要素与经济发展之间的关系如图 5 - 4 所示。

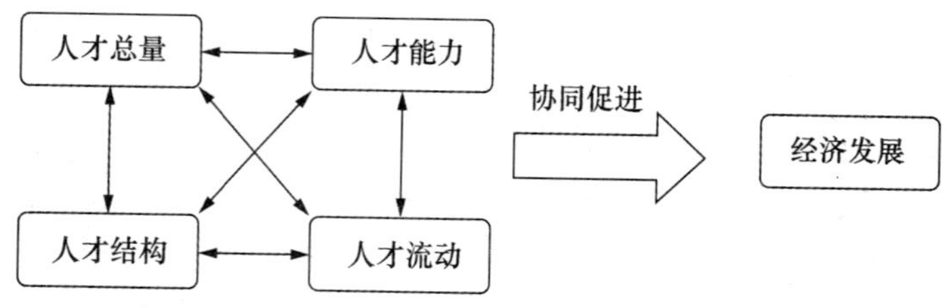


图 5 - 4　人才四大要素与经济发展的关系

① 樊霞、朱桂龙：《基于适合度景观的企业技术创新绩效管理》，《科学学与科学技术管理》2007 年第 10 期。

根据适合度景观理论，可以将经济发展与上述适合度景观理论中的物种进化过程相类比，将人才要素视为物种基因，经济发展水平比拟为物种的适合度，因此，经济发展就是基于现有的人才因素组合寻找另一种更高经济发展状态的人才要素组合的过程。换言之，对于人才资源来说，其适合度就是人才各要素之间相互作用的反映，人才资源适合度的高低直接体现在经济发展水平上。

1. 人才总量要素

人才总量是指人才资源的总数量。相关统计分析表明，人才总量增长与经济增长之间存在着高度的相关性。从年均增长速度方面考察，1978～2003 年，全国人才总量的年均增长速度为 7.34%，实际经济总量 GDP 的年均增长速度 9.38%，经济增长对人才总量增长的弹性系数为 1.28，即人才总量每增长 1%，拉动经济增长 1.28%。[①]

为使各省（市）之间具有可比性，本部分用人才密度来反映人才总量要素，其中，人才密度为人才总数与总人口数之比，人才总数为城镇专业技术人员数。

2. 人才能力要素

人才能力是指人才资源通过发挥自身作用实现贡献社会的能力。人才资源对经济系统的影响主要是通过人才能力的发挥来起作用的。曾有研究表明，一个人的能力是体力、技能与智能三者的统一，三者为社会所创造的财富与价值比是 1∶10∶100。[②] 然而人才的作用主要表现在创造性的劳动上，因此，创新能力成为衡量人才作用高低的主要标准之一。

这里主要用每万名人才专利申请受理量、每万名人才专利申请授权数及每万名人才技术市场成交额三个方面来反映人才能力要素。

3. 人才结构要素

从产业经济和区域经济的角度看，人才结构、产业结构和经济增长三者之间是相互作用、相互影响的。产业结构的优化和升级需要与人才资源结构相协调，只有这样才能实现经济又好又快的发展。否则，产业结构的调整就不能得到更好实现，进而阻碍经济发展，最终又制约了人才资源的发展，从而形成了经济发展的恶性循环。

本部分采用产业人才结构指标，即用三次产业人才数占三次产业总人才数的比重来反映人才结构要素。

4. 人才流动要素

人才流动是指人才在地区、行业、岗位等方面的变动，它是生产社会化的客

---

① 中国人事科学院：《2005 年中国人才报告——构建和谐社会历史进程中的人才开发》，人民出版社 2005 年。

② 文兴吾：《人力资源能力建设的理论创新》，《天津日报专副刊》2004 年。

观要求，是社会按照人才的价值规律和社会需求所作出的动态调整。人才合理流动对经济发展起着重要的作用。

人才流动要素选取各地区人才由省外流入率、从本省流出率及本省内部流动比率三个指标来反映。人才由省外流入率是指由省外流入的人才数量占本省人才总数的比例，人才从本省流出率是指人才从本省流出的数量占本省人才总数的比例，本省内部流动比率是指人才在本省内部流动数量占本省人才总数的比例。

## 四、基于适合度景观理论的中西部地区人才资源与经济发展协调性分析

1. 指标的选取及数据来源

反映人才四大要素及适合度的指标如表 5－17 所示。

**表 5－17　人才要素及适合度**

| 人才要素及适合度 | 指　　　　标 |
| --- | --- |
| 人才数量 | 人才密度 |
| 人才能力 | 每万名人才专利申请受理量、每万名人才专利申请授权数及每万名人才技术市场成交额 |
| 人才结构 | 第一、第二、三产业人才数占总人才数的比例 |
| 人才流动 | 人才由外省流入率、人才从本省流出率、人才省内流动比率 |
| 适合度 | 人均 GDP |

计算人才总量、能力、结构和流动状况的原始数据以及反映人才系统适合度的人均 GDP 数据取自《中国统计年鉴》（2000 年、2005 年和 2008 年）及《中国劳动统计年鉴》（2000 年、2005 年和 2008 年）。[①] 见附录（A）。

2. 数据处理过程

（1）计算每个省的各人才要素指标和人均 GDP。

（2）对人才要素指标和人均 GDP 数据进行正规化处理。正规化处理的公式为：

$$Z_i = (Y_j - \min Y_j) / (\max Y_j - \min Y_j) \quad (j=1, 2, 3, \cdots, 31) \qquad (5-4)$$

或

① 由于没有分地区分行业具有中专（高中）及以上学历就业人员方面的统计数据，故本部分采用专业技术人员数作为人才数；另外，由于 1998 年及以前和 2008 年及以后的分地区分行业专业技术人员数据的缺乏，所以本部分仅选取 2007 年、2004 年和 1999 年 3 个年份作为分析的时间点。

$$Z_i = (\max Y_j - Y_j) / (\max Y_j - \min Y_j) \quad (j=1, 2, 3, \cdots, 31) \tag{5-5}$$

式中：$j$为省份；$Z_i$为第$j$个省某指标正规化处理后的数值；$Y_j$第$j$个省该指标的实际数值。

需要说明的是，某省第一产业人才数占该省三次产业总人才数的比例和某省人才从本省流出率这两个指标正规化处理采用式（5-5），因为这两个指标值越大，对地区经济发展越不利。其余指标正规化处理采用式（5-4）。

（3）确定各省人才各要素的状态。将某省某人才要素正规化处理后的指标值与全国平均值进行比较，若大于平均值，则该省该人才要素状态设定为1，表示该省该人才要素高于全国平均水平；若小于全国平均值，则该省该人才要素状态设定为0，表示该要素低于全国平均水平。这里，人才能力、人才结构和人才流动3个要素是用多个指标来衡量的，在计算这三个要素指标值时是采用加权平均的方法处理。其权重的选择是：对于人才能力要素，考虑到每万名人才专利申请受理量、每万名人才专利申请授权数及每万名人才技术市场成交额三个指标的重要程度的不同，它们的权重设定为2：3：5；对于人才结构要素，第一、第二、第三产业人才所占比例对人才结构要素同等重要，它们的权重各为1/3；对于人才流动状况要素来说，人才由省外流入率、人才从本省流出率和本省内流动率看做同等重要，所以它们的权重各为1/3。

（4）计算人才各要素在1状态和0状态情况下对人才适合度值的贡献。将人才要素状态为1的各省的人均GDP，经正规化处理后加总，计算出其平均值，就是该人才要素1状态下对人才适合度的贡献值；同样，将人才要素状态为0的各省的人均GDP，经正规化处理后加总，计算出其平均值，就是该人才要素0状态下对人才适合度的贡献值。

（5）计算人才要素组合状态的适合度值。这里，人才要素有4个，每个要素设置了两种状态即0和1，这样，人才要素可能的组合状态有$2^4=16$种。人才要素某一种组合状态的适合度值即为该种组合状态下各人才要素对人才适合度的贡献值的平均值，见式（5-3）。

3. 模型结果及分析

将2007年、2004年和1999年的人才要素和人均GDP的原始数据（见附录A）按照上述步骤处理的结果如表5-18a、b、c，表5-19a、b、c，表5-20a、b、c所示。在这些表中，组合状态有四位数值：第一位表示人才总量；第二位表示人才能力；第三位表示人才结构；第四位表示人才流动。若某位数值为1，则表示该要素指标值高于平均水平；若某位数值为0，则表示低于平均水平。适合度值则表示不同状态下要素贡献值的平均值。

表 5 - 18a　2007 年东、中、西部地区人才组合状态及适合度

| 地区 | 组合状态 | 适合度值 |
|---|---|---|
| 东部 | 1111 | 0.404411 |
| 中部 | 0010 | 0.282781 |
| 西部 | 0001 | 0.281706 |

表 5 - 18b　2007 年中西部地区各省市人才系统组合状态

| 组合状态 | 省　　份 |
|---|---|
| 1111 | 北京、天津、上海 |
| 1110 | 浙江 |
| 0110 | 江苏、山东、广东 |
| 1001 | 宁夏、新疆 |
| 1010 | 福建、山西、陕西 |
| 0011 | 重庆、西藏 |
| 0100 | 四川、贵州 |
| 1000 | 内蒙古 |
| 0001 | 青海 |
| 0010 | 河北、安徽、江西、河南、湖北、湖南、广西、甘肃 |
| 0000 | 海南、云南 |

表 5 - 18c　2007 年人才系统组合状态及适合度值

| 组合状态 | 人才总量 | 人才能力 | 人才结构 | 人才流动 | 适合度值 |
|---|---|---|---|---|---|
| 0000 | 0.159336 | 0.141445 | 0.165962 | 0.204033 | 0.167694 |
| 1000 | 0.383373 | 0.141445 | 0.165962 | 0.204033 | 0.223703 |
| 0100 | 0.159336 | 0.574831 | 0.165962 | 0.204033 | 0.276040 |
| 0010 | 0.159336 | 0.141445 | 0.283661 | 0.204033 | 0.197119 |
| 0001 | 0.159336 | 0.141445 | 0.165962 | 0.356721 | 0.205866 |
| 1100 | 0.383373 | 0.574831 | 0.165962 | 0.204033 | 0.332050 |
| 1010 | 0.383373 | 0.141445 | 0.283661 | 0.204033 | 0.253128 |
| 1001 | 0.383373 | 0.141445 | 0.165962 | 0.356721 | 0.261875 |
| 0110 | 0.159336 | 0.574831 | 0.283661 | 0.204033 | 0.305465 |
| 0101 | 0.159336 | 0.574831 | 0.165962 | 0.356721 | 0.314213 |
| 0011 | 0.159336 | 0.141445 | 0.283661 | 0.356721 | 0.235291 |
| 1110 | 0.383373 | 0.574831 | 0.283661 | 0.204033 | 0.361475 |
| 1101 | 0.383373 | 0.574831 | 0.165962 | 0.356721 | 0.370222 |
| 1011 | 0.383373 | 0.141445 | 0.283661 | 0.356721 | 0.291300 |
| 0111 | 0.159336 | 0.574831 | 0.283661 | 0.356721 | 0.343637 |
| 1111 | 0.383373 | 0.574831 | 0.283661 | 0.356721 | 0.399647 |

表 5-19a 2004 年东、中、西部地区人才组合状态及适合度

| 地区 | 组合状态 | 适合度值 |
|---|---|---|
| 东部 | 1111 | 0.425159 |
| 中部 | 0010 | 0.279363 |
| 西部 | 0000 | 0.276479 |

表 5-19b 2004 年中西部地区各省市省市人才系统组合状态

| 组合状态 | 省 份 |
|---|---|
| 1111 | 北京、天津、上海 |
| 0111 | 江苏、浙江、山东、广东 |
| 1001 | 内蒙古、宁夏、新疆 |
| 0110 | 重庆 |
| 0011 | 福建、西藏 |
| 1010 | 山西、陕西 |
| 0001 | 广西、云南 |
| 0010 | 河南、河北、安徽、江西、湖北、湖南、四川、贵州、甘肃 |
| 0000 | 青海、海南 |

表 5-19c 2004 年人才系统组合状态及适合度值

| 组合状态 | 人才总量 | 人才能力 | 人才结构 | 人才流动 | 适合度值 |
|---|---|---|---|---|---|
| 0000 | 0.136840 | 0.100204 | 0.107134 | 0.105196 | 0.112344 |
| 1000 | 0.295309 | 0.100204 | 0.107134 | 0.105196 | 0.151961 |
| 0100 | 0.136840 | 0.274940 | 0.107134 | 0.105196 | 0.156027 |
| 0010 | 0.136840 | 0.100204 | 0.228227 | 0.105196 | 0.142617 |
| 0001 | 0.136840 | 0.100204 | 0.107134 | 0.275454 | 0.154908 |
| 1100 | 0.295309 | 0.274940 | 0.107134 | 0.105196 | 0.195644 |
| 1010 | 0.295309 | 0.100204 | 0.228227 | 0.105196 | 0.182234 |
| 1001 | 0.295309 | 0.100204 | 0.107134 | 0.275454 | 0.194525 |
| 0110 | 0.136840 | 0.274940 | 0.228227 | 0.105196 | 0.186301 |
| 0101 | 0.136840 | 0.274940 | 0.107134 | 0.275454 | 0.198592 |
| 0011 | 0.136840 | 0.100204 | 0.228227 | 0.275454 | 0.185182 |
| 1110 | 0.295309 | 0.274940 | 0.228227 | 0.105196 | 0.225918 |
| 1101 | 0.295309 | 0.274940 | 0.107134 | 0.275454 | 0.238209 |
| 1011 | 0.295309 | 0.100204 | 0.228227 | 0.275454 | 0.224799 |
| 0111 | 0.136840 | 0.274940 | 0.228227 | 0.275454 | 0.228865 |
| 1111 | 0.295309 | 0.274940 | 0.228227 | 0.275454 | 0.268483 |

**表 5－20a　1999 年东、中、西部地区人才组合状态及适合度**

| 地区 | 组合状态 | 适合度值 |
|---|---|---|
| 东部 | 1111 | 0. 407505 |
| 中部 | 0010 | 0. 297073 |
| 西部 | 0000 | 0. 285032 |

**表 5－20b　1999 年东、中、西部地区各省市人才系统组合状态**

| 组合状态 | 省　　份 |
|---|---|
| 1111 | 北京、天津、上海 |
| 0111 | 江苏、浙江、福建、山东、广东 |
| 1001 | 内蒙古、新疆 |
| 0110 | 湖南、重庆 |
| 1000 | 宁夏 |
| 0010 | 河北、河南、海南、山西、安徽、江西、湖北、四川、贵州、西藏、陕西、甘肃 |
| 0000 | 广西、云南、青海 |

**表 5－20c　1999 年人才系统组合状态及适合度值**

| 组合状态 | 人才总量 | 人才能力 | 人才结构 | 人才流动 | 适合度值 |
|---|---|---|---|---|---|
| 0000 | 0. 206745 | 0. 140934 | 0. 171248 | 0. 131341 | 0. 162567 |
| 1000 | 0. 409450 | 0. 140934 | 0. 171248 | 0. 131341 | 0. 213243 |
| 0100 | 0. 206745 | 0. 462975 | 0. 171248 | 0. 131341 | 0. 243077 |
| 0010 | 0. 206745 | 0. 140934 | 0. 298411 | 0. 131341 | 0. 194358 |
| 0001 | 0. 206745 | 0. 140934 | 0. 171248 | 0. 478163 | 0. 249272 |
| 1100 | 0. 409450 | 0. 462975 | 0. 171248 | 0. 131341 | 0. 293753 |
| 1010 | 0. 409450 | 0. 140934 | 0. 298411 | 0. 131341 | 0. 245034 |
| 1001 | 0. 409450 | 0. 140934 | 0. 171248 | 0. 478163 | 0. 299949 |
| 0110 | 0. 206745 | 0. 462975 | 0. 298411 | 0. 131341 | 0. 274868 |
| 0101 | 0. 206745 | 0. 462975 | 0. 171248 | 0. 478163 | 0. 329783 |
| 0011 | 0. 206745 | 0. 140934 | 0. 298411 | 0. 478163 | 0. 281063 |
| 1110 | 0. 409450 | 0. 462975 | 0. 298411 | 0. 131341 | 0. 325544 |
| 1101 | 0. 409450 | 0. 462975 | 0. 171248 | 0. 478163 | 0. 380459 |
| 1011 | 0. 409450 | 0. 140934 | 0. 298411 | 0. 478163 | 0. 331739 |
| 0111 | 0. 206745 | 0. 462975 | 0. 298411 | 0. 478163 | 0. 361573 |
| 1111 | 0. 409450 | 0. 462975 | 0. 298411 | 0. 478163 | 0. 412250 |

通过表5－18a、b、c可以看出，2007年中西部地区人才与经济发展适合度的情况为：

（1）东部地区人才适合度最好，中部次之，西部欠佳。从表5－18a可以看出，东部地区四大要素都是1状态，说明东部地区在人才总量、能力、结构和流动方面都处于全国平均水平以上，其人才适合度最高；西部地区人才四大方面要素只有流动要素为1，其余都为0，其人才适合度值最低；中部地区，人才结构要素状态为1，其余三要素状态为0，说明人才总量、能力和流动在全国平均水平以下，其人才适合度值高于西部。这说明，中西部地区人才资源与经济发展之间所处的状态还不够协调。

（2）根据表5－18c数据，2007年，就人才系统单个要素而言，适合度值最高的是人才能力，其次是人才总量，再次是人才流动，最低的是人才结构。因此，政府有关部门在制定人才政策或措施时，在增加人才资源的供给、调整人才产业分布结构、促进人才合理流动的同时，特别注重人才能力的培养和提高。

（3）表5－18c中所计算出的适合度值，反映的是2007年全国31个省市在不同的人才要素组合状态下的平均水平。某个省市通过计算评价，如果人才要素组合状态为1010，说明该省（市）与其他省市相比，在人才数量和人才结构方面与经济更协调，而在人才能力和人才流动方面需要提升。每个省市根据适合度景观理论，都可以较方便地评价自身人才要素组合的状态及与经济发展的协调性。

（4）利用适合度景观所观察到的适合度值的高低，中西部地区各省（市）可根据自身人才系统组合状态，选择提高适合度的路径。如江西省2007年人才组合状态是0010，要达到全局高峰1111，可以选择：0010—0110—1110—1111；而内蒙古目前人才组合状态为1000，可以选择：1000—1100—1101—1111。如图5－5所示，图中黑粗线表示人才组合状态从0000—1111的最优路径。

通过表5－18～5－20的比较，还可以看出，1999～2007年人才与经济发展适合度的发展状况是：

（1）1999～2007年，中西部地区人才系统的适合度值都低于东部。这说明，中西部地区人才与经济发展之间的协调性整体上比东部地区要差。

（2）从人才各要素对人才系统的总适合度值的贡献方面看，人才能力和总量要素的贡献快速提升，人才流动要素的贡献不断弱化。1999～2007年，各要素按贡献大小由高到低的排序是：1999年，依次为人才流动、人才能力、人才总量和人才结构；2004年，依次为人才总量、人才流动、人才能力和人才结构；2007年，依次为人才能力、人才总量、人才流动和人才结构。这种变化与我国在这期间出台的一系列重大战略决策紧密相关，反映了不同阶段经济发展对人才的不同要求，具有非常重要的理论价值和现实意义。从当前情况看，提升人才能力和壮大人才总量应当是中西部加快发展的关键所在。

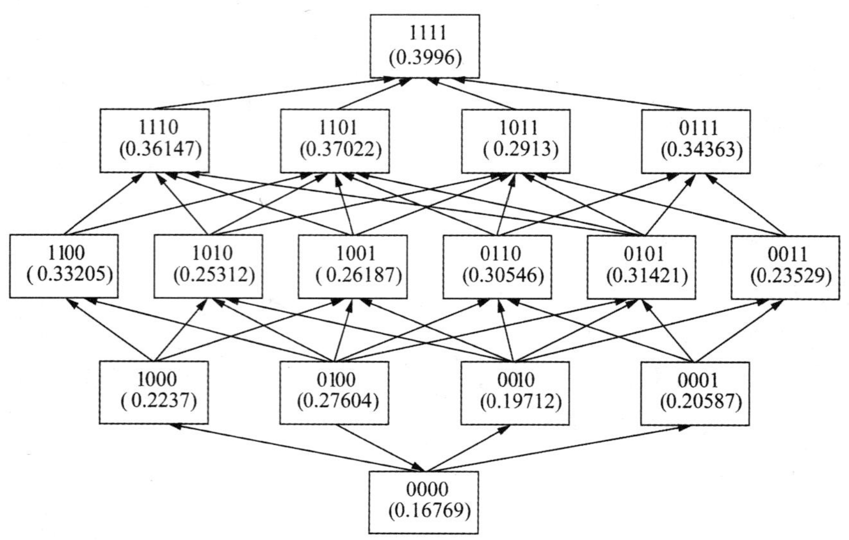


**图 5-5　2007 年经济系统的适合度景观图**

## 第五节　本章小节

本章通过计算动态协调度、人才结构偏离度指标并应用适合度景观理论和 NK 模型对中西部地区人才资源与经济发展的协调性进行了分析，得出以下基本结论：

第一，中西部地区人才资源与经济发展之间的总体协调性比东部地区要低，而且近十年来与东部地区协调性的差距在拉大。

第二，中西部地区第一、第二产业从总量上看，人才资源难以满足产业发展的需要，第三产业人才总量相对饱和。因此，有必要采取措施引导专业人才从相对富余的第三产业向相对不足的第一、第二产业流动。

第三，人才能力、总量对经济增长的贡献快速提升，人才流动的作用相对弱化。人才能力提升对东部地区经济发展的作用在不断强化，因此，尽快采取措施提升中西部地区人才的能力和总量对于促进中西部地区经济的快速发展意义重大。

# 第六章　中西部地区人才资源开发利用状况的调查分析

## 第一节　调查方案的设计及实施

在前述章节研究中，我们知道，近些年来，中西部地区无论经济还是人才都获得了很快的发展，但和东部地区的差距还是在进一步拉大，这其中的原因可能很多，而人才能力和总量上的滞后无疑是形成地区经济差距的重要原因之一。那么，在现实情况下，中西部地区人才资源的开发利用情况如何？在人力资源的开发与利用方面，中西部地区与东部地区是否也存在差异？本章将通过问卷调查对这一问题进行回答。

### 一、调查的目的

通过调查，期望达到以下目的：

（1）了解中西部地区各类人才对所在地区人才开发与利用方面的看法。

（2）比较东、中、西部地区在人才开发与利用方面存在的差异。

（3）寻找提高中西部地区人才开发与利用水平的有效途径。

### 二、调查方案的设计与实施

1. 调查对象的选择

调查对象分为三类：一是党政人才，主要指党政机关的工作人员；二是经营管理人才，主要指各类企业的管理者；三是专业技术人才，主要指在企事业单位工作的各类专业技术人员。

2. 问卷的设计

为达到上述调研目标，课题组先后到中西部多个省市的政府机关、企事业单位和人才管理部门进行调研。通过调研和前面进行的理论分析，针对党政人才、经营管理人才和专业技术人才“三类人才”[①] 的不同特点，分别设计了三份问卷（见附录B）。

每份问卷都包括三部分：第一部分，按照李克特5级量表法，从人才的选拔与吸引、人才使用、人才培养、人才考核与激励、人才流动等方面设计了45个单选题，按照从“非常同意”到“非常不同意”设置了5个选项，供被调查者选择；第二部分，针对三类人才非常关注的一些问题，设计了10个选择题和排序题供被调查者选择；第三部分，是对被调查者对象个人信息的了解，分别设计了10个单选题，供被调查者选择。

3. 调查的组织

调查按照随机抽样和整群抽样相结合的方式进行。调查途径有两种：一是由课题组随机地从江西理工大学学生中选择，由他们出面通过其父母、亲朋好友进行调查。这种方式的具体操作过程是：①随机地在大学生中征集志愿者；②由课题组成员向他们介绍整个调研的目的、意义及期望达到的目标，然后由大学生联系其父母、亲朋好友，并询问其父母或亲朋好友是否愿意及能够完成问卷；③课题组召集能够参与调研的学生，向他们发放相应的问卷，并对他们进行调研培训、解答疑问；④通过短信、QQ、电话等渠道指导学生调研。二是由学校按照调查需要的区域，由各地校友会组织调查，此方式的操作过程是：按要求选择相应的校友，同他们就调研的意义要求进行充分的交流与沟通，要求他们拿到问卷后在自己的同事或朋友中进行调研。

4. 问卷回收情况

按照以上方案组织调查，共回收问卷2983份，其中有效问卷2832份，有效率达94.9%。在有效问卷中，按被调查者所在区域划分，中部1114份占39.3%，西部965份占34.1%，东部753份占26.6%。按被调查者本人身份区分，党政人才980份占34.6%，经营管理人才755份占26.7%，专业技术人才1097份占38.7%。

为保证数据质量和减少数据录入误差，在调查问卷返回后，课题组组织专人对数据的真实性和有效性进行了审查，然后挑选了10名研究生，集中了15天时间，将数据录入到SPSS软件中，为后面的分析做准备。

## 三、各类调查样本的分布情况

1. 党政人才样本的分布情况

党政人才问卷共回收1050份，其中有效问卷980份，有效率达93.3%。调查对象的基本情况如表6－1和表6－2所示。

① 本章三类人才按党政人才、经营管理人才、专业技术人才排序。

**表6-1　调查对象（党政人才）所在单位的基本情况**　　单位：%

| 所在单位 | 省政府机关 | 省委机关 | 省人大政协 | 省群众团体 | 其他省直属单位 | 市、县政府 | 市、县委 | 市、县人大、政协 | 市、县群众团体 | 其他市县直属单位 | 乡镇级单位 |
|---|---|---|---|---|---|---|---|---|---|---|---|
| 比重 | 4.1 | 1.5 | 1.1 | 2.1 | 11.8 | 25.8 | 6.2 | 3.9 | 4.7 | 20.4 | 18.5 |

**表6-2　调查对象（党政人才）基本情况**　　单位：%

| 特征 | 比例 / 地区 | 东部地区（25.6） | 中部地区（41.2） | 西部地区（33.2） |
|---|---|---|---|---|
| 性别 | 男 | 71.1 | 60.5 | 78.6 |
| | 女 | 28.9 | 39.5 | 21.4 |
| 教育程度 | 高中及以下 | 11.4 | 15.5 | 21.8 |
| | 中专 | 16.4 | 25.8 | 28.8 |
| | 大专 | 30.0 | 30.7 | 27.6 |
| | 本科 | 33.5 | 23.9 | 20.0 |
| | 研究生及以上 | 8.7 | 4.1 | 1.8 |
| 行政级别 | 科员 | 46.2 | 33.1 | 48.5 |
| | 副科 | 28.5 | 34.6 | 22.6 |
| | 正科 | 16.4 | 19.0 | 15.7 |
| | 副处 | 5.0 | 7.8 | 8.8 |
| | 正处 | 3.4 | 5.4 | 3.8 |
| | 厅级 | 0.5 | 0.1 | 0.6 |
| 年龄 | 25岁及以下 | 7.3 | 9.0 | 4.4 |
| | 26~35岁 | 29.9 | 26.5 | 20.7 |
| | 36~45岁 | 41.8 | 56.4 | 50.7 |
| | 46~55岁 | 19.3 | 14.1 | 20.5 |
| | 56岁及以上 | 1.7 | 4.0 | 4.7 |
| 年收入 | 3万元以下 | 14.6 | 28.8 | 48.7 |
| | 3万~6万元 | 23.2 | 40.9 | 30.4 |
| | 6万~10万元 | 39.3 | 20.1 | 16.5 |
| | 10万元以上 | 22.9 | 10.2 | 4.4 |
| 进入所在岗位的途径 | 大中专院校分配 | 27.4 | 20.8 | 15.4 |
| | 军队转业安置 | 9.5 | 10.4 | 15.6 |
| | 公开选拔考试 | 25.0 | 30.4 | 21.2 |
| | 从其他单位调入 | 18.0 | 27.2 | 30.3 |
| | 上级委派 | 6.6 | 7.3 | 8.2 |
| | 干部轮岗交流 | 2.3 | 2.4 | 5.1 |
| | 其他 | 11.3 | 1.5 | 4.2 |

2. 经营管理人才样本的分布情况

经营管理人才问卷共收回800份，其中有效问卷755份，有效率达94.4%。调查对象的基本情况如表6－3和表6－4所示。

**表6－3　调查对象（经营管理人才）所在单位的基本情况**　单位:%

| 按所有制分 | 国有及国有控股 | 三资 | 集体 | 私营 | 股份公司或有限责任公司 |
|---|---|---|---|---|---|
| 比重 | 7.8 | 19.1 | 0.9 | 56 | 16.1 |
| 按行业分 | 农业 | 制造业 | 公用事业 | 建筑业 | 其他 |
| 比重 | 8 | 25.1 | 0.7 | 16.1 | 50.1 |
| 按规模分 | 大型 | 中型 | | 小型 | |
| 比重 | 24.6 | 57.9 | | 17.5 | |

**表6－4　调查对象（经营管理人才）基本情况**　单位:%

| 特征 \ 比例 \ 地区 | | 东部地区（23.2） | 中部地区（34.7） | 西部地区（42.1） |
|---|---|---|---|---|
| 性别 | 男 | 65.5 | 62.2 | 70.6 |
| | 女 | 34.5 | 37.8 | 29.4 |
| 教育程度 | 高中及以下 | 10.2 | 14.9 | 25.9 |
| | 中专 | 6.9 | 13.6 | 16.3 |
| | 大专 | 40.2 | 40.2 | 31.7 |
| | 本科 | 34.5 | 27.5 | 21.0 |
| | 研究生及以上 | 8.2 | 3.8 | 5.1 |
| 职位 | 高层管理人员 | 10.5 | 8.3 | 5.1 |
| | 中层管理人员 | 56.0 | 63.1 | 68.1 |
| | 基层管理人员 | 33.5 | 28.6 | 26.8 |
| 年龄 | 25岁及以下 | 20.7 | 15.6 | 12.5 |
| | 26～35岁 | 33.0 | 23.4 | 20.7 |
| | 36～45岁 | 28.1 | 35.5 | 30.1 |
| | 46～55岁 | 14.1 | 17.3 | 25.5 |
| | 56岁及以上 | 4.1 | 8.2 | 11.2 |
| 年收入 | 3万元以下 | 27.9 | 35.7 | 43.3 |
| | 3万～6万元 | 53.2 | 56.1 | 47.2 |
| | 6万～10万元 | 10.6 | 7.4 | 6.9 |
| | 10万元以上 | 8.3 | 0.8 | 2.6 |
| 进入所在岗位的途径 | 单位内部提拔 | 51.8 | 37.7 | 22.1 |
| | 单位内部换岗 | 0.7 | 7.8 | 5.8 |
| | 上级委派 | 8.0 | 10.1 | 4.3 |
| | 市场招聘 | 30.3 | 42.6 | 60.3 |
| | 其他 | 9.2 | 1.8 | 7.5 |

3. 专业技术人才样本的分布情况

专业技术人才问卷共回收 1133 份，其中有效问卷 1097 份，有效率达 96.8%。调查对象的基本情况如表 6－5 所示。

**表 6－5　调查对象（专业技术人才）基本情况**　　单位：%

| 特征 | 比例 \ 地区 | 东部地区（29.8） | 中部地区（40.8） | 西部地区（29.4） |
|---|---|---|---|---|
| 性别 | 男 | 61.4 | 67.3 | 73.5 |
| | 女 | 38.6 | 32.7 | 26.5 |
| 教育程度 | 高中及以下 | 7.7 | 10.0 | 14.7 |
| | 中专 | 10.7 | 14.2 | 26.3 |
| | 大专 | 33.6 | 33.1 | 26.8 |
| | 本科 | 43.7 | 39.9 | 30.5 |
| | 研究生及以上 | 4.4 | 2.8 | 1.7 |
| 行政级别 | 助理 | 17.5 | 38.6 | 21.4 |
| | 中级 | 38.5 | 30.7 | 43.4 |
| | 高级 | 21.6 | 20.3 | 22.2 |
| | 其他 | 22.3 | 10.4 | 13.0 |
| 单位性质 | 科研机构 | 4.4 | 3.5 | 7.8 |
| | 大中专院校 | 9.7 | 15.8 | 2.6 |
| | 中小学 | 26.5 | 30.1 | 40.2 |
| | 卫生系统 | 5.5 | 6.3 | 4.6 |
| | 企业 | 41.4 | 38.1 | 33.8 |
| | 其他 | 12.6 | 6.2 | 11.0 |
| 年龄 | 25 岁及以下 | 16.1 | 24.9 | 7.7 |
| | 26～35 岁 | 31.3 | 34.7 | 40.8 |
| | 36～45 岁 | 34.2 | 20.7 | 37.0 |
| | 46～55 岁 | 16.6 | 18.0 | 13.3 |
| | 56 岁及以上 | 1.8 | 1.7 | 1.2 |
| 年收入 | 3 万元以下 | 46.3 | 51.2 | 55.4 |
| | 3 万～6 万元 | 39.6 | 41.1 | 36.9 |
| | 6 万～10 万元 | 7.1 | 6.5 | 7.3 |
| | 10 万元以上 | 7.0 | 1.2 | 0.4 |
| 进入所在岗位的途径 | 学校分配 | 7.8 | 16.0 | 17.7 |
| | 军队复员转业 | 4.6 | 8.8 | 10.8 |
| | 系统内工作调动 | 18.2 | 28.3 | 30.3 |
| | 市场招聘 | 56.9 | 40.1 | 36.6 |
| | 其他 | 12.5 | 6.8 | 4.6 |

### 四、分析方法的选择

主要采用了三种分析方法：一是描述性统计，即对统计数据进行整理和描述，主要用来求 SPSS 软件中录入数据的均值；二是频率分析，即对三类问卷中第二部分内容各个候选项被选择的频率进行分析，主要用来求 SPSS 软件中录入数据的百分比；三是方差分析，又称“变异数分析”或“F 检验”，用于两个及两个以上样本均数差别的显著性检验，主要用来求 SPSS 软件中数据均值和 P 值。

## 第二节　人才资源开发利用状况的分析

### 一、人才资源开发利用状况的总体分析

调查发现，东、中、西部各类人才总体上对自身工作的满意度不高。主要表现在以下几个方面：

1. 三类人才的工作满意度并不高

党政人才、经营管理人才、专业技术人才对“我非常愿意从事现在的工作”的认同倾向分别只有 60%、74.2% 和 51.4%，表明三类人才对现在从事的工作并不十分满意。

2. 绝大多数人才能够胜任工作，但能力发挥不足

三类人才对“我完全胜任目前的工作岗位”的认同倾向分别达到 83.1%、74.4% 和 70.4%，说明绝大部分人才都能胜任目前的工作岗位。但三类人才认为自己能力发挥了 80% 以上的比例分别只有 5.3%、9.9% 和 5.1%。说明大多数人才的能力没有得到充分发挥。

3. 人才市场化配置较低

党政人才通过公开选拔考试到现在岗位的只有 25%，经营管理人才通过市场招聘到现在岗位为 30.3%，专业技术人才通过市场招聘到现在岗位的为 32.3%，除了东部经营管理人才市场化配置较高达 64.3% 外，其他各地区各类人才的市场化配置都较低，多在 20% ~30%，同《规划纲要》“完善政府宏观管理、市场有效配置”的要求有较大距离。

4. 技术性人才比较缺乏

三类人才均认为，目前最紧缺的人才是技术类人才，三类人才认同的比例分别是 57.7%、66.2% 和 51%，反映出我国在工业化进程中对技术人才的普遍渴求。三类人才的认同情况如表 6-6 所示。

表 6-6　三类人才对人才紧缺状况的认同情况　　单位:%

| 比例 / 人才类别 / 地区 | 党政人才 | 经营管理人才 | 技术人才 | 其他 |
| --- | --- | --- | --- | --- |
| 东部地区 | 16.4 | 23.6 | 57.7 | 2.3 |
| 中部地区 | 10.4 | 16.8 | 66.2 | 6.6 |
| 西部地区 | 15.9 | 30.2 | 51.0 | 3.9 |

## 二、三类人才资源开发利用状况的具体分析

下面从人才引进、选拔、使用、培养、考核、流动、人才价值观等方面，对东、中、西部地区人才资源开发利用情况进行分析。

1. 人才引进状况的分析

三类人才普遍认同“经济发展水平高低是吸引人才的重要因素”，党政人才、经营管理人才、专业技术人才的认同度分别为 79.1%、60.3% 和 77.9%；“良好的科技平台是吸引人才的重要因素”，党政人才、经营管理人才、专业技术人才的认同度分别为 82.2%、96% 和 83.8%。

调查还发现，待遇问题是人才普遍关注的问题。84.1% 的党政人才和经营管理人才都认同“提高现有人才的待遇，能吸引更多的人才来我省”。能力发挥的平台也备受人才关注，80.1% 的经营管理人员认为“只有引进和留住一批有实力的企业，才能引进更多的经营管理人才”。

2. 人才选拔状况的分析

“公开、透明、公平的人才选拔机制有利于人才的引进”得到人才的普遍认同。

76.3% 的党政人才认同“当前党政人才选拔面过窄”，69.9% 的党政人才认同“用统一的考试方式选拔人才更科学”，93.3% 的党政人才认同“公正、透明的用人机制有利于党政人才的吸引”，86% 的党政人才认同“面向社会选拔党政人才是党政人才选拔方式的一种进步”。93.3% 的党政人才认同“公正、透明的用人机制有利于党政人才的吸引”。经营管理人才中有 87.7% 的人认同“面向社会公开选拔经营管理人才是人才选拔方式的一种进步”。

3. 人才使用效率的分析

多数人才认为自身的工作能力没有得到很好的发挥。从制约能力发挥的主要原因来看，工作的自主性和挑战性、经营环境、研发投入成为人才效率发挥的主要影响因素。

（1）人才的自主性和挑战性较低。党政人才对“我的工作很大程度上取决于上级的安排，而不是自己的选择”和“我在单位对工作方式能自主创新”的

认同倾向分别为37.3%和48%。说明政府机关工作机制不灵活，影响了党政人才创新能力的发挥。

三类人才的工作挑战性都不强。党政人才对“我的工作非常具有挑战性”的认同倾向为48.9%，专业技术人才对“我现在的工作具有挑战性”的认同倾向为47.7%，经营管理人才对该问题的认同倾向为53.6%。但经营管理人才工作挑战性要高于党政人才和专业技术人才。

（2）工作的干扰性较高。党政人才对“我不用花很多精力处理与上下级的关系”的认同倾向为47.3%；经营管理人才对“我不需要把过多精力放在与政府关系的协调上”的认同倾向为39%；专业技术人才在“在单位我不需要花费精力应付日常杂务”的认同倾向为37.2%。说明人才在工作中受到的干扰过多，不能将全部精力用于工作当中。

经营管理人才对“我认为当地政府已经实现了从管理型到服务型的转变”的认同倾向为37.6%，对“政府服务效率较低，官本位制还较浓，政府尚未转型为服务型政府”认同倾向较高，达85.6%，导致经营管理人才需要将较多精力用于与政府关系的协调上。企业经营管理人才对“完善的公司治理结构有利于发挥自己的作用”的认同倾向为92.9%。

专业技术人才对“单位内部的管理服务很到位，使我能专心从事本职工作”的认同倾向仅为43.9%，说明专业技术人才专心从事工作还有待单位内部的管理服务等配套机制进一步健全和完善。

（3）科研投入不足。只有34.2%的专业技术人才对“单位对我的研究（或开发）工作给予充足的经费支持”持肯定态度，说明科研投入在很大程度上影响了专业技术人才能力的发挥。科研机构、大中专院校、卫生系统、企业在此项上的均值分别是2.78、2.99、3.25和3.08，表明科研机构、大中专院校的科研支持力度较小，卫生系统的科研支持力度较大，其次是企业。因此，如何加大科研机构、大中专院校的创新支持力度，是发挥这些部门科研人员能力的重要问题。

4. 人才培养状况的分析

（1）学习型社会构建有利于人才培养。78.2%的党政人才认同“学习型政府的形成有利于党政人才的成长”，64.1%的经营管理人才认同“政府大力促进学习型社会的形成对于企业经营管理人才的成长非常重要”，82.5%的专业技术人才认同“政府大力促进学习型社会的形成对于专业技术人才的成长非常重要”。因此，学习型社会的构建对于各类人才的成长都非常重要。

而在对“我单位有良好的学习氛围”的认同上，党政人才为52.5%，专业技术人才为47.5%，都低于对“学习型组织非常重要”的认同度，说明目前党政部门、企事业单位在打造学习型组织方面与人才的期望有相当的距离。

平高低是吸引人才的重要因素”的认同度分别为79.1%、60.3%和77.9%，说明经济发展水平是人才流动的重要因素。

（2）人才发挥作用的平台也是影响人才流动的重要因素。三类人才对“良好的科技平台是吸引人才的重要因素”的认同度达到了82.2%、96%和83.8%。专业技术人才对“要想引进人才，我省当务之急是要发展一批有实力的企业、高校和科研机构”的认同度为81%，经营管理人才对“只有引进或留住一批有实力的企业，才能引进更多的企业经营人才”的认同度为80.1%，

（3）待遇仍是人才流动的主因。党政人才对“只有提高现有人才的待遇，才能吸引更多的人才来我省”的认同度为84.1%，东、中、西地区的认同度分别为73%、86%和85%，说明经济越落后的地区，提高人才待遇越能吸引更多人才。

（4）人才更愿意向东部地区流动。如表6－9所示，调查显示，三类人才对“如果您有机会重新选择工作地点，您会选择何地区?”一半以上都是选择东部地区，人才流向意愿偏向东部地区也进一步说明了经济发展水平是导致人才流动的重要因素。同时也有20%左右的人才选择“哪都一样”，这也说明人才流动也并非完全取决于经济发展水平。根据人才能力发挥的程度与工作意向地的交叉分析发现，党政人才和专业技术人才能力发挥80%～100%的选择“哪都一样”选项的比重要高于那些能力发挥程度更低的人才，说明高端人才发挥作用相对其他人才更不受经济发展水平的影响。

调查研究还发现，西部地区人才选择去“东部地区”的比重低于中部地区意愿去“东部地区”的比重。

**表6－9　三类人才重新择业时选择工作地区比较**　　单位:%

| 地区人才类别 \ 比例 \ 选项 | | 东部地区 | 中部地区 | 西部地区 | 哪都一样 |
|---|---|---|---|---|---|
| 党政人才 | 东部地区 | 65.1 | 15.1 | 9.3 | 10.5 |
| | 中部地区 | 54.2 | 19.7 | 5.4 | 20.6 |
| | 西部地区 | 38.8 | 16.4 | 20.9 | 23.9 |
| | 合计 | 54.1 | 18.7 | 7.7 | 19.5 |
| 经营管理人才 | 东部地区 | 89.3 | 0.0 | 7.1 | 3.6 |
| | 中部地区 | 47.5 | 30.1 | 0.9 | 21.5 |
| | 西部地区 | 25.5 | 37.3 | 0.0 | 37.3 |
| | 合计 | 50.3 | 27.0 | 1.7 | 21.0 |

续表

| 比例 地区人才类别 \ 选项 | | 东部地区 | 中部地区 | 西部地区 | 哪都一样 |
|---|---|---|---|---|---|
| 专业技术人才 | 东部地区 | 56.0 | 26.0 | 5.0 | 13.0 |
| | 中部地区 | 61.5 | 14.5 | 12.0 | 12.0 |
| | 西部地区 | 33.5 | 28.1 | 14.6 | 23.8 |
| | 合计 | 53.6 | 19.5 | 11.7 | 15.1 |

7. 人才价值取向的分析

人才的价值取向直接影响其能力的发挥，为此设计了相应的问题进行调研。

（1）大多数人才重单位发展前景和自身价值实现，轻工作地点、工作团队和家庭问题。为了解吸引人才的影响因素，我们设计了问题“如果您有机会重新选择工作单位，您会更看重下列因素中的哪些?”在答案中提供了10个项目供被调查者进行排序选择，选择结果如表6－10所示。由表可知，单位的地理位置并不被看重，党政人才和经营管理人才都把它放在最后一位，专业技术人才把它排在倒数第二位；其次是家庭问题和工作团队，党政人才、经营管理人才、专业技术人才分别把家庭问题放在第八、九、七位，把工作团队放在第九、五、十位，说明专业技术人才、党政人才团队合作意识较弱。三类人才都把单位未来的发展

**表6－10　三类人才如果重新择业时考虑的因素排序**

| 排序 考虑因素 \ 人才类别 | 党政人才 | 经营管理人才 | 专业技术人才 | 排名合计 |
|---|---|---|---|---|
| 单位未来的发展前景 | 1 | 2 | 1 | 4 |
| 能否发挥好个人的作用，实现自身的价值 | 2 | 1 | 2 | 5 |
| 单位的性质 | 3 | 6 | 4 | 13 |
| 自己的工作岗位 | 4 | 8 | 6 | 18 |
| 单位现在的效益 | 5 | 4 | 5 | 14 |
| 自己的收入状况 | 6 | 3 | 3 | 12 |
| 能否遇到一个开明的领导 | 7 | 7 | 8 | 22 |
| 能否安置好家庭成员的就业就学等问题 | 8 | 9 | 7 | 24 |
| 能否有一个自己满意的工作团队 | 9 | 5 | 10 | 24 |
| 单位的地理位置 | 10 | 10 | 9 | 29 |

前景、自身价值实现因素排在前列，说明三类人才都很看重职业发展和自我价值实现。经营管理人才和专业技术人才比较重视个人的收入状况，他们都把收入状况排在第三位，而党政人才把单位性质排到了第三位，个人收入状况仅为第六位。

（2）实现自身价值更为重要。为了了解三类人才积极投身工作的内在动机，我们设计了一个选择题“您认为下列因素中的哪一项，最能促使您忘我地工作”，可供选择的答案有8个，如表6-11所示结果表明，三类人才对“为了实现自身的价值”认同度分别为40.1%、47%和43.7%，远高于其他因素，对“为了对社会多做贡献”的认同度分别为11.4%、0.9%和7.0%，两项相加比重近50%，说明我国人才具有较高的思想境界。但经营管理人才的价值取向在“为社会多做贡献”上仅为0.9%，说明我国企业家社会责任意识应该增强。

**表6-11　三类人才的价值取向**　　单位：%

| 人才类别 / 比例 / 价值倾向选择 | 党政人才 | 经营管理人才 | 专业技术人才 | 合计 |
|---|---|---|---|---|
| 为了实现自身的价值 | 40.1 | 47.0 | 43.7 | 43.23 |
| 为了单位的长远发展 | 9.4 | 13.2 | 6.3 | 9.04 |
| 为了单位现在的效益 | 8.5 | 14.7 | 8.8 | 10.10 |
| 为了自身的社会地位 | 8.9 | 0.5 | 15.9 | 9.77 |
| 为了对社会多做贡献 | 11.4 | 0.9 | 7.0 | 7.09 |
| 为了保住现在的工作 | 5.4 | 4.5 | 4.9 | 4.98 |
| 为了得到更多的晋升机会 | 11.2 | 8.0 | 7.4 | 8.88 |
| 啥都不为，我就愿意努力工作 | 5.2 | 11.1 | 6.0 | 6.94 |

（3）党政机关和自己创业成为人才重新择业的优选。问卷中我们设计了一个选择题，“如果您有机会重新选择工作单位，您更愿意在以下哪类单位中工作”，备选答案有去党政机关、企业事业单位、自主创业、大专院校等，三类人才选择的结果如表6-12所示。

由表6-12可知，三类人才重新择业时都优先选择党政机关，可见，工作比较稳定（认同度达到81.7%）的党政机关对人才最有吸引力，三类人才创业意向比较高，经营管理人才和专业技术人才把自己创业排在第二位，党政人才把自己创业排在第三位，说明随着社会主义市场经济的推进，各类人才具有较强烈的创业愿望。

表 6－12 三类人才重新择业时优先考虑单位排序选择 单位：%

| 人才类别＼比例＼优先考虑单位 | 党政机关 | 自己创业 | 企业 | 事业单位 | 大专院校 | 科研机构 | 社会团体 |
| --- | --- | --- | --- | --- | --- | --- | --- |
| 党政人才 | 42.4 | 12.7 | 26.4 | 9.1 | 9.4 | — | — |
| 经营管理人才 | 49.4 | 19.9 | 11.3 | 1.7 | 5.4 | 4.5 | 7.8 |
| 专业技术人才 | 24.9 | 18.5 | 14.7 | 14.9 | 8.6 | 9.5 | 8.9 |

# 第三节 东、中、西部人才资源开发利用状况的比较分析

## 一、党政人才资源开发利用状况的比较分析

本次实际参加调查的党政人才共有 1050 人，其中有效问卷 980 份，有效率为 93.3%。

在能力发挥问题上，东、中、西部分别只有 68.7%、60% 和 54.3% 的党政人才认为自己的能力发挥了 50% 以上，三地区分别仅有 8.5%、7.1% 和 5.3% 的党政人才认为自己的能力发挥了 80% 以上，如表 6－13 所示。这表明党政人才能力的发挥还有很大空间，中西部尤甚。

表 6－13 东、中、西部党政人才自认个人能力发挥程度的比较

| 人才类别＼比例＼能力发挥程度 | 30% 以下 | 30% ～50% | 50% ～80% | 80% 以上 |
| --- | --- | --- | --- | --- |
| 东部地区 | 3.5 | 27.8 | 60.2 | 8.5 |
| 中部地区 | 6.4 | 33.6 | 52.9 | 7.1 |
| 西部地区 | 9.5 | 36.2 | 49.0 | 5.3 |

1. 党政人才的引进和选拔

在人才引进和选拔方面，我们共设有 9 个指标，调查结果如表 6－14 所示。

在用人机制方面。对“公正、透明的用人机制有利于党政人才的吸引（$X_5$）”、“面向社会选拔党政人才是党政人才选拔方式的一种进步（$X_3$）”的认同度分别达 93.3% 和 86%，而对“目前党政人才选拔机制很合理（$X_6$）”的认同度只有 26%。

表 6－14　党政人才对人才引进和选拔相关指标的认同度　　单位：%

| 指标＼评价／分值 | 认同倾向 | | | 否定倾向 | | | 均值 |
|---|---|---|---|---|---|---|---|
| | 非常同意 | 同意 | 小计 | 不同意 | 非常不同意 | 小计 | |
| 1. 用统一考试的方式来选拔人才更科学（$X_1$） | 21.2 | 48.7 | 69.9 | 11.1 | 2.8 | 13.9 | 3.74 |
| 2. 我省党政人才选拔面过窄（$X_2$） | 20.9 | 54.9 | 75.8 | 6.0 | 0.8 | 6.8 | 3.89 |
| 3. 面向社会选拔党政人才是党政人才选拔方式的一种进步（$X_3$） | 30.1 | 55.9 | 86.0 | 3.2 | 0.3 | 3.5 | 4.12 |
| 4. 外省的党政人才能否来我省，很大程度上取决于我省的文化是否会“排外”（$X_4$） | 11.3 | 37.6 | 48.9 | 26.8 | 1.7 | 28.5 | 3.30 |
| 5. 公正、透明的用人机制有利于党政人才的吸引（$X_5$） | 46.0 | 47.3 | 93.3 | 0.9 | 0.0 | 0.9 | 4.38 |
| 6. 目前党政人才选拔机制很合理（$X_6$） | 4.0 | 22.0 | 26.0 | 31.5 | 5.9 | 37.4 | 2.87 |
| 7. 经济发展水平高低是党政机关能否吸引优秀人才的重要因素（X7） | 19.5 | 59.6 | 79.1 | 5.7 | 1.1 | 6.8 | 3.91 |
| 8. 城市化水平高低对吸引人才有很大影响（$X_8$） | 21.9 | 61.0 | 82.9 | 4.0 | 0.3 | 4.3 | 4.00 |
| 9. 良好的科技平台对党政机关吸引高素质专业技术人员很重要（$X_9$） | 21.9 | 60.3 | 82.2 | 3.0 | 0.2 | 3.2 | 4.00 |

在平台建设方面，党政人才普遍认为，提高城市化水平和打造良好科技平台有利于吸引人才。对“城市化水平高低对吸引人才有很大影响（$X_8$）”、“良好的科技平台对党政机关吸引高素质专业技术人员很重要（$X_9$）”的认同度分别达到82.9%和82.2%，而对“外省的党政人才能否来我省，很大程度上取决于我省的文化是否会‘排外’（$X_4$）”的认同度只有48.9%。

东、中、西部党政人才在人才引进与选拔方面的认知情况，如表 6－15 所示。

表 6－15　东、中、西部党政人才对人才引进与选拔各项的分组比较

| 地区＼变量 | $X_1$ | $X_2$ | $X_3$ | $X_4$ | $X_5$ | $X_6$ | $X_7$ | $X_8$ | $X_9$ |
|---|---|---|---|---|---|---|---|---|---|
| 东部地区 | 3.76 | 3.83 | 4.01 | 3.39 | 4.19 | 3.18 | 3.84 | 3.89 | 3.89 |
| 中部地区 | 3.75 | 3.92 | 4.14 | 3.31 | 4.42 | 2.83 | 3.93 | 4.05 | 4.05 |
| 西部地区 | 3.64 | 3.76 | 4.13 | 3.18 | 4.36 | 2.70 | 3.85 | 3.82 | 3.83 |
| 总体得分 | 3.74 | 3.89 | 4.12 | 3.30 | 4.38 | 2.87 | 3.91 | 4.00 | 4.00 |
| P 值 | 0.680 | 0.259 | 0.309 | 0.438 | 0.007 | 0.002 | 0.560 | 0.016 | 0.014 |

从表6－15可知，东、中、西部党政人才与选拔认知在人才引进上的差异主要体现在以下四个方面：

（1）东、中、西部在人才的选拔与引进上有一定的差异。东部地区对“公正、透明的用人机制有利于党政人才的吸引（$X_5$）”的认同度低于中西部地区，而对“目前党政人才选拔机制很合理（$X_6$）”认同度高于中西部地区。

但在对“城市化水平高低对吸引人才有很大影响（$X_8$）”和“良好的科技平台对党政机关吸引高素质专业技术人员很重要（$X_9$）”认同度上，中部高于东西部地区，说明中部地区更希望通过提高城市化水平和科技平台来吸引党政人才。

（2）东、中、西部党政人才在对“目前最紧缺的人才”问题的看法上存在明显差异（见表6－16）。东部地区党政人才认为最紧缺的是高技能型人才，认同度达37.2%，其次是专业技术领军人才，达32.4%。中部地区党政人才认为，中部最缺专业技术领军人才，认同度达36.0%，其次是高技能人才。西部地区党政人才人才，西部最缺企业经营管理人才，认同度达42.4%，其次是专业技术领军人才。这个结果与东部产业转型、中部加速工业化以及西部加快市场化进程中所需的人才现实非常吻合。

西部地区认为专业技术领军人才最紧缺，其次是技能型人才，再次是企业经营管理人才，平均分别为35.9%、31.8%和31.1%（见表6－16）。具体考察，西部地区对企业经营管理人才缺乏认知的比重达42.4%，远远超过东中部，对专业技术领军人才缺乏认知的比重达39.4%，也高于东中部。可见，总体上技术技能人才和企业经营管理人才在整个国家都比较紧缺，国家应该高度重视并着手采取措施解决。

**表6－16　东、中、西部党政人才对目前最紧缺的人才认知**　　单位：%

| 紧缺人才类别 比例 地区 | 党政领导人才 | 经营管理人才 | 专业技术领军人才 | 高技能人才 | 其他 |
|---|---|---|---|---|---|
| 东部地区 | 20.9 | 24.4 | 32.4 | 37.2 | 4.7 |
| 中部地区 | 19.8 | 26.4 | 36.0 | 32.3 | 1.9 |
| 西部地区 | 13.6 | 42.4 | 39.4 | 25.8 | 6.1 |

（3）东、中、西部党政人才在“平时最关注的问题”的选择上，由表6－17可知，东、中、西部地区党政人才平时最关注的问题都是国家大政方针、本地经济动态等这些大的问题，均排在前列。但对公务员政策的变化和单位人事变动等问题的关注存在一定的差异，东部地区人才对这两个问题的关注明显低于中西部。

表 6-17　东、中、西部党政人才平时最关注的问题　　单位:%

| 最关注问题/比例/地区 | 国家大政方针 | 本地的政策调整 | 本地经济发展动态 | 公务员政策的调整变化 | 单位人事变动 | 其他 |
|---|---|---|---|---|---|---|
| 东部地区 | 33.7 | 22.8 | 30.2 | 5.1 | 6.0 | 2.2 |
| 中部地区 | 30.3 | 16.3 | 28.4 | 8.8 | 10.2 | 6.0 |
| 西部地区 | 28.4 | 19.9 | 27.3 | 14.3 | 9.3 | 0.9 |

（4）被调查人才的学历存在一定的差异。从表 6-18 可知，整体上东、中、西部，党政人才学历呈降低趋势，其中本科和研究生及以上学历的比重，东部明显高于中西部。

表 6-18　东、中、西部被调查党政人才学历情况　　单位:%

| 学历/比例/地区 | 高中及以下 | 中专 | 大专 | 本科 | 研究生及以上 |
|---|---|---|---|---|---|
| 东部地区 | 11.4 | 16.4 | 30.0 | 33.5 | 8.7 |
| 中部地区 | 15.5 | 25.8 | 30.7 | 23.9 | 4.1 |
| 西部地区 | 21.8 | 28.8 | 27.6 | 20.0 | 1.8 |

2. 党政人才的使用

本次调查主要从工作的愉悦性、工作的挑战性和工作的自主性三个方面对人才使用情况进行分析，共涉及 11 个指标。其中工作的愉悦性包括 $X_7 \sim X_{10}$ 共 4 个指标，工作的挑战性包括 $X_{11} \sim X_{13}$ 共 3 个指标，工作的自主性共包括 $X_{14} \sim X_{17}$ 共 4 个指标。具体分析如表 6-19 所示。

工作愉悦性方面：党政人才对“我和单位同事合作很愉快（$X_9$）”的认同度高达 82.5%，对“我认为民众对我们的工作是支持的（$X_{10}$）”、“我舍不得离开我工作的这个集体（$X_8$）”的认同度都超过了 60%，而否认倾向都在 10% 以下，表明党政人才对工作愉悦性持比较积极的评价。但对“我非常愿意从事现在的工作（$X_7$）”的认同度为 59.8%，低于工作愉悦性的平均值，说明党政人才可能存在其他某些方面的因素导致满意度较低，导致工作意愿性低于愉悦性。

**表 6-19 东、中、西部党政人才对人才使用相关指标的认同程度** 单位:%

| 指标 | 认同倾向 | | | 否定倾向 | | | 均值 |
|---|---|---|---|---|---|---|---|
| | 非常同意 | 同意 | 小计 | 不同意 | 非常不同意 | 小计 | |
| 1. 我非常愿意从事现在的工作（$X_7$） | 11.2 | 48.6 | 59.8 | 9.3 | 0.9 | 10.2 | 3.60 |
| 2. 我舍不得离开我工作的这个集体（$X_8$） | 14.2 | 49.2 | 63.4 | 6.6 | 1.1 | 7.7 | 3.69 |
| 3. 我和单位同事合作很愉快（$X_9$） | 17.6 | 64.9 | 82.5 | 2.7 | 0.0 | 2.7 | 3.97 |
| 4. 我认为民众对我们的工作是支持的（$X_{10}$） | 11.9 | 57.9 | 69.8 | 6.5 | 0.9 | 7.4 | 3.73 |
| 5. 我完全胜任目前的工作岗位（$X_{11}$） | 19.0 | 64.1 | 83.1 | 3.3 | — | 3.3 | 3.99 |
| 6. 我的工作非常具有挑战性（$X_{12}$） | 8.6 | 40.3 | 48.9 | 13.5 | 1.4 | 14.9 | 3.41 |
| 7. 在本单位工作很好地发挥了我的能力（$X_{13}$） | 10.6 | 44.6 | 55.2 | 14.2 | 1.3 | 15.5 | 3.49 |
| 8. 我工作很大程度上取决于自己的选择，而不是上级的安排（$X_{14}$） | 6.4 | 30.9 | 37.3 | 33.4 | 4.6 | 38 | 3.01 |
| 9. 我在单位对工作方式能自主创新（$X_{15}$） | 7.3 | 40.7 | 48.0 | 17.6 | 0.9 | 18.5 | 3.36 |
| 10. 我有足够权限处理工作职责范围内的事情（$X_{16}$） | 7.6 | 45.0 | 52.6 | 17.3 | 3.3 | 20.6 | 3.36 |
| 11. 我不用花很多精力处理与上下级的关系（$X_{17}$） | 6.0 | 41.3 | 47.3 | 17.8 | 3.0 | 20.8 | 3.30 |

工作挑战性方面：党政人才对“我完全胜任目前的工作岗位（$X_{11}$）”的认同度高达83.1%，而在“我的工作非常具有挑战性（$X_{12}$）”、“在本单位工作很好地发挥了我的能力（$X_{13}$）”等涉及工作挑战性的认同度仅分别为48.9%和55.2%，说明党政人才工作的挑战性还不够高。

工作自主性方面：“我工作很大程度上取决于自己的选择，而不是上级的安排（$X_{14}$）”的认同度低至37.3%；“我在单位对工作方式能自主创新（$X_{15}$）”、“我不用花很多精力处理与上下级的关系（$X_{17}$）”的认同度只有48%和47.3%；只有“我有足够权限处理工作职责范围内的事情（$X_{16}$）”的认同度也仅为52.6%，说明党政人才工作自主性方面较低，被动地接受任务、自主创新性不够、过多精力用于上下级关系的协调等。

对人才使用各指标的具体情况分析结果如表6-20所示。

从表6-20可以看出，东、中、西部差异较大的问题主要体现在以下两个方面：

（1）在工作的愉悦性、挑战性和自主性方面，东部地区高于中部，而中部又高于西部。这说明，地区的工作环境可能与经济发展情况相关。

（2）在工作面临最大困难的感受方面，东、中、西部总体上一致，但所感受问题

表 6－20　东、中、西部党政人才使用各项指标的分组比较

| 地区＼变量 | $X_7$ | $X_8$ | $X_9$ | $X_{10}$ | $X_{11}$ | $X_{12}$ | $X_{13}$ | $X_{14}$ | $X_{15}$ | $X_{16}$ | $X_{17}$ |
|---|---|---|---|---|---|---|---|---|---|---|---|
| 东部地区 | 3.62 | 3.78 | 3.99 | 3.84 | 3.88 | 3.36 | 3.62 | 3.11 | 3.48 | 3.49 | 3.11 |
| 中部地区 | 3.60 | 3.70 | 3.99 | 3.74 | 4.01 | 3.41 | 3.49 | 3.02 | 3.37 | 3.36 | 3.33 |
| 西部地区 | 3.57 | 3.49 | 3.81 | 3.54 | 3.96 | 3.45 | 3.34 | 2.81 | 3.13 | 3.22 | 3.32 |
| 总体得分 | 3.60 | 3.69 | 3.97 | 3.73 | 3.99 | 3.41 | 3.49 | 3.01 | 3.36 | 3.36 | 3.30 |
| P 值 | 0.933 | 0.094 | 0.088 | 0.049 | 0.199 | 0.828 | 0.169 | 0.175 | 0.050 | 0.217 | 0.149 |

的性质有所差异。对“作为党政人才，您认为工作中最大的困难是什么”进行选择时，调查发现，虽然东、中、西部地区党政人才工作中面临的最大困难前四位选择基本相同，但“不能充分发挥个人主观能动性”选项上东部远远高于中西部地区。

而在“与相关部门的工作协调比较困难”、“人际关系的处理”及“办事效率不高”等选项上，中西部明显高于东部，西部又高于中部。这说明，东部与中西部所面临的主要问题的性质存在差异，东部最大的问题是个体主观能动性的发挥问题，而中西部最大的问题还是外部工作环境的改善问题。如表 6－21 所示。

表 6－21　东、中、西部党政人才对工作中最大困难的感受　　单位:%

| 地区＼比例＼工作中的最大困难 | 不能充分发挥个人的主观能动性 | 办事效率不高 | 与相关部门的工作协调比较困难 | 人际关系的处理 | 无法对下属进行有效的激励与约束 | 缺乏必要的工作条件 | 其他 |
|---|---|---|---|---|---|---|---|
| 全国 | 27.8 | 23.8 | 17.0 | 16.4 | 6.9 | 7.6 | 0.5 |
| 东部 | 43.0 | 17.8 | 11.2 | 13.1 | 7.5 | 7.5 | 0 |
| 中部 | 25.2 | 25.8 | 17.5 | 16.4 | 6.7 | 8.0 | 0.5 |
| 西部 | 28.1 | 16.9 | 20.2 | 20.2 | 7.9 | 5.6 | 1.1 |

3. 党政人才的培养

关于党政人才的培养问题，本调查共设 9 个指标，其中涉及本单位人才培养现状有 3 个指标（$X_{22}$、$X_{24}$、$X_{25}$），涉及人才培养途径认知的有 4 个指标（$X_{18}$ ~ $X_{21}$），涉及个人学习方面有 2 个指标（$X_{23}$、$X_{26}$）。各指标基本情况如表 6－22 所示。

**表 6－22　东、中、西部党政人才对人才培养相关指标的认同程度**　单位：%

| 指　标 | 认同倾向 | | | 否定倾向 | | | 均值 |
|---|---|---|---|---|---|---|---|
| | 非常同意 | 同意 | 小计 | 不同意 | 非常不同意 | 小计 | |
| 1. 在机关工作，可以锻炼自己各方面的能力（$X_{18}$） | 13.9 | 54.2 | 78.1 | 10.4 | 1.4 | 11.8 | 3.69 |
| 2. 对党政人才来说，在实践中学习比脱产到大学学习重要得多（$X_{19}$） | 21.5 | 51.5 | 76.6 | 7.1 | 0.9 | 8.0 | 3.86 |
| 3. 将人才送到经济发达地区挂职锻炼，是培养高素质党政人才的有效途径（$X_{20}$） | 13.1 | 47.4 | 60.5 | 12.8 | 1.4 | 14.2 | 3.58 |
| 4. 学习型政府的形成有利于党政人才的成长（$X_{21}$） | 21.2 | 56.2 | 77.4 | 4.3 | 0.5 | 4.8 | 3.94 |
| 5. 我单位很重视人才的培养（$X_{22}$） | 12.6 | 39.2 | 51.8 | 16.3 | 3.2 | 19.5 | 3.42 |
| 6. 缺乏学习机会是我能力难以进一步提高的主要原因（$X_{23}$） | 12.0 | 44.5 | 56.5 | 12.5 | 1.7 | 14.2 | 3.53 |
| 7. 我单位有明确的人才培养计划（$X_{24}$） | 8.1 | 34.3 | 42.4 | 24.6 | 3.5 | 28.1 | 3.19 |
| 8. 我单位有良好的学习氛围（$X_{25}$） | 10.3 | 42.0 | 52.3 | 19.3 | 1.4 | 20.7 | 3.41 |
| 9. 大多数情况下，我只能通过自学来实现自身能力的提高（$X_{26}$） | 10.6 | 62.1 | 72.7 | 7.3 | 0.5 | 7.8 | 3.76 |

由表 6－22 可知，党政人才对本单位人才培养现状的评价得分较低，但对“大多数情况下，我只能通过自学来实现自身能力的提高（$X_{26}$）”的认同度最高，为 72.7%，这说明，人才培养工作总体上还任重道远。

对人才培养各指标进行的分组分析，如表 6－23 所示。

**表 6－23　东、中、西部党政人才培养各项指标的分组比较**

| 地区＼变量 | $X_{18}$ | $X_{19}$ | $X_{20}$ | $X_{21}$ | $X_{22}$ | $X_{23}$ | $X_{24}$ | $X_{25}$ | $X_{26}$ |
|---|---|---|---|---|---|---|---|---|---|
| 东部地区 | 3.78 | 3.78 | 3.29 | 3.69 | 3.58 | 3.37 | 3.37 | 3.70 | 3.56 |
| 中部地区 | 3.70 | 3.89 | 3.66 | 3.99 | 3.43 | 3.56 | 3.17 | 3.39 | 3.81 |
| 西部地区 | 3.49 | 3.76 | 3.43 | 3.96 | 3.13 | 3.48 | 3.07 | 3.15 | 3.67 |
| 总体得分 | 3.69 | 3.86 | 3.58 | 3.94 | 3.42 | 3.53 | 3.19 | 3.41 | 3.76 |
| P 值 | 0.112 | 0.322 | 0.001 | 0.004 | 0.020 | 0.171 | 0.141 | 0.001 | 0.012 |

从表 6－23 可知，东部地区单位对人才的培养更加重视。

在对“我单位很重视人才的培养（$X_{22}$）”、“我单位有良好的学习氛围（$X_{25}$）”和“我单位有明确的人才培养计划（$X_{24}$）”指标的选择上，东、中、西部得分呈现明显的顺序递减，说明我国中西部地区尤其是西部地区在重视人才培养及营造人才培养环境方面与东部地区还有很大距离。

4. 党政人才的考核与激励

在人才考核与激励方面，共设有 6 个指标。调查发现，对“我单位的绩效考核很公平（$X_{27}$）”、“我单位晋升机制很公平（$X_{28}$）”、“我所获得的报酬与所付出的代价基本相符（$X_{30}$）”及“我干得越好，获得的报酬效益越大（$X_{29}$）”指标的认同度分别只有 41.4%、33.8%、39.3% 和 33.2%。“党政机关的工作绩效考核标准（$X_{31}$）”不明确是考核与激励公平性较差的原因之一，只有 45.6% 的人认同“党政机关的工作绩效考核标准”明确。此外，有 70.4% 的人认为“得到领导的理解和信任比增加收入更重要（$X_{32}$）”，可见领导对下属的关心理解和信任是激励人才的重要方式，如表 6－24 所示。

**表 6－24　人才考核与激励相关指标的认同程度**　　单位：%

| 指　标 | 认同倾向 | | | 否定倾向 | | | 均值 |
|---|---|---|---|---|---|---|---|
| | 非常同意 | 同意 | 小计 | 不同意 | 非常不同意 | 小计 | |
| 1. 我单位的绩效考核很公平（$X_{27}$） | 7.3 | 34.1 | 41.4 | 19.9 | 4.0 | 23.9 | 3.21 |
| 2. 我单位晋升机制很公平（$X_{28}$） | 5.7 | 28.1 | 33.8 | 24.8 | 6.2 | 31.0 | 3.02 |
| 3. 我干得越好，获得的报酬效益越大（$X_{29}$） | 6.3 | 26.9 | 33.2 | 29.0 | 6.0 | 35.0 | 2.99 |
| 4. 我所获得的报酬与所付出的代价基本相符（$X_{30}$） | 5.1 | 34.2 | 39.3 | 26.0 | 4.4 | 30.4 | 3.10 |
| 5. 党政机关的工作绩效考核标准明确（$X_{31}$） | 6.3 | 39.3 | 45.6 | 20.1 | 3.8 | 23.9 | 3.24 |
| 6. 得到领导的理解和信任比增加收入更重要（$X_{32}$） | 16.8 | 53.6 | 70.4 | 9.5 | 1.0 | 10.5 | 3.76 |

对人才考核与激励各项指标的分组比较，如表 6－25 所示。

**表 6－25　东、中、西部党政人才考核与激励各项指标的分组比较**　　单位：%

| 地区＼变量 | $X_{27}$ | $X_{28}$ | $X_{29}$ | $X_{30}$ | $X_{31}$ | $X_{32}$ |
|---|---|---|---|---|---|---|
| 东部地区 | 3.50 | 3.43 | 3.35 | 3.34 | 3.38 | 3.74 |
| 中部地区 | 3.17 | 2.97 | 2.94 | 3.07 | 3.21 | 3.81 |
| 西部地区 | 3.12 | 2.85 | 2.81 | 2.97 | 3.30 | 3.43 |
| 总体得分 | 3.21 | 3.02 | 2.99 | 3.1 | 3.24 | 3.76 |
| P 值 | 0.009 | 0.000 | 0.001 | 0.033 | 0.267 | 0.005 |

从表中可以看出：

（1）“得到领导的理解和信任比增加收入更重要（$X_{32}$）”是东、中、西三地区在所有选项中得分最高的。这说明，大部分党政人才都希望得到领导的理解和信任，这也从一个侧面提醒各级领导要学会怎样激励自己的部下。

（2）在对绩效进行考核、评价的选项上，基本的态势还是东部高于中西部，而且比较明显。这说明，东部地区在管理的科学化、规范化方面还是走在了前面，因而，更能得到肯定。

在党政人才对“工作价值取向”的选择上，三个地区党政人才首选项目是“为了实现自身的价值”，但不同地区的比例有所差异，东、中、西部地区选择此选项的比例分别为33.9%、40.6%和44.6%，说明中西部地区工作动力更多地表现为追求自身价值的实现；第二选择，东部为“为了自身的社会地位”，中部为“为了对社会多做贡献”，西部为“为了单位的长远发展”，说明东部地区党政人才工作动力更多的是考虑个人因素，而中西部更着眼社会和单位发展。如表6－26所示。

**表6－26　东、中、西部党政人才工作的价值取向**　　单位：%

| 地区 / 比例 / 价值倾向选项 | 党政人才 | 东部地区 | 中部地区 | 西部地区 |
|---|---|---|---|---|
| 为了实现自身的价值 | 40.1 | 33.9 | 40.6 | 44.6 |
| 为了单位的长远发展 | 9.4 | 7.4 | 9.5 | 11.8 |
| 单位现在的效益 | 8.5 | 5.5 | 9.2 | 7.2 |
| 为了自身的社会地位 | 8.9 | 16.6 | 7.5 | 8.5 |
| 为了对社会多做贡献 | 11.4 | 13.7 | 11.7 | 6.0 |
| 为了保住现在的工作 | 5.4 | 6.5 | 4.6 | 9.6 |
| 为了得到更多的晋升机会 | 11.2 | 13.7 | 10.8 | 9.8 |
| 啥都不为，我就愿意努力工作 | 5.2 | 2.7 | 6.1 | 2.4 |

收入是人才激励的重要内容，不同地区党政人才收入呈现较大差异，如表6－27所示。党政人才的收入，从东部到西部地区呈递减趋势，党政人才的这种收入差距与地区间的经济发达程度有关。因此，政府应该努力缩小这种差距。

表 6-27　东、中、西部被调查者（党政人才）收入比较　　单位：%

| 收入档次 / 比例 / 地区 | 3 万元以下 | 3 万元~6 万元 | 6 万元~10 万元 | 10 万元以上 |
|---|---|---|---|---|
| 东部地区 | 14.6 | 23.2 | 39.3 | 22.9 |
| 中部地区 | 28.8 | 40.9 | 20.1 | 10.2 |
| 西部地区 | 48.7 | 30.4 | 16.5 | 4.4 |

5. 党政人才的流动

影响人才流动的因素很复杂，本问卷主要从人才流动的经济环境、个人收益、自然环境、制度因素等方面设计了相关问题，调研结果如表 6-28 所示。

表 6-28　东、中、西部党政人才流动相关指标的认同程度　　单位：%

| 指标 | 认同倾向 | | | 否定倾向 | | | 均值 |
|---|---|---|---|---|---|---|---|
| | 非常同意 | 同意 | 小计 | 不同意 | 非常不同意 | 小计 | |
| 1. 如果党政人才能在全国范围内自由流动，则我省能够留下更多的人才（$X_{34}$） | 12.9 | 44.0 | 56.9 | 13.7 | 1.7 | 15.4 | 3.53 |
| 2. 经济发展水平高低是党政机关能否吸引优秀人才的重要因素（$X_{35}$） | 19.5 | 59.6 | 79.1 | 5.7 | 1.1 | 6.8 | 3.91 |
| 3. 城市化水平高低对吸引人才有很大影响（$X_{36}$） | 21.9 | 61.0 | 82.9 | 4.0 | 0.3 | 4.3 | 4.00 |
| 4. 良好的科技平台对党政机关吸引高素质专业技术人员很重要（$X_{37}$） | 21.9 | 60.3 | 82.2 | 3.0 | 0.2 | 3.2 | 4.01 |
| 5. 即使我想离开本单位，也有很多制度方面的限制，离开现在的单位所付出的代价会更高（$X_{38}$） | 10.0 | 49.2 | 59.2 | 12.8 | 0.9 | 13.7 | 3.53 |
| 6. 人才更愿意流向市场化程度高的地区（$X_{39}$） | 19.2 | 60.9 | 80.1 | 3.2 | 0.5 | 3.7 | 3.95 |
| 7. 我的工作比较稳定，目前的所得在我所在地区是较高的，我的工作是令人羡慕的（$X_{40}$） | 11.5 | 70.2 | 81.7 | 3.3 | 0.8 | 4.1 | 3.88 |
| 8. 只有提高现有人才的待遇，才能吸引更多的人才来我省（$X_{41}$） | 24.1 | 60.0 | 84.1 | 2.9 | 0.3 | 3.2 | 4.05 |
| 9. 在机关工作，社会地位较高，与企业相比福利较好（$X_{42}$） | 7.6 | 48.6 | 56.2 | 14.6 | 1.3 | 15.9 | 3.47 |
| 10. 我认为当地"官本位"文化很浓（$X_{43}$） | 11.7 | 46.8 | 58.5 | 11.6 | 1.6 | 13.2 | 3.55 |
| 11. 我认为当地政府服务效率很高（$X_{44}$） | 4.3 | 25.5 | 29.8 | 24.9 | 5.4 | 30.3 | 2.98 |

东、中、西部党政人才都高度认同经济发展水平和人才待遇高低是影响人才流动的重要因素，相关指标的认同度高达80%。

分组分析结果如表6－29所示。

**表6－29 人才流动各项指标的分组比较分析** 单位:%

| 地区＼变量 | $X_{34}$ | $X_{35}$ | $X_{36}$ | $X_{37}$ | $X_{38}$ | $X_{39}$ | $X_{40}$ | $X_{41}$ | $X_{42}$ | $X_{43}$ | $X_{44}$ |
|---|---|---|---|---|---|---|---|---|---|---|---|
| 东部地区 | 3.57 | 3.78 | 3.51 | 4.09 | 3.86 | 3.89 | 3.88 | 4.00 | 3.18 | 3.21 | 3.19 |
| 中部地区 | 3.45 | 3.78 | 3.57 | 3.95 | 4.00 | 3.90 | 4.10 | 3.97 | 2.73 | 3.63 | 2.96 |
| 西部地区 | 3.28 | 3.69 | 3.38 | 3.78 | 3.91 | 3.73 | 3.93 | 3.85 | 2.82 | 3.46 | 2.90 |
| 总体得分 | 3.48 | 3.75 | 3.52 | 3.96 | 3.90 | 3.86 | 3.91 | 3.92 | 3.00 | 3.41 | 3.01 |
| P值 | 0.047 | 0.634 | 0.081 | 0.027 | 0.247 | 0.146 | 0.010 | 0.427 | 0.001 | 0.001 | 0.043 |

东、中、西部差异主要体现在以下两个方面：

（1）在对市场化、科技平台、待遇等因素吸引人才的看法上，东部显著高于中西部，而且从东、中到西部呈递减趋势。

（2）在政府的服务效率上，中西部明显低于东部，所以，东部人才的满意程度相对中西部要高。

此外，在“官本位”文化的认可上，东部地区得分显著低于中西部地区，说明东部地区的改革开放进程更深入。通过对“官本位”和“服务效率”这两个变量的斯皮尔曼相关系数分析发现，这两个变量得分上存在显著的负相关关系，说明政府官本位越浓，服务效率越差，因此，提高中西部地区政府服务效率，转变政府部门官本位意识对中西部地区人才建设更为迫切。

6. 党政人才的环境与择业取向

（1）人才环境问题。问卷设计了“就改善人才环境而言，您觉得下列因素中哪一项最为重要?”的问题，结果如表6－30所示。总体上，首选项是“制定一套选拔、培养人才的有效机制，让有真才实学的人才能看到自己今后发展的希望前景”，其所占比例最大，为33.1%；其次是“制定一系列吸引、稳定人才的优惠政策，提高人才的待遇”，占25.3%；第三是“培育、发展好一大批有实力的企业、高校和科研机构，让人才有一个能更好发挥作用的平台”占22.6%。这表明党政人才最看重的环境是人才发展前景。

在重要因素排名上，各地区间存在差异。东部地区排在第一位的是“培育、发展好一大批有实力的企业、高校和科研机构，让人才有一个能更好发挥作用的平台”，而中西部地区则是“制定一系列吸引、稳定人才的优惠政策，提高人才的待遇”。可见，东部地区更看重人才发展问题，即能力平台的建设，而中西部地区则更关注人才生存问题，即吸引人才的政策和待遇。

**表 6-30 东、中、西部党政人才对人才环境最重要因素的认知** 单位:%

| 最重要因素选项＼比例＼地区 | 东部 | 中部 | 西部 | 总计 |
|---|---|---|---|---|
| 制定一系列吸引、稳定人才的优惠政策，提高人才的待遇 | 21.6 | 25.9 | 26.6 | 25.3 |
| 培育、发展好一大批有实力的企业、高校和科研机构，让人才有一个能更好发挥作用的平台 | 28.8 | 21.7 | 21.3 | 22.6 |
| 在全社会营造一种尊重知识、尊重人才的良好氛围 | 18.0 | 19.2 | 19.2 | 19.0 |
| 制定一套选拔、培养人才的有效机制，让有真才实学的人才能看到自己今后发展的希望前景 | 31.6 | 33.3 | 33.0 | 33.1 |

（2）重新择业时的价值取向问题。不同地区党政人才重新择业时优先考虑因素的排序情况，如表 6-31 所示。从表中可知，东、西部地区党政人才把“单位未来的发展前景”排在第一位，而中部地区把它列入第二位考虑因素。中部地区把“能否发挥好个人的作用，实现自身的价值”排在第一位，而西部地区将它列为第二位，东部地区把其列为第三位。东部地区把“能否遇到一个开明的领导”列为重新择业时第二考虑因素，而中西部地区仅仅将它列为第七位。而对于中、西部较为看重的“单位的性质”因素，东部地区党政人才仅将其列为第七位；对于“自己的收入状况”，东、中、西部地区分别将其列为第四、六、八位的因素。

**表 6-31 东、中、西部（党政人才）重新择业时考虑因素重要性排序**

| 考虑因素选项＼重要性排序＼地区 | 党政人才 | 东部地区 | 中部地区 | 西部地区 |
|---|---|---|---|---|
| 单位未来的发展前景 | 1 | 1 | 2 | 1 |
| 能否发挥好个人的作用，实现自身的价值 | 2 | 3 | 1 | 2 |
| 单位的性质 | 3 | 7 | 3 | 4 |
| 自己的工作岗位 | 4 | 8 | 5 | 3 |
| 单位现在的效益 | 5 | 10 | 4 | 6 |
| 自己的收入状况 | 6 | 4 | 6 | 8 |
| 能否遇到一个开明的领导 | 7 | 2 | 7 | 7 |
| 能否安置好家庭成员的就业就学等问题 | 8 | 5 | 9 | 5 |
| 能否有一个自己满意的工作团队 | 9 | 9 | 8 | 9 |
| 单位的地理位置 | 10 | 6 | 10 | 10 |

而当对“如果您有机会重新选择，您更愿意在以下哪类单位中工作”的问题进行调查时，如表6－32所示。结果发现，党政人才如果重新选择工作单位时，首选依然是党政机关，其次是企业，再次是自己创业。在这个问题的选择上，东、中、西部基本没有差异。

**表6－32　东、中、西部（党政人才）重新择业时选择单位情况**　　单位：%

| 地区<br>比例<br>选择单位 | 党政人才 | 东部地区 | 中部地区 | 西部地区 |
|---|---|---|---|---|
| 党政机关 | 42.4 | 40.0 | 42.1 | 44.4 |
| 自己创业 | 12.7 | 11.8 | 13.7 | 13.0 |
| 企业 | 26.4 | 34.2 | 25.7 | 7.2 |
| 事业单位 | 9.1 | 8.2 | 8.2 | 8.8 |
| 大专院校 | 9.4 | 5.9 | 10.2 | 9.2 |

## 二、经营管理人才资源开发利用状况的比较分析

经营管理人才问卷共收回800份，其中有效问卷755份，有效率为94.4%。总体上东、中、西部分别只有73%、58.8%和45.8%的经营管理人才认为自己的能力发挥了50%以上，三地区分别仅有10.2%、8.8%和2.3%的经营管理人才认为自己的能力发挥了80%以上，如表6－33所示。这表明，经营管理人才的能力还没有得到充分的发挥。

**表6－33　东、中、西部经营管理人才自认个人能力发挥的程度**　　单位：%

| 能力发挥程度<br>地区 | 30%以下 | 30%～50% | 50%～80% | 80%以上 |
|---|---|---|---|---|
| 东部地区 | 5.6 | 21.4 | 62.8 | 10.2 |
| 中部地区 | 14.6 | 26.6 | 50.0 | 8.8 |
| 西部地区 | 23.1 | 31.1 | 43.5 | 2.3 |

1. 经营管理人才的引进和选拔

在人才引进和选拔方面，问卷共设计了9个指标，调查结果如表6－34所示。

表 6-34 经营管理人才对人才引进和选拔相关指标的认同度 单位:%

| 指标 | 认同倾向 | | | 否定倾向 | | | 均值 |
|---|---|---|---|---|---|---|---|
| | 非常同意 | 同意 | 小计 | 不同意 | 非常不同意 | 小计 | |
| 1. 企业经营管理人才应在本企业，至少应在本系统内选拔（$X_1$） | 13.0 | 60.3 | 73.3 | 13.9 | 4.5 | 18.4 | 3.63 |
| 2. 面向社会选拔经营管理人才是经营管理人才选拔方式的一种进步（$X_2$） | 23.4 | 64.3 | 87.7 | 4.7 | 0.2 | 4.9 | 4.06 |
| 3. 现代企业制度为更好地选拔企业经营管理人才创造了有利的条件（$X_3$） | 26.0 | 42.8 | 68.8 | 0.7 | 1.5 | 2.2 | 3.94 |
| 4. 当地政府已经实现了从“管理型”到“服务型”的转变（$X_4$） | 4.5 | 33.1 | 37.6 | 29.3 | 12.1 | 41.4 | 2.89 |
| 5. 引进或留住一批有实力的企业，才能引进更多的企业经营人才（$X_5$） | 17.0 | 63.1 | 80.1 | 9.0 | 0.2 | 9.2 | 3.88 |
| 6. 提高现有人才的待遇，能吸引更多的人才来我省（$X_6$） | 17.7 | 66.4 | 84.1 | 8.3 | 7.6 | 15.9 | 3.78 |
| 7. 基础设施的改善，对企业经营非常有利（$X_7$） | 25.8 | 49.2 | 75.0 | 8.0 | 0.5 | 8.5 | 3.92 |
| 8. 外省的经营管理人才能否来我省，很大程度上取决于我省的文化是否会“排外”（$X_8$） | 0.2 | 22.9 | 23.1 | 21.7 | 10.2 | 31.9 | 2.81 |
| 9. 经济发展水平高低是企业能否吸引经营管理人才的重要因素（$X_9$） | 24.6 | 35.7 | 60.3 | 14.4 | 0.2 | 14.6 | 3.70 |
| 10. 国有企业经营管理人才的选拔不再是少数人说了算（$X_{10}$） | 8.7 | 25.3 | 34.0 | 27.0 | 4.3 | 31.3 | 3.07 |
| 11. 良好的科技平台对企业吸引高素质经营管理人才很重要（$X_{11}$） | 9.0 | 87.0 | 96.0 | 1.0 | 0.5 | 1.5 | 4.04 |

由表 6-34 可知，认同“良好的科技平台对企业吸引高素质经营管理人才很重要（$X_{11}$）”的比重最高，达到 96%，认同“面向社会选拔经营管理人才是经营管理人才选拔方式的一种进步（$X_2$）”、“提高现有人才的待遇，能吸引更多的人才来我省（$X_6$）”、“引进或留住一批有实力的企业，才能引进更多的企业经营人才（$X_5$）”的比重分别达到 87.7%、84.1% 和 80.1%。

而认同“外省的经营管理人才能否来我省，很大程度上取决于我省的文化是否会‘排外’（$X_8$）”、“国有企业经营管理人才的选拔不再是少数人说了算（$X_{10}$）”的比重最低，分别只有 23.1% 和 34%。

由上可知，良好的科技平台、面向社会的选拔机制、提高人才待遇水平、发展有实力的企业等都有利于经营管理人才的引进；相反，经济发展水平并没有成为影响人才引进的重要因素。因此，打造良好的科技平台、健全面向社会的经营管理人才选拔机制对于引进、留住经营管理人才有着非常重要的意义。

不同地区分组分析结果如表6-35所示。总体看来，在经营管理人才的引进与选拔方面，东、中、西部经营管理人才对大多数问题的认知度相近，没有明显差异。

表6-35 人才引进与选拔各项的分组比较

| 变量<br>地区 | $X_1$ | $X_2$ | $X_3$ | $X_4$ | $X_5$ | $X_6$ | $X_7$ | $X_8$ | $X_9$ | $X_{10}$ | $X_{11}$ |
|---|---|---|---|---|---|---|---|---|---|---|---|
| 东部地区 | 3.83 | 4.12 | 4.09 | 2.74 | 3.91 | 4.13 | 4.22 | 3.00 | 3.96 | 2.73 | 3.93 |
| 中部地区 | 3.89 | 3.89 | 3.58 | 2.93 | 3.80 | 2.78 | 3.69 | 2.18 | 3.89 | 3.47 | 4.21 |
| 西部地区 | 4.00 | 4.14 | 4.43 | 2.57 | 4.43 | 4.43 | 4.14 | 3.14 | 4.14 | 3.14 | 4.29 |
| 总体得分 | 3.63 | 4.06 | 3.94 | 2.89 | 3.88 | 3.78 | 3.92 | 2.81 | 3.70 | 3.07 | 4.04 |
| P值 | 0.040 | 0.659 | 0.309 | 0.138 | 0.307 | 0.502 | 0.560 | 0.416 | 0.514 | 0.323 | 0.032 |

在对"企业经营管理人才应在本企业，至少应在本系统内选拔（$X_1$）"的选择上，东部地区显著低于中部地区，中部又低于西部。说明东部地区人才的开放程度要高于中西部地区。

在对"你认为目前企业最紧缺的人才"的选择上，由表6-36可知，东、中、西部地区都认为最缺的是技术型人才（包括专业技术领军人才和高技能型人才）。所以，《规划纲要》提出要"以技师和高级技师为重点，形成一支门类齐全、技艺精湛的高技能人才队伍"是有现实根据的。

表6-36 经营管理人才认为目前最紧缺的人才　　单位:%

| 最紧缺人才 | 技术人才 |
|---|---|
| 东部地区 | 54.17 |
| 中部地区 | 47.88 |
| 西部地区 | 91.40 |

在对"平时最担心的问题"的选择上，东、中、西部经营管理人才都担心"企业效益滑坡"，如表6-37所示。但东部最担心"职工队伍不稳定"，中西部

最担心“政府政策多变”。说明中西部地区经营管理人才感受到了政策有利于企业经营，同时对政策稳定又信心不足。

表 6-37 东、中、西部经营管理人才平时最担心的问题比较 单位:%

| 平时最担心的问题 / 比例 / 地区 | 职工队伍不稳定 | 生产安全出问题 | 企业效益滑坡 | 政策多变 | 其他 |
|---|---|---|---|---|---|
| 东部地区 | 30.3 | 16.1 | 29.6 | 23.0 | 1.0 |
| 中部地区 | 18.9 | 11.5 | 38.3 | 30.7 | 0.6 |
| 西部地区 | 10.8 | 5.5 | 42.1 | 36.1 | 5.5 |

2. 经营管理人才的使用

经营管理人才的使用主要从工作的愉悦性、挑战性和自主性三个方面进行，有9个指标。其中工作的愉悦性包括 $X_{12}$ ~ $X_{14}$ 3 个指标，工作的挑战性包括 $X_{15}$ ~ $X_{17}$ 3 个指标，工作的自主性共包括 $X_{18}$ ~ $X_{20}$ 3 个指标。如表 6-38 所示。

表 6-38 经营管理人才对人才使用相关指标的认同程度

| 指标 | 认同倾向 | | | 否定倾向 | | | 均值 |
|---|---|---|---|---|---|---|---|
| | 非常同意 | 同意 | 小计 | 不同意 | 非常不同意 | 小计 | |
| 1. 我觉得我完全胜任我这个工作岗位（$X_{12}$） | 10.6 | 63.8 | 74.4 | 10.5 | 0.9 | 11.4 | 3.85 |
| 2. 我非常愿意从事现在的工作（$X_{13}$） | 1.9 | 72.3 | 74.2 | 7.3 | 2.1 | 9.4 | 3.69 |
| 3. 我舍不得离开我工作的这个集体（$X_{14}$） | 8.5 | 59.8 | 68.3 | 8.7 | 0.8 | 9.5 | 3.68 |
| 4. 完善的公司治理结构有利于发挥好自己的作用（$X_{15}$） | 27.9 | 65.0 | 92.9 | 6.5 | 0.9 | 7.4 | 4.21 |
| 5. 我现在的工作非常具有挑战性（$X_{16}$） | 30.3 | 33.3 | 63.6 | 11.6 | 2.6 | 14.2 | 3.62 |
| 6. 在现有的岗位上，能充分发挥我的能力（$X_{17}$） | 3.8 | 56.5 | 60.3 | 11.6 | 3.3 | 14.9 | 3.46 |
| 7. 我不需要把过多精力放在与政府关系的协调上（$X_{18}$） | 44.4 | 24.6 | 69.0 | 15.7 | 3.3 | 19.0 | 3.11 |
| 8. 我目前的工作责任和工作权力是对称的（$X_{19}$） | 8.5 | 47.8 | 56.3 | 12.5 | 3.6 | 16.1 | 3.52 |
| 9. 本地区市场化程度越高，越有利于我经营管理工作的开展（$X_{20}$） | 12.1 | 52.0 | 64.1 | 14.2 | 2.8 | 17.0 | 3.62 |

总体看来，经营管理人才对工作愉悦性、挑战性和自主性方面的认同程度均不算高。在所有选项中，只有“完善的公司治理结构有利于发挥好自己的作用（$X_{15}$）”的认同度达到92.9%，为最高。而对“我现在的工作非常具有挑战性（$X_{16}$）”，“在现有的岗位上，能充分发挥我的能力（$X_{17}$）”的认同度仅分别为63.6%和60.3%，这说明，经营管理人才感觉工作的挑战性和自主性还不够高，人才能力发挥的空间还很大。对“我目前的工作责任和工作权力是对称的（$X_{19}$）”的认同度最低，只有56.3%。

不同地区的分组情况如表6－39所示。

**表6－39　东、中、西部经营管理人才使用各项的分组比较**

| 地区＼变量 | $X_{12}$ | $X_{13}$ | $X_{14}$ | $X_{15}$ | $X_{16}$ | $X_{17}$ | $X_{18}$ | $X_{19}$ | $X_{20}$ |
|---|---|---|---|---|---|---|---|---|---|
| 东部地区 | 4.02 | 3.55 | 3.76 | 4.42 | 3.78 | 3.38 | 2.98 | 3.55 | 3.47 |
| 中部地区 | 3.86 | 3.89 | 3.65 | 4.00 | 3.58 | 3.51 | 3.27 | 3.82 | 3.82 |
| 西部地区 | 3.29 | 2.86 | 3.57 | 4.86 | 4.14 | 3.00 | 4.14 | 3.57 | 4.00 |
| 总体得分 | 3.85 | 3.69 | 3.68 | 4.21 | 3.62 | 3.46 | 3.11 | 3.52 | 3.62 |
| P值 | 0.033 | 0.049 | 0.016 | 0.049 | 0.699 | 0.128 | 0.069 | 0.075 | 0.040 |

结果表明，工作愉悦性各项指标得分呈现东、中、西部地区从高到低排列，说明东部地区经营管理人才工作愉悦性高于中西部地区，特别是在“我舍不得离开我工作的这个集体（$X_{14}$）”指标上东部地区显著高于中西部，反映了东部地区人才集体感更强，东部地区有更好的平台。

3. 经营管理人才的培养

经营管理人才对人才培养的认知程度如表6－40所示。从表中可知，经营管理人才对“加强各企业经营管理者之间的沟通和交流可以提高我的工作能力（$X_{24}$）”和“对企业经营人才来说，在实践中学习比到大学接受培训更重要（$X_{23}$）”的认同度最高，分别为84.6%和82.5%，表明绝大多数经营管理人才对岗位实践中培养人才的方式持明显的欢迎态度。

不同地区的分组比较如表6－41所示。

总体来看，在对通过实践环节来提高领导能力的选项上，中西部得分均高于东部，这说明，东部地区培养人才的渠道可能比中西部更多，因而在该类选项上得分不高。同时，结果还表明，在经理人市场的培育上，中西部明显落后于东部，因而，中西部会将经理人市场的不完善当成是一个障碍。

**表 6－40　经营管理人才对人才培养相关指标的认同程度**　　单位:%

| 指　　标 | 认同倾向 | | | 否定倾向 | | | 均值 |
|---|---|---|---|---|---|---|---|
| | 非常同意 | 同意 | 小计 | 不同意 | 非常不同意 | 小计 | |
| 1. 在企业经营管理岗位上工作，可以锻炼自己各方面的能力（$X_{21}$） | 20.3 | 56.0 | 76.3 | 8.5 | 3.2 | 11.7 | 3.97 |
| 2. 政府大力促进学习型社会的形成对于企业经营管理人才的成长非常重要（$X_{22}$） | 10.4 | 53.7 | 64.1 | 5.0 | 2.5 | 7.5 | 3.74 |
| 3. 对企业经营人才来说，在实践中学习比到大学接受培训更重要（$X_{23}$） | 28.8 | 53.7 | 82.5 | 3.5 | 6.1 | 9.6 | 3.96 |
| 4. 加强各企业经营管理者之间的沟通和交流可以提高我的工作能力（$X_{24}$） | 23.4 | 61.2 | 84.6 | 3.1 | 3.1 | 6.2 | 3.99 |
| 5. 经营人才到经济更发达地区的企业进行交流培训有利于未来企业经营者的成长（$X_{25}$） | 22.7 | 55.3 | 78.0 | 6.4 | 2.0 | 8.4 | 3.94 |
| 6. 大多数情况下，我只能通过自学来实现自身能力的提高（$X_{26}$） | 3.3 | 39.7 | 43.0 | 30.5 | 1.5 | 32.0 | 3.16 |
| 7. 经理人市场不完善对我省培育企业经营管理人才来说，是一个很大的障碍（$X_{27}$） | 8.3 | 47.0 | 55.3 | 24.3 | 3.1 | 27.4 | 3.33 |
| 8. "官本位"文化对企业经营人才的选拔和培养非常不利（$X_{28}$） | 7.6 | 36.6 | 44.2 | 6.6 | 7.6 | 14.2 | 3.30 |

**表 6－41　东、中、西部经营管理人才培养各项的分组比较**

| 变量／地区 | $X_{21}$ | $X_{22}$ | $X_{23}$ | $X_{24}$ | $X_{25}$ | $X_{26}$ | $X_{27}$ | $X_{28}$ |
|---|---|---|---|---|---|---|---|---|
| 东部地区 | 3.94 | 3.79 | 3.68 | 3.63 | 3.65 | 3.03 | 3.02 | 3.58 |
| 中部地区 | 3.91 | 3.64 | 4.11 | 4.45 | 4.59 | 3.25 | 3.75 | 2.89 |
| 西部地区 | 4.86 | 3.86 | 4.71 | 4.43 | 5.00 | 3.43 | 4.14 | 3.71 |
| 总体得分 | 3.97 | 3.74 | 3.96 | 3.99 | 3.94 | 3.16 | 3.33 | 3.30 |
| P 值 | 0.002 | 0.203 | 0.026 | 0.039 | 0.025 | 0.028 | 0.036 | 0.175 |

不同地区经营者年龄分布情况如表6－42所示。结果表明：不同地区间企业经营管理人才的年龄段分布有所不同。体现在：一是从东部到西部企业经营者年龄集中的区段呈上升的趋势，东部地区集中在25～35岁，而中西部集中在36～45岁；二是56岁以上的经营者在企业中的比重从东部到西部逐步提高；三是25岁及以下经营者所占比重从东部到西部逐渐降低。这说明东部地区企业人才比中西部更趋向于年轻化，同时也说明，东部地区的发展环境更有利于年轻人才成长。

**表6－42　东、中、西部被调查（经营管理人才）年龄比较**　　单位：%

| 年龄段 / 比例 / 地区 | 25岁及以下 | 26～35岁 | 36～45岁 | 46－55岁 | 56岁以上 |
|---|---|---|---|---|---|
| 东部地区 | 20.7 | 33.0 | 28.1 | 14.1 | 4.1 |
| 中部地区 | 15.6 | 23.4 | 35.5 | 17.3 | 8.2 |
| 西部地区 | 12.5 | 20.7 | 30.1 | 25.5 | 11.2 |

4. 经营管理人才的考核与晋升

经营管理人才的考核与晋升认同情况如表6－43所示。总体来看，这个群体对考核与晋升的认同程度比较低，最高的选项“我单位的选拔和晋升机制能保证有能力的人得到重用（$X_{30}$）”认同度最高，也只有76.1%；“相对物质奖励，我更看重精神奖励（$X_{32}$）”认同倾向最低，仅为32.6%，表明大多数经营管理人才还是更注重物质激励，这与我国市场经济初级阶段的现状是相符合的。

**表6－43　经营管理人才对人才考核与晋升相关指标的认同程度**　　单位：%

| 指　标 | 认同倾向 | | | 否定倾向 | | | 均值 |
|---|---|---|---|---|---|---|---|
| | 非常同意 | 同意 | 小计 | 不同意 | 非常不同意 | 小计 | |
| 1. 我非常在意单位绩效考核是否公平（$X_{29}$） | 14.2 | 27.7 | 41.9 | 17.5 | 7.1 | 24.6 | 3.24 |
| 2. 我单位的选拔和晋升机制能保证有能力的人得到重用（$X_{30}$） | 32.1 | 44.0 | 76.1 | 9.6 | 7.3 | 16.9 | 3.14 |
| 3. 我认为我所获得的报酬与所付出的代价基本相符（$X_{31}$） | 6.4 | 42.8 | 49.2 | 15.4 | 7.1 | 22.5 | 3.26 |

续表

| 指　　标 | 认同倾向 | | | 否定倾向 | | | 均值 |
|---|---|---|---|---|---|---|---|
| | 非常同意 | 同意 | 小计 | 不同意 | 非常不同意 | 小计 | |
| 4. 相对物质奖励，我更看重精神奖励（$X_{32}$） | 8.7 | 23.9 | 32.6 | 18.9 | 8.0 | 26.9 | 3.06 |
| 5. 与其他地区相近的经营管理人员相比，我认为我的所得还可以（$X_{33}$） | 5.7 | 45.6 | 51.3 | 15.4 | 3.1 | 18.5 | 3.35 |
| 6. 当地政府的“官本位制”过浓（$X_{34}$） | 14.2 | 27.0 | 41.2 | 18.0 | 0.2 | 18.2 | 3.37 |
| 7. 我目前所得到的收入大于我承担的风险（$X_{35}$） | 1.2 | 47.0 | 48.2 | 25.1 | 3.5 | 28.6 | 3.24 |
| 8. 我在当地有较好的人际关系（$X_{36}$） | 2.6 | 57.9 | 60.5 | 25.5 | 6.5 | 32 | 3.38 |

不同地区间的比较如表 6－44 所示。东、中、西部对“与其他地区相近的经营管理人员相比，我认为我的所得还可以”、“当地政府的‘官本位制’过浓”、“我在当地有较好的人际关系”等问题的认同度差异都不显著，但东、中、西部呈递增趋势，这表明“官本位”思想和人际关系影响对中西部经营管理人才影响更深。此外，调查还显示，中西部人才更看重精神激励，对收入有更高满意度。

**表 6－44　东、中、西部经营管理人才考核与晋升各项的分组比较**

| 变量／地区 | $X_{29}$ | $X_{30}$ | $X_{31}$ | $X_{32}$ | $X_{33}$ | $X_{34}$ | $X_{35}$ | $X_{36}$ |
|---|---|---|---|---|---|---|---|---|
| 东部地区 | 3.53 | 3.19 | 3.45 | 2.70 | 3.32 | 3.28 | 3.20 | 3.14 |
| 中部地区 | 2.71 | 2.92 | 2.74 | 3.58 | 3.70 | 3.99 | 3.47 | 3.46 |
| 西部地区 | 4.14 | 4.14 | 4.43 | 3.00 | 3.14 | 4.43 | 3.43 | 4.29 |
| 总体得分 | 3.24 | 3.14 | 3.26 | 3.06 | 3.35 | 3.37 | 3.24 | 3.38 |
| P 值 | 0.022 | 0.003 | 0.026 | 0.046 | 0.225 | 0.483 | 0.036 | 0.575 |

5. 经营管理人才的流动

人才流动的指标共有 10 项，其中前 7 项是属于环境因素，后 3 项属于个体因素。调查结果如表 6－45 所示。

表 6－45 经营管理人才对人才流动相关指标的认同程度 单位:%

| 指　　标 | 认同倾向 | | | 否定倾向 | | | 均值 |
|---|---|---|---|---|---|---|---|
| | 非常同意 | 同意 | 小计 | 不同意 | 非常不同意 | 小计 | |
| 1. 只要我地区经济发展的势头良好，即使条件艰苦，我也愿意在本地区努力工作（$X_{37}$） | 5.9 | 32.6 | 38.5 | 26.2 | 0.2 | 26.4 | 3.18 |
| 2. 如果人才能自由流动，则我省能够留下更多的企业经营管理人才（$X_{38}$） | 25.8 | 49.9 | 75.7 | 8.0 | 5.4 | 13.4 | 3.33 |
| 3. 当地的人文、社会环境好（$X_{39}$） | 1.9 | 45.9 | 47.8 | 11.3 | 6.4 | 17.7 | 3.26 |
| 4. 我认为社会舆论对我的企业是很支持的（$X_{40}$） | 0.9 | 36.9 | 37.8 | 16.8 | 0.5 | 17.3 | 3.21 |
| 5. 在我所在的地区（或系统），外面引进的人才通常享有更高的地位（$X_{41}$） | 3.8 | 30.3 | 34.1 | 23.9 | 5.4 | 29.3 | 3.03 |
| 6. 我认为当地政府服务效率很高（$X_{42}$） | 5.2 | 25.8 | 31.0 | 20.8 | 0.7 | 21.5 | 3.14 |
| 7. 政府有些部门在行政过程中存在的不作为行为，让我们感到经营企业很难（$X_{43}$） | 34.2 | 41.6 | 75.8 | 13.5 | 3.3 | 16.8 | 3.50 |
| 8. 如果有机会，我还是想离开现在的企业（$X_{44}$） | 8.0 | 58.4 | 66.4 | 12.8 | 2.5 | 15.3 | 3.62 |
| 9. 我常常担心退休后生活水平会大幅下降（$X_{45}$） | 4.0 | 50.4 | 54.4 | 28.6 | 7.7 | 36.3 | 3.30 |
| 10. 我没有离开现在企业的主要原因是我离开的代价太高（$X_{46}$） | 0.7 | 53.2 | 53.9 | 22.2 | 3.3 | 25.5 | 3.26 |

经营管理人才对“如果人才能自由流动，则我省能够留下更多的企业经营管理人才（$X_{38}$）”和“政府有些部门在行政过程中存在的不作为行为，让我们感到经营企业很难（$X_{43}$）”认同度最高，分别为75.7%和75.8%；对“如果有机会，我还是想离开现在的企业（$X_{44}$）”认同度也较高，为66.4%，表明大多数经营管理人才对人才自由流动、政府行政效率非常关注，且认为这些因素是决定人才是否外流的重要原因。

对“我认为当地政府服务效率很高（$X_{42}$）”和“在我所在的地区（或系统），外面引进的人才通常享有更高的地位（$X_{41}$）”认同度非常低，分别为31%和34.1%，表明大多数经营管理人才对当地政府的服务效率提高有更多期盼，也认为政府没有平衡好现有人才与外来人才的关系。

不同地区分组比较情况如表6－46所示。东、中、西部对“如果人才能自由

流动，则我省能够留下更多的企业经营管理人才（$X_{38}$）”、“在我所在的地区（或系统），外面引进的人才通常享有更高的地位（$X_{41}$）”、“我认为当地政府服务效率很高（$X_{42}$）”、“我常常担心退休后生活水平会大幅下降（$X_{45}$）”等问题的认同度没有明显差异。

**表 6-46 东、中、西部经营管理人才流动各项的分组比较**

| 变量<br>地区 | $X_{37}$ | $X_{38}$ | $X_{39}$ | $X_{40}$ | $X_{41}$ | $X_{42}$ | $X_{43}$ | $X_{44}$ | $X_{45}$ | $X_{46}$ |
|---|---|---|---|---|---|---|---|---|---|---|
| 东部地区 | 2.92 | 3.08 | 3.24 | 3.18 | 3.04 | 3.16 | 3.76 | 3.49 | 3.53 | 3.14 |
| 中部地区 | 3.49 | 3.56 | 2.83 | 3.46 | 3.08 | 2.87 | 3.31 | 4.08 | 3.30 | 3.88 |
| 西部地区 | 3.29 | 3.86 | 2.71 | 3.00 | 3.29 | 2.71 | 3.86 | 3.43 | 3.29 | 3.71 |
| 总体得分 | 3.18 | 3.33 | 3.26 | 3.21 | 3.03 | 3.14 | 3.50 | 3.62 | 3.30 | 3.26 |
| P 值 | 0.034 | 0.566 | 0.045 | 0.048 | 0.629 | 0.479 | 0.026 | 0.035 | 0.724 | 0.030 |

在“如果有机会，我还是想离开现在的企业（$X_{44}$）”和“我没有离开现在企业的主要原因是我离开的代价太高（$X_{46}$）”的认同度，中部地区显著高于东西部地区，这说明，中部地区企业经营人才的稳定性更值得关注。

而当对“如果您有机会重新选择，您更愿意在以下哪类单位中工作”的问题进行调查时，如表 6-47 所示。结果发现，经营管理人才如果重新选择工作单位时，首选依然是党政机关，其次是自己创业，再次是企业。在这个问题的选择上，东、中、西部基本没有差异。

**表 6-47 东、中、西部经营管理人才重新择业时选择单位情况** 单位:%

| 地区<br>比例<br>选择单位 | 经济管理人才 | 东部地区 | 中部地区 | 西部地区 |
|---|---|---|---|---|
| 党政机关 | 49.4 | 38.5 | 53.6 | 58.4 |
| 自己创业 | 19.9 | 25.6 | 16.7 | 11.7 |
| 企业 | 11.3 | 22.1 | 10.4 | 7.2 |
| 事业单位 | 1.7 | 0.5 | 1.6 | 3.8 |
| 大专院校 | 5.4 | 3.2 | 5.0 | 8.2 |
| 科研机构 | 4.5 | 3.3 | 2.5 | 7.0 |
| 社会团体 | 7.8 | 5.3 | 10.2 | 3.7 |

## 三、专业技术人才资源开发利用状况的比较分析

专业技术人才问卷共收回 1133 份，其中有效问卷 1097 份，有效率为 96.8%。

表 6－48 显示了三个地区人才能力发挥的情况。从表中可知，在能力发挥方面，东、中、西部分别只有 60%、46.5% 和 40.7% 的专业技术人才认为自己的能力发挥了 50% 以上，三大地区分别仅有 9.0% 和 6.1%、2.0% 的专业技术人才认为自己的能力发挥了 80% 以上，表明专业技术人才的能力还没有得到充分的发挥。

**表 6－48 东、中、西部专业技术人才自认个人能力发挥程度比较** 单位:%

| 能力发挥程度 / 比例 / 地区 | 30% 以下 | 30% ～50% | 50% ～80% | 80% 以上 |
|---|---|---|---|---|
| 东部地区 | 5.6 | 34.4 | 51.0 | 9.0 |
| 中部地区 | 15.6 | 37.9 | 40.4 | 6.1 |
| 西部地区 | 13.0 | 46.3 | 38.7 | 2.0 |

1. 专业技术人才的引进和选拔

在人才引进和选拔方面，共设有 6 个指标，调查结果如表 6－49 所示。

**表 6－49 人才引进和选拔相关指标的认同度** 单位:%

| 指标 | 认同倾向 | | | 否定倾向 | | | 均值 |
|---|---|---|---|---|---|---|---|
| | 非常同意 | 同意 | 小计 | 不同意 | 非常不同意 | 小计 | |
| 1. 在我们地区，专业技术人才是受人尊敬的（$X_1$） | 24.1 | 57.9 | 82.0 | 4.8 | 1.6 | 6.4 | 3.98 |
| 2. 提高现有专业技术人才的待遇，才能吸引更多的人才来我省（$X_2$） | 32.3 | 58.6 | 90.9 | 1.6 | 1.2 | 2.8 | 4.22 |
| 3. 在我们地区，政府有很好的人才引进政策（$X_3$） | 6.6 | 32.9 | 39.5 | 17.3 | 2.5 | 19.8 | 3.24 |
| 4. 要想引进人才，我省当务之急是要发展一批有实力的企业、高校和科研机构（$X_4$） | 24.1 | 57.0 | 81.1 | 3.2 | 0.3 | 3.5 | 4.02 |
| 5. 我们单位对专业技术人才非常重视（$X_5$） | 12.5 | 46.6 | 59.1 | 9.3 | 1.6 | 10.9 | 3.59 |

续表

| 指　　标 | 认同倾向 | | | 否定倾向 | | | 均值 |
|---|---|---|---|---|---|---|---|
| | 非常同意 | 同意 | 小计 | 不同意 | 非常不同意 | 小计 | |
| 6. 良好的科技平台对企业吸引高素质专业技术人才很重要（$X_6$） | 23.0 | 60.8 | 83.8 | 3.7 | 0.1 | 3.8 | 4.03 |

总体来看，专业技术人才认同“提高现有专业技术人才的待遇，才能吸引更多的人才来我省（$X_2$）”的比重最高，达到90.9%，认同“良好的科技平台对企业吸引高素质专业技术人才很重要（$X_6$）”、“在我们地区，专业技术人才是受人尊敬的（$X_1$）”、“要想引进人才，我省当务之急是要发展一批有实力的企业、高校和科研机构（$X_4$）”的比重分别达到83.8%、82%和81.1%；认同“在我们地区，政府有很好的人才引进政策（$X_3$）”的比重最低，只有39.5%。

由上可知，人才待遇水平、良好的科技平台、对人才的尊重、发展有实力的企业都有利于专业技术人才的引进。现有政府专业技术人才引进政策没有得到广大专业技术人才的认可。

各地区的分组比较情况如表6－50所示。

**表6－50　东、中、西部专业技术人才引进与选拔各项的分组比较**

| 变量<br>地区 | $X_1$ | $X_2$ | $X_3$ | $X_4$ | $X_5$ | $X_6$ |
|---|---|---|---|---|---|---|
| 东部地区 | 3.98 | 4.26 | 3.11 | 3.99 | 3.48 | 4.01 |
| 中部地区 | 3.89 | 4.18 | 3.46 | 4.15 | 3.69 | 4.10 |
| 西部地区 | 3.91 | 4.00 | 3.55 | 3.99 | 3.81 | 4.05 |
| 总体得分 | 3.98 | 3.24 | 4.02 | 2.89 | 3.59 | 4.03 |
| P值 | 0.052 | 0.005 | 0.354 | 0.080 | 0.003 | 0.593 |

从表6－50可知，东、中、西部在以下三个方面有一定差异：

（1）东部专业技术人才对“提高现有专业技术人才的待遇，才能吸引更多的人才来我省（$X_2$）”的认同度显著高于中西部地区，表明东部地区财富充裕，专业人才感到自己收入相对更低。相反，东部地区对“我们单位对专业技术人才非常重视（$X_5$）”的认同度显著低于中西部地区，表明东部地区对专业技术人才的重视程度比不上中西部，这可能跟东部人才数量多、流动大的情况有关。

（2）在“所在单位最紧缺的人才”问题上，表6－51显示，东、中、西部地区专业技术人才都认同最缺的是技术人才，其次是经营管理人才。但在对管理人才的稀缺程度上东部相对更高，而营销人才的稀缺程度上西部相对更高。这种情况和东、西部的产业发展紧密相关。

**表 6－51　东、中、西部专业技术人才认为目前最紧缺的人才**　单位：%

| 最紧缺人才 / 比例 / 地区 | 技术人才 | 管理人才 | 营销人才 | 其他 |
|---|---|---|---|---|
| 东部地区 | 44.5 | 29.1 | 18.2 | 8.2 |
| 中部地区 | 46.3 | 24.4 | 18.9 | 1.4 |
| 西部地区 | 52.8 | 20.5 | 20.3 | 6.4 |

（3）在“不同地区间专业技术人才进入渠道”的问题上，表 6－52 显示，无论是东部、中部还是西部，市场招聘都是专业技术人才进入单位或企业的最主要的渠道，说明在市场经济条件下，专业技术人才引进的主要渠道是市场。深入分析还可看出，通过市场招聘进入单位的比例，东部要比中西部大，说明东部地区人才市场化程度更高，这与东部地区改革开放程度更高是分不开的。

**表 6－52　东、中、西部专业技术人才进入所在岗位途径**　单位：%

| 进行途径 / 比例 / 地区 | 学校分配 | 军队复员、转业 | 系统内工作调动 | 市场招聘 | 其他 |
|---|---|---|---|---|---|
| 东部地区 | 7.8 | 4.6 | 18.2 | 56.9 | 12.5 |
| 中部地区 | 16.0 | 8.8 | 28.3 | 40.1 | 6.8 |
| 西部地区 | 17.7 | 10.8 | 30.3 | 36.6 | 4.6 |

2. 专业技术人才的使用

专业技术人才使用情况调查涉及 10 个指标，结果如表 6－53 所示。

**表 6－53　专业技术人才对人才使用相关指标的认同程度**　单位：%

| 指　　标 | 认同倾向 | | | 否定倾向 | | | 均值 |
|---|---|---|---|---|---|---|---|
| | 非常同意 | 同意 | 小计 | 不同意 | 非常不同意 | 小计 | |
| 1. 我的工作目标很明确，能在工作中找到真正的乐趣（$X_7$） | 14.0 | 42.9 | 56.9 | 11.1 | 1.2 | 12.3 | 3.57 |
| 2. 我非常愿意从事现在的工作（$X_8$） | 12.2 | 39.2 | 51.4 | 8.4 | 1.6 | 10.0 | 3.52 |
| 3. 我现在的工作岗位上能实现我的价值（$X_9$） | 7.7 | 37.4 | 45.1 | 13.7 | 1.8 | 15.5 | 3.48 |
| 4. 我完全胜任我目前的工作岗位，在日常工作中，我能很轻松地完成各项任务（$X_{10}$） | 13.6 | 56.8 | 70.4 | 8.6 | 0.1 | 8.7 | 3.75 |

续表

| 指　　标 | 认同倾向 | | | 否定倾向 | | | 均值 |
|---|---|---|---|---|---|---|---|
| | 非常同意 | 同意 | 小计 | 不同意 | 非常不同意 | 小计 | |
| 5. 我现在的工作具有挑战性（$X_{11}$） | 7.4 | 40.0 | 47.4 | 17.5 | 1.2 | 18.7 | 3.35 |
| 6. 我在本单位能充分发挥自身能力（$X_{12}$） | 5.2 | 40.4 | 45.6 | 20.8 | 1.9 | 22.7 | 3.26 |
| 7. 单位对我的研究（或开发）工作给予充足的经费支持（$X_{13}$） | 3.8 | 30.4 | 34.2 | 15.9 | 6.2 | 22.1 | 3.10 |
| 8. 在我们单位，专业技术人员与管理人员地位平等（$X_{14}$） | 7.3 | 32.6 | 39.9 | 25.5 | 7.5 | 33.0 | 3.07 |
| 9. 在单位我不需要花费精力应付日常杂务（$X_{15}$） | 6.2 | 31.0 | 37.2 | 28.6 | 7.4 | 36.0 | 3.00 |
| 10. 单位内部的管理服务很到位，使我能专心从事本职工作（$X_{16}$） | 9.2 | 34.7 | 43.9 | 19.6 | 5.3 | 24.9 | 3.23 |

总体来看，专业技术人才在这个方向的认同程度并不高，最高的选项“我完全胜任我目前的工作岗位，在日常工作中，我能很轻松地完成各项任务（$X_{10}$）”的认同度也只有70.4%。最低的选项“单位对我的研究（或开发）工作给予充足的经费支持（$X_{13}$）”的认同度只有34.2%。

不同地区分组比较情况如表6－54所示。

**表6－54　东、中、西部人才使用各项的分组比较**

| 变量 / 地区 | $X_7$ | $X_8$ | $X_9$ | $X_{10}$ | $X_{11}$ | $X_{12}$ | $X_{13}$ | $X_{14}$ | $X_{15}$ | $X_{16}$ |
|---|---|---|---|---|---|---|---|---|---|---|
| 东部地区 | 3.57 | 3.48 | 3.52 | 3.73 | 3.34 | 3.20 | 3.00 | 3.04 | 2.87 | 3.09 |
| 中部地区 | 3.82 | 3.56 | 3.48 | 3.80 | 3.46 | 3.31 | 3.16 | 3.25 | 3.09 | 3.42 |
| 西部地区 | 3.35 | 3.67 | 3.47 | 3.79 | 3.31 | 3.67 | 3.41 | 3.15 | 3.60 | 3.74 |
| 总体得分 | 3.57 | 3.52 | 3.48 | 3.75 | 3.35 | 3.26 | 3.12 | 3.07 | 3.00 | 3.23 |
| P值 | 0.051 | 0.287 | 0.914 | 0.808 | 0.320 | 0.048 | 0.002 | 0.026 | 0.001 | 0.030 |

总体来看，东、中、西部地区在这些项目的选择上没有明显差异，但在“单位对我的研究（或开发）工作给予充足的经费支持（$X_{13}$）”、“在我们单位，专业技术人员与管理人员地位平等（$X_{14}$）”和“单位内部的管理服务很到位，使

我能专心从事本职工作（$X_{16}$）”等问题上，东部地区得分显著低于中西部。说明中西部地区对专业技术人才更加重视。

3. 专业技术人才的培养

专业技术人才对人才培养的认同情况如表 6－55 所示。

表 6－55 专业技术人才对人才培养相关指标的认同程度 单位：%

| 指标 | 认同倾向 | | | 否定倾向 | | | 均值 |
|---|---|---|---|---|---|---|---|
| | 非常同意 | 同意 | 小计 | 不同意 | 非常不同意 | 小计 | |
| 1. 我的直接上级很关心、支持我的工作（$X_{17}$） | 6.8 | 50.1 | 56.9 | 6.8 | 2.5 | 9.3 | 3.62 |
| 2. 我个人在单位的发展前景很明朗（$X_{18}$） | 6.6 | 33.4 | 40.0 | 13.6 | 1.5 | 15.1 | 3.30 |
| 3. 我们单位有很好的人才发展规划（$X_{19}$） | 4.5 | 40.7 | 45.2 | 13.7 | 2.3 | 16.0 | 3.31 |
| 4. 我单位很重视专业技术人才（$X_{20}$） | 8.9 | 42.7 | 51.6 | 10.8 | 1.6 | 12.4 | 3.46 |
| 5. 我单位有明确的人才培养计划（$X_{21}$） | 6.6 | 39.1 | 45.7 | 21.6 | 0.8 | 22.4 | 3.29 |
| 6. 我单位有良好的学习、学术氛围（$X_{22}$） | 9.3 | 38.3 | 47.6 | 12.6 | 1.6 | 14.2 | 3.41 |
| 7. 对专业技术人才来说，在实践中学习比到大学接受正规培训重要得多（$X_{23}$） | 19.5 | 52.7 | 72.2 | 9.2 | 1.2 | 10.4 | 3.80 |
| 8. 将有培养潜力的专业技术人才外送参加业内的经验、技术交流有利于专业技术人才的培养（$X_{24}$） | 29.0 | 56.4 | 85.4 | 1.2 | 0.4 | 1.6 | 4.12 |
| 9. 政府大力促进学习型社会的形成对于专业技术人才的成长非常重要（$X_{25}$） | 25.1 | 57.4 | 82.5 | 3.8 | 0.5 | 4.3 | 4.03 |
| 10. 与提供良好的硬件设施相比，单位是否有重视人才培养的良好氛围对我来说更重要（$X_{26}$） | 19.0 | 56.2 | 75.2 | 4.0 | 1.1 | 5.1 | 3.88 |
| 11. 缺乏正规的学习培训机会是我能力难以进一步提高的主要原因（$X_{27}$） | 11.8 | 44.0 | 55.8 | 13.6 | 2.2 | 15.8 | 3.50 |

总体来看，专业技术人才对“将有培养潜力的专业技术人才外送参加业内的经验、技术交流有利于专业技术人才的培养（$X_{24}$）”和“政府大力促进学习型社会的形成对于专业技术人才的成长非常重要（$X_{25}$）”的认同度很高，分别为 85.4% 和 82.5%；对“对专业技术人才来说，在实践中学习比到大学接受正规培训重要得多（$X_{23}$）”和“与提供良好的硬件设施相比，单位是否有重视人才培养的良好氛围对我来说更重要（$X_{26}$）”的认同度也超过 70%。表明绝大多数

专业技术人才对岗位实践和改革人才培养方式持积极态度。

不同地区的分组比较情况如表6－56所示。分组比较情况显示，东、中、西地区之间没有明显差异。但其中有一个重要信息是，$X_{24}$、$X_{25}$即外送培训与学习型社会的形成的分值是三个地区最高的，这说明，在专业技术人才队伍里，学习问题已经得到高度关注。

**表6－56　东、中、西部专业技术人才对人才培养各项的分组比较**

| 变量<br>地区 | $X_{17}$ | $X_{18}$ | $X_{19}$ | $X_{20}$ | $X_{21}$ | $X_{22}$ | $X_{23}$ | $X_{24}$ | $X_{25}$ | $X_{26}$ | $X_{27}$ |
|---|---|---|---|---|---|---|---|---|---|---|---|
| 东部地区 | 3.34 | 3.23 | 3.23 | 3.41 | 3.24 | 3.44 | 3.72 | 4.09 | 4.02 | 3.87 | 3.50 |
| 中部地区 | 4.27 | 3.35 | 3.50 | 3.66 | 3.48 | 3.50 | 4.04 | 4.27 | 4.29 | 4.14 | 3.59 |
| 西部地区 | 3.74 | 3.49 | 3.52 | 3.44 | 3.64 | 3.45 | 3.93 | 4.14 | 3.92 | 3.82 | 3.59 |
| 总体得分 | 3.62 | 3.30 | 3.31 | 3.46 | 3.29 | 3.41 | 3.80 | 4.12 | 4.03 | 3.88 | 3.50 |
| P值 | 0.006 | 0.039 | 0.826 | 0.021 | 0.625 | 0.010 | 0.001 | 0.033 | 0.402 | 0.228 | 0.045 |

4. 专业技术人才的考核与晋升

专业技术人才对考核与晋升相关指标的认同情况如表6－57所示。

**表6－57　专业技术人才对人才考核与晋升相关指标的认同程度**　　单位：%

| 指　标 | 认同倾向 | | | 否定倾向 | | | 均值 |
|---|---|---|---|---|---|---|---|
| | 非常同意 | 同意 | 小计 | 不同意 | 非常不同意 | 小计 | |
| 1. 我单位人才晋升机制科学合理（$X_{28}$） | 4.5 | 28.0 | 32.5 | 20.9 | 2.3 | 23.2 | 3.12 |
| 2. 我单位绩效考核很公平（$X_{29}$） | 5.5 | 29.6 | 35.1 | 21.0 | 4.1 | 25.1 | 3.11 |
| 3. 我认为我所获得的报酬与所付出的代价基本相符（$X_{30}$） | 7.0 | 40.5 | 47.5 | 20.1 | 3.3 | 23.4 | 3.28 |
| 4. 我的工作是令人尊重的（$X_{31}$） | 8.4 | 50.1 | 58.5 | 8.9 | 1.9 | 10.8 | 3.54 |
| 5. 相对物质奖励，我更看重精神上的认可（$X_{32}$） | 9.0 | 43.8 | 52.8 | 12.5 | 0.7 | 13.2 | 3.59 |
| 6. 我们单位的激励机制很完善，使我的能力能充分发挥出来（$X_{33}$） | 6.4 | 30.7 | 37.1 | 17.9 | 2.3 | 20.2 | 3.21 |
| 7. 与其他相近地区的专业技术人员相比，我认为我的所得还可以（$X_{34}$） | 6.0 | 45.2 | 51.2 | 15.2 | 2.3 | 17.5 | 3.38 |

结果显示，专业技术人才在这些选项的认同度普遍较低。最高的选项“我的工作是令人尊重的（$X_{31}$）”，也只为58.5%，最低的选项“我单位人才晋升机制科学合理（$X_{28}$）”，只有32.5%。这个结果与前面分析的个人能力发挥不足基本上一致。

不同地区的分组比较情况如表6-58所示。

**表6-58　东、中、西部专业技术人才考核与晋升各项的分组比较**

| 地区＼变量 | $X_{28}$ | $X_{29}$ | $X_{30}$ | $X_{31}$ | $X_{32}$ | $X_{33}$ | $X_{34}$ |
|---|---|---|---|---|---|---|---|
| 东部地区 | 3.07 | 3.06 | 3.15 | 3.59 | 3.62 | 3.51 | 3.29 |
| 中部地区 | 3.28 | 3.24 | 3.33 | 3.69 | 3.64 | 3.23 | 3.35 |
| 西部地区 | 3.32 | 3.32 | 3.80 | 3.40 | 3.48 | 3.12 | 3.89 |
| 总体得分 | 3.12 | 3.11 | 3.28 | 3.54 | 3.59 | 3.21 | 3.38 |
| P值 | 0.805 | 0.020 | 0.442 | 0.887 | 0.934 | 0.003 | 0.632 |

总体来看，东、中、西部在这些项目的选择上没有明显差异，但在考核、报酬公平性、工作满足度方面，东部明显低于中西部，中部也低于西部，这说明，东部专业技术人才的要求可能更高。

5. 专业技术人才的流动

专业技术人才流动的指标共有9项，其中前3项为环境因素，中间3项为个体因素，后3项为社会因素。调查结果如表6-59所示。

**表6-59　专业技术人才对人才流动相关指标的认同程度**　　单位:%

| 指　　标 | 认同倾向 | | | 否定倾向 | | | 均值 |
|---|---|---|---|---|---|---|---|
| | 非常同意 | 同意 | 小计 | 不同意 | 非常不同意 | 小计 | |
| 1. 我单位有良好的发展前景和很好的人才发展规划（$X_{35}$） | 7.8 | 43.2 | 51.0 | 12.5 | 1.2 | 13.7 | 3.44 |
| 2. 我喜欢当地的人文环境与自然环境（$X_{36}$） | 7.5 | 44.0 | 51.5 | 12.9 | 1.6 | 14.5 | 3.46 |
| 3. 我的工作比较稳定，目前工作中的风险很小（$X_{37}$） | 9.7 | 56.8 | 66.5 | 9.3 | 0.4 | 9.7 | 3.84 |
| 4. 如果专业技术人才能自由地流动，则我省或许能够留下更多的专业技术人才（$X_{38}$） | 8.9 | 45.1 | 54.0 | 14.7 | 0.5 | 15.2 | 3.47 |
| 5. 我经常有离开现在单位的念头（$X_{39}$） | 4.9 | 20.7 | 25.6 | 35.9 | 1.6 | 37.5 | 2.91 |

续表

| 指标 | 认同倾向 | | | 否定倾向 | | | 均值 |
|---|---|---|---|---|---|---|---|
| | 非常同意 | 同意 | 小计 | 不同意 | 非常不同意 | 小计 | |
| 6. 对我来说，离开现在的单位所付出的成本代价会更高（$X_{40}$） | 7.0 | 40.3 | 47.3 | 18.6 | 1.4 | 20.0 | 3.33 |
| 7. 经济发展水平高低是企业能否吸引专业技术人才的重要因素（$X_{41}$） | 16.7 | 61.2 | 77.9 | 5.5 | 2.1 | 7.6 | 3.85 |
| 8. "官本位"文化对专业技术人才的培养非常不利（$X_{42}$） | 18.1 | 58.1 | 76.2 | 8.8 | 0.8 | 9.6 | 3.84 |
| 9. 我认为当地政府服务效率高（$X_{43}$） | 11.4 | 43.2 | 54.6 | 11.8 | 0.6 | 12.4 | 3.53 |

结果显示，专业技术人才在这些选项的认可上也不高，最高的项目"经济发展水平高低是企业能否吸引专业技术人才的重要因素（$X_{41}$）"，认同度也只有77.9%。最低的项目"我经常有离开现在单位的念头（$X_{39}$）"，只有25.6%，说明大多数专业技术人才还是希望在本地本单位发挥作用。

不同地区的分组比较结果如表6-60所示。

**表6-60 东、中、西部专业技术人才对人才流动各项的分组比较**

| 地区＼变量 | $X_{35}$ | $X_{36}$ | $X_{37}$ | $X_{38}$ | $X_{39}$ | $X_{40}$ | $X_{41}$ | $X_{42}$ | $X_{43}$ |
|---|---|---|---|---|---|---|---|---|---|
| 东部地区 | 3.37 | 3.33 | 3.77 | 3.47 | 3.42 | 3.50 | 3.11 | 3.36 | 2.88 |
| 中部地区 | 3.57 | 3.63 | 3.69 | 3.26 | 3.64 | 3.55 | 2.92 | 3.18 | 2.76 |
| 西部地区 | 3.47 | 3.94 | 4.92 | 3.60 | 3.56 | 3.56 | 3.21 | 3.58 | 3.15 |
| 总体得分 | 3.44 | 3.46 | 3.84 | 3.39 | 3.47 | 3.37 | 3.07 | 3.33 | 2.91 |
| P值 | 0.044 | 0.435 | 0.007 | 0.080 | 0.122 | 0.021 | 0.100 | 0.030 | 0.701 |

结果显示，大部分指标在不同地区间没有明显差异。但在"我的工作比较稳定，目前工作中的风险很小（$X_{37}$）"和"对我来说，离开现在的单位所付出的成本代价会更高（$X_{40}$）"两个指标上，西部地区的得分显著高于东部和中部地区，说明西部专业技术人才的工作稳定性要比东中部好，西部专业技术人才由于成本代价的原因，相比东中部更不愿意离开现在的单位。此外，"'官本位'文化对专业技术人才的培养非常不利（$X_{42}$）"西部得分高于东中部，说明西部"官本位"文化比东中部要严重些，这与市场经济体制改革进程中西部相对落后

的实际情况是相吻合的。

6. 专业技术人才的价值取向与择业选择

(1) 关于价值取向。问卷设计了一个问题，以了解专业技术人才努力工作的动因，备有8个选项，调查结果如表6－61所示。

**表6－61 东、中、西部专业技术人才的价值趋向** 单位:%

| 价值取向选项 \ 比例 \ 地区 | 东部地区 | 中部地区 | 西部地区 |
|---|---|---|---|
| 为了实现自身价值 | 43.7 | 34.2 | 26.3 |
| 为了单位的长远发展 | 6.3 | 4.4 | 4.7 |
| 为了单位现在的效益 | 8.8 | 16.7 | 12.9 |
| 为了自身的社会地位 | 15.9 | 14.7 | 20.6 |
| 为了对社会多做贡献 | 7.0 | 5.5 | 3.2 |
| 为了保住现在的工作 | 4.9 | 10.5 | 17.7 |
| 为了得到更多的晋升机会 | 7.4 | 12.3 | 13.1 |
| 啥都不是，我就愿意努力工作 | 6.0 | 1.7 | 1.5 |

结果表明，在8个选项中，东、中、西部地区在“为了实现自身价值”选项上所占比重均为最高，分别为43.7%、34.2%和26.3%，表明各地区人才努力工作的目的都比较明确，是为了实现自身价值而不是没有任何追求。

此外，“为了自身的社会地位”选项在三个地区中的比重也较高。

(2) 关于重新择业时考虑因素的分析。表6－62反映的是不同地区专业技术人才重新择业时的选择情况。从中看出，东部地区专业技术人才重新择业时首选自己创业和进入企业，二者比例分别为28.2%和23.8%；中部地区专业技术人才首选党政机关和大专院校，二者比例分别为28.8%和18%；而西部地区专业技术人才首选党政机关和进入科研机构，二者比例分别为30.8%和16.6%。

**表6－62 东、中、西部专业技术人才重新择业时优先考虑单位情况** 单位:%

| 地区 \ 比例 \ 优先考虑单位 | 党政机关 | 自己创业 | 企业 | 事业单位 | 大专院校 | 科研机构 | 社会团体 |
|---|---|---|---|---|---|---|---|
| 东部地区 | 14.6 | 28.2 | 23.8 | 9.5 | 6.8 | 10.9 | 6.2 |
| 中部地区 | 28.8 | 10.3 | 12.9 | 16.8 | 18.0 | 11.1 | 2.1 |
| 西部地区 | 30.8 | 10.0 | 6.8 | 10.6 | 11.7 | 16.6 | 13.5 |

通过进一步的分析还可以看出，在“创业”和“进企业工作”的选择上，从东部到中西部的比例是依次降低的，而在选择去政府机关的比例上，从东部到中西部则是依次提高。这说明，东、中、西三地区的技术人才在择业的价值取向上存在明显差异。

## 第四节　本章小结

本章围绕中西部地区人才资源开发与利用这一主题，通过设计三份问卷，对分布在中、西、部三地区的近3000名党政人才、经营管理人才及专业技术人才的开发与利用情况分别进行了调查，并用SPSS软件对调查情况进行了统计分析，得出以下基本结论：

第一，大部分人才精神状态良好、思想境界高。调查显示，在东、中、西部所有被调查者中，83.1%的党政人才，74.4%的经营管理人才和70.4%的专业技术人才认为自己完全能够胜任目前的工作，其中有半数以上认为自己非常愿意从事现在的工作，表明这些人才有非常好的精神状态。同时，在对三类人才的工作动力进行调查时，发现有40.1%的党政人才、47%的经营管理人才、43.7%的专业技术人才都将“为了实现自身价值”作为自己工作动力的第一选择，体现了这些人才有较高的思想境界。而当对所调查的党政人才“平时最关心的问题”进行调研时，发现“国家党政方针、当地经济动态”这些内容都被所调查人才列为最关注内容的前两位，说明这些人才在做好自身工作的同时，也非常关注国家大事。研究同时也表明，在关注一些单位人事变动事项上，中西部地区明显高于东部。

第二，中西部人才的使用效率不高，人才的积极性有待进一步发挥。调查显示，在被调查者中，党政人才、经营管理人才、专业技术人才认为自己能力已经发挥了80%以上的比例只有5.3%、9.9%和5.1%。从地区分布情况看，虽然东部地区能力发挥在80%以上的比例也没有超过11%，但东部地区无论在能力发挥50%以上选项上，还是在发挥80%选项上其比例均高于中、西部，西部比例最低。在专业技术人才这个类别中，西部地区能力发挥了50%以上的仅有40.7%，而能力发挥了80%以上的仅有2.0%。因此，如何调动中西部现有人才的积极性任重道远。

第三，选拔、考核、分配的公平性受到高度关注。93.3%的党政人才认同“公正、透明的用人机制有利于党政人才的吸引”，但认为目前选拔机制很合理的只有26%，专业技术人才认为“我单位人才晋升机制科学合理”的只有32.5%，三类人才在其他有关考核公平、分配公平等选项上的认可比例都在50%

以下，而且由东到西呈下降趋势。这说明，中西部选拔、考核、分配的公平性问题更应受到关注。

第四，东、中、西三地人才工作的愉悦性、挑战性和自主性呈递减趋势，但人才受到重视的程度却呈递增趋势。无论党政人才、经营管理人才还是专业技术人才，在工作的愉悦性、挑战性和自主性方面，其主要指标的得分虽并不高，但大都呈现一种趋势，即东部高于中部和西部，而且呈递减趋势。而在人才受到重视方面，如在对研究经费的支持、地位平等及单位内部对技术人员的服务上，则正好呈相反的分布态势。

这说明，东部地区在管理的理念和方法方面更为现代化和科学化，因而东部人才感到人才自身发展的空间更大、满足感更强、效率更高，而中西部人才显然得到更多方面的重视，但由于发展的理念和机制还适应不了人才自身发展的需要，因而作用的效果也受到影响。

第五，东、中、西三地人才对学习型组织建设的期望值很高，但对现状并不十分满意。总体上看，东、中、西三地对人才培养都很关注。78.2%的党政人才、64.1%的经营管理人才和82.5%的专业技术人才均认为，学习型组织建设对人才的成长非常重要，但只有不到55%的人才对当前单位的人才培养工作持肯定态度。在人才培养方式的选择上，学习型组织的建设和到发达地区交流学习及在实践中学习等受到三类人才的普遍赞同。对于人才培养的作用，75.2%的专业技术人才甚至认为，“与提供良好的硬件设施相比，单位是否有重视人才培养的良好氛围对我来说更重要”。从这个意义上说，把人才培养放到多高的地位可能都不为过。

第六，待遇、平台、经济发展状况仍是吸引人才的关键要素，但平台的重要性显著提升。三类人才的问卷调查都表明，待遇、科技平台及经济（含城市）发展状况是吸引人才的关键要素，这些指标的认同度都在80%以上，其中经营管理人才认同“良好科技平台对企业吸引人才很重要”的比例达96%，认同“引进或留住一批有实力的企业，才能引进更多的企业经营人才”比例也达80.1%，专业技术人才在这两个选项中的比例分别达到83.8%和81.1%。虽然党政人才、专业技术人才认可的最高项目仍然是待遇，但平台重要性的上升是我们应当关注的。①

第七，市场化的人才配置方式受到普遍支持，但目前的配置比例仍然不高。86%的党政人才、87.7%的企业经营管理人才均认为，面向社会选拔人才是人才选拔方式的一种进步，但实际上，通过公开选拔或市场配置的人才所占的比例仍然不高，党政人才只有25%、经营管理人才只有30.3%、专业技术人才只有

① 笔者2005年对江西省有关平台建设的吸引人才因素调研时，所占比重均不到80%。

32.3%是通过公开招聘或者市场配置方式选拔的。从东、中、西三个区域的比较来看，东部的市场化程度最高，中部次之，西部最低。

第八，人才重新择业时选择单位的标准突出“单位未来的发展前景”和“本人价值的实现”，而“单位所在地理位置”的重要性被弱化。在对“如果有机会重新选择，您会看中下列因素中的哪些?”项目进行排序选择时，在10个候选因素中，“单位未来的发展前景”和“能否发挥好个人的作用，实现自身的价值”被排在前两位，第三位是收入状况，第四位是单位性质，排在最后的是单位的地理位置。从三类人才的选择情况看，前两位的选择与总体一致，但党政人才将“单位性质”排在第三位；而从区域分布看，中西部地区的党政人才将“单位性质”排在第三、第四位。这说明，中西部的党政人才风险意识更弱，更在意单位的性质。

与此同时，当对“如果有机会重新选择工作地点，您更愿意选择哪个地区?”进行调查时，除了西部地区经营管理人才中更多的人（37.3%）优先选择去中部工作外，其余地区的各类人才都优先选择东部，但是，进一步的研究发现，党政人才和专业技术人才中，潜在能力发挥程度在80%以上的那部分人才选择“哪都一样”的比例高于能力发挥程度低的人才。这说明，优先选择东部地区的人才可能更看重的是东部地区的发展前景，而不仅仅是地理位置。

第九，党政机关成为人才重新选择的首选去向，创业受到认可。当对“如果您有机会重新选择，您更愿意去以下哪类单位工作?”进行调查时，无论是党政人才、经营管理人才，还是专业技术人才，首选都是去党政机关，认同的比例分别达到42.4%、49.4%和24.9%。党政人才的第二选择是企业，占26.4%，而经营管理人才和专业技术人才的第二选择均为创业，比例分别为19.9%和18.5%。从三类人才选择的区域分布看，除了东部专业技术人才首选创业，然后选企业，中西部专业技术人才首选党政机关，后选大专院校和科研机构外，其他地区的相应人才选择并无差异。这说明，党政机关的吸引力仍然很高，人才的创业观念已被认可，而中西部地区专业技术人才的偏好仍然趋向平稳。

第十，专业技术人才最为紧缺，但不同地区之间紧缺结构存在差异。调查显示，东、中、西三地区都将专业技术人才作为本地区目前最紧缺的人才，认同比例分别达到57.7%、66.2%和51.0%，其次是经营管理人才。但对党政人才进行的分项调查却显示，东部地区党政人才认为东部地区最缺高技能人才，认同比例为36.0%，其次是专业技术人才；中部地区最缺技术领军人才，认同比例为36.0%，其次是高技能人才；西部地区最缺经营管理人才，认同比例是42.4%，其次是技术领军人才。这个结果与东、中、西部目前所处的产业发展状态非常吻合，也与本书第五章研究的结论一致，因此，当前我国加大专业技术人才培养力度具有重要的现实意义。

# 第七章　加快中西部地区经济发展的人才对策建议

从前面各章节的研究可以看出，近年来，中西部地区经济获得了快速发展，但与东部地区的差距还在进一步拉大；促进中西部地区经济增长的主要生产要素仍然是物质资本，而非人才资本；导致东、中、西部地区经济差距扩大的主要因素是人才因素，而非政策和产业结构因素；中西部地区人才资源与经济发展之间的总体协调性比东部地区要低，而且近 10 年来与东部地区协调性的差距在拉大。调查还发现，中西部地区人才的使用效率不高，人才的积极性有待进一步发挥，在人才资源开发和利用方面，中西部地区与东部地区也存在诸多差异。那么，如何根据本书前几章研究的结论，从人才队伍建设的角度，提出加快中西部地区经济发展，缩小与东部地区发展差距的对策建议，便是本章要解决的问题。

## 第一节　提出对策建议的基本原则

在本书即将完成的时候，全国人才工作会议于 2010 年 5 月 25～26 日在北京隆重召开，这次会议的一项重要内容就是审议《国家中长期人才发展规划纲要(2010～2020 年)》。6 月 6 日，经党中央、国务院批准，该《规划纲要》由新华社授权正式对外播发。全国人才工作会议的胜利召开和《规划纲要》的正式发布，为我国今后一个时期的人才工作提供了理论指导，指明了发展方向，也为本书提出人才对策建议提供了很好的帮助。

为了使课题组提出的对策建议更具前瞻性、针对性和有效性。我们认为，对策建议的提出应当遵循以下四条原则：

(1) 对策建议应当充分体现出全国人才工作会议精神和《规划纲要》的要求。要站在建设小康社会、创新型国家和人才强国这样的目标高度来谋划中西部地区的人才工作，按照“服务发展、人才优先、以用为本、创新机制、高端引领、整体开发”的指导方针来解决中西部地区存在的人才问题。

(2) 对策建议只就中西部地区经济发展过程中所面临的人才共性问题提出

解决建议，并不就某个省市区的人才问题提出具体的解决方案或者措施。考虑到各省市区最近都在贯彻落实全国人才会议精神，结合各地的实际情况，出台当地的《规划纲要》，并对当地今后10年人才工作的目标、任务、重点及诸多人才工程作出全面的部署。同时，也考虑到本书研究的主要内容是对中西部地区经济发展中的人才问题，即人才的作用、贡献，人才与经济增长相互作用的机理等问题进行分析。因而，不就也不可能就某个省市区的人才问题提出具体的解决方案或措施。

（3）对策建议以本书前文进行的实证分析和实际调查结果为依据。对研究目标中明确的几个问题均进行了比较深入的实证分析和比较研究，同时对中西部地区人才资源的开发与利用情况进行了调查分析。为使提出的对策建议更具有说服力，我们要求每一个建议都必须建立在前文的分析和调查结果之上。

（4）对策建议要充分借鉴我国东部地区和发达国家的成功经验。从本书的比较研究中，我们发现，我国东部地区正在进行着发展方式的战略性调整，他们在人才工作方面所积累的经验，以及发达国家在解决地区不平衡发展方面的成功做法都值得中西部地区学习借鉴。

## 第二节　加快中西部地区经济发展的人才对策建议

根据以上原则，结合前面几章研究得出的结论，我们认为，中西部地区人才工作要紧紧围绕当地经济社会发展的目标要求，以科学发展观为指导，按照“服务发展、人才优先、以用为本、创新机制、高端引领、整体开发”的指导方针来谋划中西部地区经济发展中的人才工作，切实解决中西部地区人才工作中存在的困难和问题，为中西部地区经济的又好又快发展提供强有力的人才支撑。我们建议如下：

### 一、建议中央政府将中西部地区的人才工作提升到国家西部大开发、中部崛起战略高度予以重视

2020年，是我国建成小康社会和创新型国家，进入人才强国行列的目标年限。实现这个目标，重点在中西部地区，难点也在中西部地区。因为占国土面积81.4%，人口54.2%的中西部地区，GDP总量2008年只占了全国的37.11%，财政收入仅占了全国的33.38%。而且无论在经济发展还是在人才资源方面，该地区与东部地区的差距都还在进一步拉大。特别需要注意的是，人才方面的差距还大于经济发展差距。1999年，中西部人均GDP是东部的62.3%，而2008年仅

为东部的40.7%，人均财政收入1999年是东部的55.6%，2008年只有东部的51%。科技活动人数1999年是东部的96.8%，而2008年只有东部的66.7%；2004年中西部就业人口中研究生数为东部的91.5%，而到了2008年则只有东部的56.2%。如果中西部地区经济发展和人才发展的这种状况得不到根本性改变，则整个国家实现上述目标的可能性就会受到极大的影响。

尽管2002年2月国家出台了《西部地区人才开发十年规划》，2003年12月《中共中央、国务院关于进一步加强人才工作的决定》为西部人才政策体系的构建提出了总原则、总任务和总思路，2004年3月《国务院关于进一步推进西部大开发若干意见》中又明确提出"加强西部地区人才队伍建设，为西部大开发提供有力的人才保障"。2004年3月国务院西部开发办《关于西部大开发若干政策措施的实施意见》对吸引和用好人才的实施意见有八条之多。2006年4月，中共中央、国务院印发《关于促进中部地区崛起的若干意见》以及国家发展和改革委员会的《促进中部地区崛起规划》都有加强人才队伍建设的内容。而且这些政策的出台对中西部地区人才工作确实起到了一定的作用，但同经济工作相比，人才工作的重要性仍然没有得到很好的显现。因此，为了确立中西部地区人才工作在全国的优先发展地位，确保中西部地区能与全国一道实现2020年的三大目标。我们建议，中央政府将中西部地区的人才工作上升到国家西部大开发、中部崛起战略高度予以重视，在国家西部大开发、中部崛起战略实施中突出人才工作的战略地位和优先发展地位。

## 二、建议国家相关部门在支持中西部地区经济发展的过程中，要突出对人才工作的优先支持

研究中我们发现，中西部地区与东部地区之间存在的人才差距要大于经济发展差距。1999~2008年，中西部人均GDP与东部的差距拉大了20个百分点，但科技活动人数和就业人口中研究生数的差距却拉大了至少30个百分点。这从一个侧面解释了中西部地区与东部地区经济差距形成的主要原因是人才要素。要缩小两者之间的经济差距，就需要在人才这个领域寻找答案。为此，我们建议，国家相关部门在支持中西部地区经济发展的过程中，要突出对人才工作的优先支持。在国家对中西部给予的支持中，明确拿出一部分资金或者项目优先支持中西部人才资源的人才开发，变单一的资金支持为人才开发项目支持，包括对教育、科技、卫生、人才培养及平台建设等的支持，从而在更高层面上解决好人才投入优先保证的问题。

## 三、建议中西部地区各级党委和政府加强人才工作的宏观调控，切实解决人才优先发展的战略布局问题

自2003年召开的第一次全国人才工作会议以来，中西部各省市区高度重视人才工作，在经济社会发展规划中也注意到了人才作用，但与经济社会发展对人才的需求相比，各级党委和政府对人才的重视程度还远远不够。近十五年来，中西部地区物质资本年均增长率达16.38%，高于东部地区年均增长14.35%的增速，与此相应的是，中西部地区人才资本的年均增长率只有4.74%，小于东部地区7.16%的增幅，这说明中西部地区实行的仍然是物质资本优先投入的发展方式。

为了确立人才在经济社会发展中优先发展的战略地位，充分发挥人才的基础性、战略性作用，做到人才资源优先开发、人才结构优先调整、人才投资优先保证、人才制度优先创新。我们建议：中西部地区各级党委和政府要加强人才工作的宏观调控，将人才发展规划纳入各地经济社会发展规划。在制定经济社会发展战略的同时，应优先制定相应的人才发展战略；在安排财政预算的同时，要优先考虑人才资本的投入；在决定项目设置、产业规划、区域布局的同时，要优先考虑人才的布局；在评价经济工作的同时，要优先评价人才工作；各级领导在抓经济工作的同时应高度重视人才工作，并力争使自己成为人才管理的专家。

## 四、建议中西部地区各级政府加大人才资本积累的力度，努力做大人力资本总量

近十五年来，中西部地区由于采用了物质资本优先投入的发展方式，人才资本对经济增长的贡献率只有20.05%，小于东部地区25.46%的贡献率，而且人才贡献率和人才资本的年均增长率均呈下降趋势。人才贡献率由2000~2003年的22.27%下降到2004~2008年的19.88%，人才资本的年均增长率从1994~1999年间的4.93%，下降到2004~2008年间的3.11%。而同一时期，东部地区人才贡献率却从13.66%，提高到41.64%，人才资本的增长率从4.74%提高到7.52%。这说明，经济增长率与人才贡献率和人才资本的增长率是高度相关的，要促进中西部地区经济的持续快速发展，就必须加快人才资本的积累，改变物质资本优先投入的发展方式。

从要素投入的效果看，对人才的投资也是最有效益的投资。研究表明，在物质资本、人才资本和一般劳动力三个要素中，中西部地区人才要素的产出弹性最大，系数为0.51，大于物质资本要素系数0.41以及一般劳动力系数0.13。这说明，在其他条件不变的情况下，当人才资本投资增加1%时，GDP产出就可能增

加0.51%，是三个要素中效果最好的。

对中西部这样的欠发达地区来说，要加大人才资本积累的力度是非常困难的。因为，中西部地区政府公共教育投资及文教科卫等投资虽获得了快速增长，且增幅已高于东部，但由于基数太小，其投入总量仍然低于东部，所以要靠进一步提高政府公共教育投资及文教科卫等投资来积累人才资本空间有限。一种比较可行的办法，是在确保政府现有投入较高增幅的前提下，争取按照《规划纲要》规定的投入比例保证教育投入，集中财力扩大基础教育，通过走市场化道路大力举办职业技术教育，同时加大人才的引进力度，做大人才资源总量。

## 五、建议中西部地区各级政府注意优化人才资源结构，尽快提升人才服务发展的能力

从人才系统与经济系统协调性的研究中可以看出，中西部地区人才资源与经济发展之间的总体协调性比东部地区要低，而且近十年来与东部地区协调性的差距也在拉大。从产业结构分布上看，中西部地区第一、二产业人才资源总量难以适应产业发展的需要，第三产业人才总量相对饱和。从人才要素结构上看，人才能力、总量对经济增长的贡献快速提升，人才流动的作用相对弱化。从不同省市能力协调度的比较看，东部地区几个发达省市的能力协调度均高于全国平均协调度，相对应的是这些省市的适合度（GDP）也高。这说明，人才能力提升对东部地区经济发展的作用在不断强化，因此，尽快采取措施引导中西部地区人才资源向第一、二产业集聚，同时提升人才的能力和总量对于促进中西部地区经济的快速发展意义重大。

加快人才结构的优化和能力的提升还是要在教育领域求解。从中西部地区目前的情况分析，对不同层次、类别的教育要采取不同的策略，以达到不同的效果：要集中财力扩大基础教育，将人口资源转化为人力资源；通过制度创新加快发展高等教育，将一般的人力资源转化为人才资源；走市场化道路大力举办职业技术教育，将一般的劳动力资源转化为技能型人才资源；加大高层次人才培养与引进力度，把更多的人才资源转化为领军人才。总之，要通过结构优化和能力建设，解决好人才不够用、不适用和不被用的问题，把众多的人口资源转变为人力资源和人才资源，将中西部地区繁重的人口压力转化为人才优势，从而提升人才资源服务科学发展的能力。

## 六、建议中西部地区各级领导注意提高人才开发的公平性、导向性、科学性和有效性，使人才资源的能力得到有效的集聚

问卷调查显示，在被调查者中，党政人才、经营管理人才、专业技术人才认

为自己能力已经发挥了80%以上的比例只有5.3%、9.9%和5.1%。从地区分布情况看，虽然东部地区能力发挥在80%以上的比例也没有超过11%，但东部地区无论在能力发挥50%以上选项上，还是在发挥80%选项上其比例均高于中、西部，西部比例最低。在专业技术人才这个类别中，西部地区能力发挥了50%以上的仅有40.7%，而能力发挥了80%以上的仅有2.0%。这说明，人才资源的集聚并不代表人才能力的集聚。

然而，当对影响人才积极性发挥的因素进行进一步分析的时候，我们发现，93.3%的党政人才认同“公正、透明的用人机制有利于党政人才的吸引”，但认为目前选拔机制很合理的只有26%，专业技术人才认为“我单位人才晋升机制科学合理”的只有32.5%，三类人才在其他有关考核公平、分配公平等选项上的认可比例都在50%以下，而且由东到西呈下降趋势。这说明，中西部地区考核分配的公平性、选拔任用的导向性问题更应受到关注。

在内部管理的科学性和外部环境的有效性方面。调查显示，被调查的工作愉悦性、挑战性和自主性等指标的得分均不高，但呈现出东部高于中部和西部，而且呈递减趋势。而在人才受到重视方面，如在对研究经费的支持、地位平等以及单位内部对技术人员的服务上，则正好呈相反的分布态势。这说明，东部地区管理的科学性要高于中西部，因而东部人才感到自身发展的空间更大、满足感更强、效率更高。外部环境的有效性调查结果也呈现出同样的分布态势，那就是东部高于中部，中部高于西部。因而，东部人才作用发挥的程度明显高于中西部。中西部人才资源能力发挥的程度要想有较大的提升，就要从如何提高考核分配的公平性、选拔任用的导向性、内部管理的科学性和外部环境的有效性入手。

## 七、建议国家相关部门采取非均衡措施，加大对中西部地区科技、教育、产业平台建设的支持力度，使中西部地区人才资源能有效集聚

调查表明，待遇、科技平台及经济（含城市）发展状况是吸引人才的关键要素，这些指标的认同度都在80%以上，其中经营管理人才认同“良好科技平台对企业吸引人才很重要”的比例达96%，认同“引进或留住一批有实力的企业，才能引进更多的企业经营人才”比例也达80.1%，专业技术人才选择这两个选项的比例也分别达到83.8%和81.1%。虽然党政人才、专业技术人才认同的最高项目仍然是待遇，但平台重要性的上升引起了我们极大的关注。

实际上，欧美国家开发欠发达地区的实践也表明，人才平台建设是欠发达地区发展的重要基础工作。但现实情况是，中西部地区的人才平台建设与东部有非常大的差距：如博士后流动站，中西部还不到东部的一半；国家重点建设的高校中西部地区只有东部的61%，其他重要平台如博士点建设差距也很大，中部有

的省份全省博士点数量甚至不如东部一所学校。因此，在中西部地区不可能为人才提供特别待遇的情况下，如果国家有关部门能采取非均衡支持策略，对与中西部地区资源优势紧密相关的科技平台建设、博士单位建设、大型企业引进，甚至在即将开展的中西部地区重点建设高校方面，给予更多的倾斜，则中西部地区就有可能留住或者吸引到一些将自身发展作为追求的高素质人才，从而带动当地某一学科、专业甚至整个单位、企业、产业的发展。

## 八、建议中西部地区各级领导开阔视野，积极拓宽人才培养渠道，努力提高人才资源的能力

研究结果表明，中西部地区的人才在思想观念、开放意识方面明显落后于东部地区。究其原因要在学习方面查找。调查还显示，东、中、西三地人才对学习型组织建设的期望值很高，但对现状并不十分满意。总体上看，东、中、西三地人才对人才培养都很关注。78.2%的党政人才、64.1%的经营管理人才和82.5%的专业技术人才均认为，学习型组织建设对人才的成长非常重要，但只有不到55%的人才对当前单位的人才培养工作持肯定态度。在人才培养方式的选择上，学习型组织的建设和到发达地区交流学习及在实践中学习等受到各类人才的普遍赞同。对于人才培养的作用，75.2%的专业技术人才甚至认为，“与提供良好的硬件设施相比，单位是否有重视人才培养的良好氛围对我来说更重要”。因此，营造良好的学习氛围，拓宽人才培养渠道，选派人才到发达地区交流学习对于提高人才资源能力很有帮助。

## 九、建议中西部地区各方加强省市区间的信息平台建设，加快人才市场化配置进程，降低人才配置成本

市场化的人才配置方式受到普遍支持，但目前的配置比例仍然不高。86%的党政人才、87.7%的企业经营管理人才均认为，面向社会选拔人才是人才选拔方式的一种进步，但实际上，通过公开选拔或市场配置的人才所占的比例仍然不高，党政人才只有25%、经营管理人才只有30.3%、专业技术人才只有32.3%是通过公开招聘或者市场配置方式选拔的。从东、中、西三个区域的比较看，东部的市场化程度最高，中部次之，西部最低。因此，推进中西部人才的市场化配置进程更为迫切。

中西部人才的市场化配置过程首先要解决的问题就是信息沟通。由于中西部地区在人才市场的配置过程中，基本上扮演同一种角色，同属人才流出区域，但在引进人才的过程中，区域间特别需要对相关政策、引进待遇进行及时的沟通，以降低配置成本。

## 十、建议国家有关部门和中西部各省市区尽快出台政策，打通各类人才之间的交流渠道，引导人才资源向经济发展一线集聚

对“当地最需要什么人才”进行的调查显示，东、中、西三地都将专业技术人才作为本地区目前最紧缺的人才，认同比例分别达到 57.7%、66.2% 和 51.0%，其次是经营管理人才。但当我们对“如果您有机会重新选择，您更愿意去以下哪类单位工作?”进行调查时，无论党政人才、经营管理人才还是专业技术人才，他们的首选都是去党政机关，认同的比例分别达到 42.4%、49.4% 和 24.9%，党政人才的第二选择是企业，占 26.4%；而经营管理人才和专业技术人才的第二选择均为创业，比例分别为 19.9% 和 18.5%。从三类人才选择的区域分布看，除了东部专业技术人才首选创业，然后选企业，中西部专业技术人才首选党政机关，后选大专院校和科研机构外，其他地区的相应人才选择并无差异。这说明，党政机关的吸引力最高。

实际上，在发达国家，优秀的人才资源大都集聚在企业，如美国达 80%，而我国只有 30% 左右。由于企业是社会财富的直接创造者，如果优秀人才不能够向企业集聚，那么，即便一个地区人才集聚的程度再高，也不能代表这个地区经济资源集聚的程度就好。

引导人才资源向经济一线集聚，最关键的是要解决好人才在不同岗位之间流动存在的障碍，即破除人才从机关单位到企事业单位流动的资格障碍；从企事业单位到机关单位流动的身份障碍；从机关、事业单位到企业流动的社会保障障碍。同时，要对有企业工作经历或业绩优秀的企业经营人才优先进行选拔、培养与任用。在开发企业人才资源方面，要充分发挥党管人才的作用，对有企业工作经历的人才报考公务员要优先录用；对德才兼备、群众公认、业绩突出的企业经营管理人才要及时将其提拔到相应的领导岗位，以激励更多的优秀人才投身于企业经营管理和专业技术工作实践。

# 附录 A 计算地区人才与经济发展适合度值的原始数据

附录 A1 1999 年全国各地区原始数据

| 地区 | 人均GDP | 专业技术人员数 | 总人口数 | 专利申请量 | 专利申请受理量 | 技术市场成交额 | 第一产业专业技术人员数 | 第二产业专业技术人员数 | 第三产业专业技术人员数 | 总专业技术人员数 | 人才外省流入量 | 人才流出外省量 | 人才本省流动量 | 人才外省流入率 | 人才本省流出率 | 人才本省流动率 |
|---|---|---|---|---|---|---|---|---|---|---|---|---|---|---|---|---|
| 单位 | 元 | 人 | 人 | 件 | 件 | 万元 | 千人 | 千人 | 千人 | 千人 | 人 | 人 | 人 | % | % | % |
| 东部 | | | | | | | | | | | | | | | | |
| 北京 | 19846 | 1361168 | 12570000 | 7723 | 5829 | 921889 | 8 | 346 | 1007 | 1361 | 8658 | 12815 | 119647.0 | 0.63607 | 0.94147 | 8.79002 |
| 天津 | 15976 | 546130 | 9590000 | 2016 | 1508 | 220296 | 3 | 188 | 356 | 546 | 3665 | 825 | 43422.0 | 0.67109 | 0.15106 | 7.95085 |
| 河北 | 6932 | 1537435 | 66140000 | 3330 | 3011 | 153795 | 21 | 378 | 1138 | 1537 | 1789 | 2477 | 73010.5 | 0.11636 | 0.16111 | 4.74885 |
| 上海 | 10086 | 824069 | 14740000 | 4605 | 3665 | 366324 | 5 | 266 | 551 | 824 | 4800 | 1099 | 169848.5 | 0.58248 | 0.13336 | 20.61096 |
| 江苏 | 10665 | 1693822 | 72130000 | 7091 | 6143 | 416683 | 30 | 475 | 1188 | 1694 | 2116 | 1814 | 112109.0 | 0.12493 | 0.10710 | 6.61870 |
| 浙江 | 12037 | 1099324 | 44750000 | 8177 | 7071 | 188496 | 14 | 255 | 830 | 1099 | 1828 | 1377 | 60060.5 | 0.16628 | 0.12525 | 5.46340 |
| 福建 | 10797 | 826680 | 33160000 | 3381 | 2934 | 80868 | 12 | 178 | 636 | 827 | 2119 | 1678 | 45369.5 | 0.25633 | 0.20298 | 5.48816 |
| 山东 | 8673 | 2279559 | 88830000 | 8589 | 6536 | 275121 | 33 | 589 | 1659 | 2280 | 2345 | 2346 | 182520.5 | 0.10287 | 0.10292 | 8.00683 |
| 广东 | 11728 | 1856572 | 72700000 | 16802 | 14328 | 344528 | 23 | 438 | 1396 | 1857 | 9074 | 2129 | 70029.5 | 0.48875 | 0.11467 | 3.77198 |
| 海南 | 6383 | 161006 | 7620000 | 373 | 342 | 82407 | 28 | 18 | 116 | 161 | 434 | 1166 | 6059.0 | 0.26956 | 0.72420 | 3.76321 |
| 东北部 | | | | | | | | | | | | | | | | |
| 黑龙江 | 7660 | 1238455 | 37920000 | 2987 | 2378 | 157121 | 54 | 423 | 761 | 1238 | 898 | 1952 | 144727.5 | 0.07251 | 0.15762 | 11.68613 |
| 辽宁 | 10086 | 1528420 | 41710000 | 6065 | 4906 | 301546 | 36 | 478 | 1014 | 1528 | 1414 | 1327 | 136744.0 | 0.09251 | 0.08682 | 8.94676 |
| 吉林 | 6341 | 979244 | 26580000 | 2111 | 1550 | 103498 | 35 | 273 | 671 | 979 | 444 | 918 | 45397.5 | 0.04534 | 0.09375 | 4.63597 |

续表

| 地区 | 人均GDP | 专业技术人员数 | 总人口数 | 专利申请量 | 专利申请受理量 | 技术市场成交额 | 第一产业专业技术人员数 | 第二产业专业技术人员数 | 第三产业专业技术人员数 | 总专业技术人员数 | 人才外省流入量 | 人才流出外省量 | 人才本省流动量 | 人才外省流入率 | 人才本省流出率 | 人才本省流动率 |
|---|---|---|---|---|---|---|---|---|---|---|---|---|---|---|---|---|
| 单位 | 元 | 人 | 人 | 件 | 件 | 万元 | 千人 | 千人 | 千人 | 千人 | 人 | 人 | 人 | % | % | % |
| 中部 | | | | | | | | | | | | | | | | |
| 山西 | 4727 | 832778 | 32040000 | 1140 | 920 | 3955 | 11 | 273 | 550 | 833 | 496 | 982 | 35260. 5 | 0. 05956 | 0. 11792 | 4. 23408 |
| 安徽 | 4707 | 1049606 | 62370000 | 1721 | 1422 | 48544 | 27 | 236 | 787 | 1050 | 483 | 1314 | 38853. 0 | 0. 04602 | 0. 12519 | 3. 70167 |
| 江西 | 4661 | 855076 | 42310000 | 1387 | 1011 | 51444 | 24 | 190 | 640 | 855 | 447 | 1399 | 24824. 5 | 0. 05228 | 0. 16361 | 2. 90319 |
| 河南 | 4894 | 1754927 | 93870000 | 3452 | 2871 | 201661 | 18 | 465 | 1274 | 1755 | 1607 | 2469 | 69102. 5 | 0. 09157 | 0. 14069 | 3. 93763 |
| 湖北 | 5105 | 1205888 | 59380000 | 2963 | 2228 | 230161 | 39 | 289 | 880 | 1206 | 1190 | 1623 | 54914. 5 | 0. 09868 | 0. 13459 | 4. 55386 |
| 湖南 | 5105 | 1291459 | 65320000 | 3403 | 2523 | 246605 | 32 | 279 | 980 | 1291 | 2620 | 2633 | 50540. 5 | 0. 20287 | 0. 20388 | 3. 91344 |
| 西部 | | | | | | | | | | | | | | | | |
| 内蒙古 | 5350 | 722532 | 23620000 | 971 | 723 | 29348 | 48 | 180 | 496 | 723 | 1582 | 829 | 35686. 5 | 0. 21895 | 0. 11474 | 4. 93910 |
| 广西 | 4148 | 903158 | 47130000 | 1604 | 1232 | 25344 | 31 | 155 | 718 | 903 | 696 | 812 | 40074. 0 | 0. 07706 | 0. 08991 | 4. 43710 |
| 重庆 | 4826 | 607932 | 30750000 | 1274 | 1078 | 325345 | 13 | 174 | 420 | 608 | 593 | 715 | 26760. 0 | 0. 09754 | 0. 11761 | 4. 40181 |
| 四川 | 4452 | 1601722 | 85500000 | 3676 | 2921 | 125931 | 46 | 412 | 1144 | 1602 | 1110 | 2740 | 67837. 0 | 0. 06930 | 0. 17107 | 4. 23525 |
| 贵州 | 2475 | 564958 | 37100000 | 789 | 620 | 762 | 17 | 146 | 404 | 565 | 822 | 688 | 19727. 5 | 0. 14550 | 0. 12178 | 3. 49185 |
| 云南 | 4452 | 847195 | 41920000 | 1246 | 1185 | 172339 | 48 | 161 | 637 | 847 | 757 | 374 | 45136. 5 | 0. 08935 | 0. 04415 | 5. 32776 |
| 西藏 | 4262 | 36313 | 2560000 | 10 | 14 | — | 1 | 3 | 34 | 36 | 147 | 201 | 1964. 0 | 0. 40481 | 0. 55352 | 5. 40853 |
| 陕西 | 4101 | 929231 | 36180000 | 1685 | 1569 | 82537 | 22 | 267 | 639 | 929 | 799 | 1472 | 35283. 0 | 0. 08599 | 0. 15841 | 3. 79701 |
| 甘肃 | 3668 | 497013 | 25430000 | 583 | 494 | 25816 | 16 | 127 | 354 | 497 | 321 | 1592 | 21119. 0 | 0. 06459 | 0. 32031 | 4. 24918 |
| 青海 | 4662 | 143363 | 5100000 | 172 | 123 | 4283 | 10 | 36 | 100 | 143 | 225 | 614 | 6866. 5 | 0. 15694 | 0. 42828 | 4. 78959 |
| 宁夏 | 4473 | 157318 | 5430000 | 262 | 150 | 4654 | 8 | 42 | 108 | 157 | 119 | 353 | 13310. 5 | 0. 07564 | 0. 22439 | 8. 46089 |
| 新疆 | 6470 | 672671 | 17740000 | 876 | 859 | 42822 | 92 | 126 | 456 | 673 | 1920 | 1793 | 38444. 5 | 0. 28543 | 0. 26655 | 5. 71520 |

注：①数据来源于《中国统计年鉴》（2000）、《中国劳动统计年鉴》（2000）。②三次产业专业技术人员数分别是按照所含行业专业技术人员数加总而得。③人才外省流入量为国有单位、城镇集体单位及其他单位外省总流入量之和；流出外省量为国有单位、城镇集体单位及其他单位总流出外省量之和；本省流动量为国有单位、城镇集体单位及其他单位总流入本省量与总流出本省量的平均值。

## 附录 A2　2004 年全国各地区原始数据

| 地区 | 人均GDP | 专业技术人员数 | 总人口数 | 专利申请量 | 专利申请受理量 | 技术市场成交额 | 第一产业专业技术人员数 | 第二产业专业技术人员数 | 第三产业专业技术人员数 | 总专业技术人员数 | 人才外省流入量 | 人才流出外省量 | 人才本省流动量 | 人才外省流入率 | 人才本省流出率 | 人才本省流动率 |
|---|---|---|---|---|---|---|---|---|---|---|---|---|---|---|---|---|
| 单位 | 元 | 人 | 人 | 件 | 件 | 万元 | 千人 | 千人 | 千人 | 千人 | 人 | 人 | 人 | % | % | % |
| 东部 | | | | | | | | | | | | | | | | |
| 北京 | 37058 | 1431852 | 14930000 | 18402 | 9005 | 4249975 | 6270 | 339378 | 1086204 | 1431852 | 32760 | 8585 | 123590. 5 | 2. 22871 | 0. 58405 | 8. 40804 |
| 天津 | 31550 | 458348 | 10240000 | 8406 | 2578 | 450276 | 2969 | 136378 | 319001 | 458348 | 960 | 928 | 46030. 5 | 0. 20220 | 0. 19546 | 9. 69539 |
| 河北 | 12918 | 1598495 | 68090000 | 5647 | 3407 | 72718 | 15744 | 320654 | 1262097 | 1598495 | 1459 | 1973 | 54735. 5 | 0. 09154 | 0. 12379 | 3. 43432 |
| 上海 | 55307 | 724561 | 17420000 | 20471 | 10625 | 1716963 | 2704 | 208018 | 513839 | 724561 | 13647 | 4997 | 136144. 5 | 1. 77925 | 0. 65193 | 17. 75005 |
| 江苏 | 20705 | 1674407 | 74330000 | 23532 | 11330 | 897855 | 17637 | 438711 | 1218059 | 1674407 | 4617 | 1765 | 84685. 5 | 0. 27921 | 0. 10674 | 5. 12120 |
| 浙江 | 23942 | 1206546 | 47200000 | 25294 | 15249 | 581465 | 10682 | 292537 | 903327 | 1206546 | 3627 | 1019 | 50530. 5 | 0. 31658 | 0. 08894 | 4. 41054 |
| 福建 | 17218 | 942496 | 35110000 | 7498 | 4758 | 141395 | 12682 | 272651 | 657163 | 942496 | 4351 | 954 | 35325. 0 | 0. 49449 | 0. 10842 | 4. 01466 |
| 山东 | 16925 | 2329469 | 91800000 | 18388 | 9733 | 750850 | 28620 | 594808 | 1706041 | 2329469 | 1888 | 2484 | 149272. 5 | 0. 08152 | 0. 10725 | 6. 44505 |
| 广东 | 19707 | 2093827 | 83040000 | 52201 | 31446 | 572651 | 18384 | 524151 | 1551292 | 2093827 | 12557 | 3750 | 70306. 0 | 0. 63344 | 0. 18917 | 3. 54661 |
| 海南 | 9450 | 180944 | 8180000 | 375 | 278 | 1885 | 25539 | 21876 | 133529 | 180944 | 1252 | 670 | 5152. 5 | 0. 70908 | 0. 37946 | 2. 91817 |
| 东北部 | | | | | | | | | | | | | | | | |
| 黑龙江 | 13897 | 1116985 | 38170000 | 4919 | 2809 | 125715 | 103570 | 277494 | 735921 | 1116985 | 795 | 1787 | 101328. 0 | 0. 06855 | 0. 15410 | 8. 73754 |
| 辽宁 | 16297 | 1364558 | 42170000 | 14695 | 5749 | 752817 | 27698 | 358971 | 977889 | 1364558 | 2010 | 2939 | 75761. 5 | 0. 14652 | 0. 21423 | 5. 52243 |
| 吉林 | 10932 | 891385 | 27090000 | 3657 | 2145 | 107900 | 47141 | 187212 | 657032 | 891385 | 524 | 1023 | 31199. 5 | 0. 05913 | 0. 11544 | 3. 52082 |
| 中部 | | | | | | | | | | | | | | | | |
| 山西 | 9150 | 950360 | 33350000 | 1949 | 1189 | 59960 | 12227 | 279484 | 658649 | 950360 | 1422 | 1369 | 32442. 0 | 0. 15220 | 0. 14653 | 3. 47244 |

续表

| 地区 | 人均GDP | 专业技术人员数 | 总人口数 | 专利申请量 | 专利申请受理量 | 技术市场成交额 | 第一产业专业技术人员数 | 第二产业专业技术人员数 | 第三产业专业技术人员数 | 总专业技术人员数 | 人才外省流入量 | 人才流出外省量 | 人才本省流动量 | 人才外省流入率 | 人才本省流出率 | 人才本省流动率 |
|---|---|---|---|---|---|---|---|---|---|---|---|---|---|---|---|---|
| 单位 | 元 | 人 | 人 | 件 | 件 | 万元 | 千人 | 千人 | 千人 | 千人 | 人 | 人 | 人 | % | % | % |
| 安徽 | 7768 | 993375 | 64610000 | 2943 | 1607 | 90675 | 15332 | 201726 | 776317 | 993375 | 468 | 2881 | 36153.0 | 0.04561 | 0.28075 | 3.52310 |
| 江西 | 8189 | 835523 | 42840000 | 2685 | 1169 | 93661 | 18944 | 153049 | 663530 | 835523 | 523 | 2115 | 34641.5 | 0.06281 | 0.25400 | 4.16030 |
| 河南 | 9470 | 1970891 | 97170000 | 6318 | 3318 | 203207 | 17145 | 443751 | 1509995 | 1970891 | 1099 | 4692 | 51202.0 | 0.05740 | 0.24507 | 2.67437 |
| 湖北 | 10500 | 1488122 | 60160000 | 7960 | 3280 | 461700 | 36315 | 354216 | 1097591 | 1488122 | 805 | 1487 | 31948.0 | 0.06097 | 0.11261 | 2.41959 |
| 湖南 | 9117 | 1290709 | 66980000 | 7693 | 3281 | 408280 | 13646 | 231307 | 1045756 | 1290709 | 1444 | 2348 | 54145.5 | 0.11170 | 0.18163 | 4.18834 |
| 西部 | | | | | | | | | | | | | | | | |
| 内蒙古 | 11305 | 742649 | 23840000 | 1457 | 831 | 104085 | 60667 | 152734 | 529248 | 742649 | 1194 | 672 | 42166.0 | 0.16371 | 0.09214 | 5.78153 |
| 广西 | 7196 | 938691 | 48890000 | 2202 | 1272 | 90955 | 27215 | 147481 | 763995 | 938691 | 934 | 968 | 43887.0 | 0.10183 | 0.10554 | 4.78479 |
| 重庆 | 9608 | 616604 | 31220000 | 5171 | 3601 | 596186 | 10106 | 180396 | 426102 | 616604 | 651 | 1117 | 22726.5 | 0.10486 | 0.17993 | 3.66080 |
| 四川 | 8113 | 1566885 | 87250000 | 7260 | 4430 | 165640 | 38766 | 381438 | 1146681 | 1566885 | 1126 | 1281 | 52731.5 | 0.07150 | 0.08134 | 3.34831 |
| 贵州 | 4215 | 649869 | 39040000 | 1486 | 737 | 13532 | 15685 | 130318 | 503866 | 649869 | 393 | 427 | 23409.5 | 0.06286 | 0.06830 | 3.74419 |
| 云南 | 6733 | 850418 | 44150000 | 2132 | 1264 | 215555 | 43240 | 135733 | 671445 | 850418 | 582 | 596 | 42923.5 | 0.06764 | 0.06927 | 4.98869 |
| 西藏 | 7779 | 35933 | 2740000 | 62 | 23 | — | 551 | 2888 | 32494 | 35933 | 106 | 86 | 2593.5 | 0.26177 | 0.21238 | 6.40481 |
| 陕西 | 7757 | 1038907 | 37050000 | 3217 | 2007 | 139129 | 19475 | 283895 | 735537 | 1038907 | 631 | 3235 | 28704.5 | 0.06190 | 0.31733 | 2.81574 |
| 甘肃 | 5970 | 532666 | 26190000 | 910 | 514 | 119608 | 16221 | 120207 | 396238 | 532666 | 457 | 851 | 18958.0 | 0.08588 | 0.15992 | 3.56255 |
| 青海 | 8606 | 137272 | 5390000 | 124 | 70 | 12793 | 7206 | 23633 | 106433 | 137272 | 59 | 240 | 4657.5 | 0.04283 | 0.17421 | 3.38073 |
| 宁夏 | 7880 | 176110 | 5880000 | 399 | 293 | 12827 | 6971 | 40849 | 128290 | 176110 | 257 | 355 | 17448.0 | 0.14871 | 0.20542 | 10.09510 |
| 新疆 | 11199 | 701710 | 19630000 | 1492 | 792 | 133371 | 72314 | 116254 | 513141 | 701710 | 866 | 779 | 40346.0 | 0.12346 | 0.11106 | 5.75189 |

## 附录 A3 2007 年全国各地区原始数据

| 地区 | 人均GDP | 专业技术人员数 | 总人口数 | 专利申请量 | 专利申请受理量 | 技术市场成交额 | 第一产业专业技术人员数 | 第二产业专业技术人员数 | 第三产业专业技术人员数 | 总专业技术人员数 | 人才外省流入量 | 人才流出外省量 | 人才本省流动量 | 人才外省流入率 | 人才本省流出率 | 人才本省流动率 |
|---|---|---|---|---|---|---|---|---|---|---|---|---|---|---|---|---|
| 单位 | 元 | 人 | 人 | 件 | 件 | 万元 | 千人 | 千人 | 千人 | 千人 | 人 | 人 | 人 | % | % | % |
| 东部 | | | | | | | | | | | | | | | | |
| 北京 | 58204 | 1588924 | 16330000 | 31680 | 14954 | 8825603 | 0.003976 | 0.217199 | 0.778825 | 1588924 | 44269 | 17329 | 204408.0 | 0.86164 | 0.33729 | 3.97856 |
| 天津 | 46122 | 474389 | 11150000 | 15744 | 5584 | 723356 | 0.005213 | 0.313549 | 0.681238 | 474389 | 1846 | 1570 | 45167.5 | 0.09467 | 0.08051 | 2.31632 |
| 河北 | 19877 | 1629514 | 69430000 | 7853 | 5358 | 164329 | 0.008522 | 0.198609 | 0.79287 | 1629514 | 1486 | 2939 | 53185.5 | 0.02965 | 0.05864 | 1.06113 |
| 上海 | 66367 | 712188 | 18580000 | 47205 | 24481 | 3548877 | 0.002782 | 0.264454 | 0.732764 | 712188 | 6089 | 3582 | 75974.0 | 0.18312 | 0.10772 | 2.28483 |
| 江苏 | 33928 | 2018720 | 76250000 | 88950 | 31770 | 784173 | 0.009425 | 0.325297 | 0.665278 | 2018720 | 4732 | 4930 | 63943.5 | 0.06965 | 0.07257 | 0.94121 |
| 浙江 | 37411 | 1462282 | 50600000 | 68933 | 42069 | 453474 | 0.004718 | 0.298357 | 0.696925 | 1462282 | 4180 | 3610 | 54568.5 | 0.06843 | 0.05910 | 0.89333 |
| 福建 | 25908 | 1016265 | 35810000 | 11341 | 7761 | 145579 | 0.012424 | 0.331007 | 0.656569 | 1016265 | 2185 | 1462 | 38759.5 | 0.05112 | 0.03421 | 0.90686 |
| 山东 | 27807 | 2339825 | 93670000 | 46849 | 22821 | 450275 | 0.00699 | 0.278119 | 0.714891 | 2339825 | 4693 | 4780 | 82686.5 | 0.05229 | 0.05325 | 0.92122 |
| 广东 | 33151 | 2347639 | 94490000 | 102449 | 56451 | 1328448 | 0.005821 | 0.271082 | 0.723097 | 2347639 | 14468 | 4487 | 63860.5 | 0.15159 | 0.04701 | 0.66909 |
| 海南 | 14555 | 179210 | 8450000 | 632 | 296 | 7327 | 0.128776 | 0.095564 | 0.77566 | 179210 | 1288 | 688 | 6396.5 | 0.17050 | 0.09107 | 0.84674 |
| 东北部 | | | | | | | | | | | | | | | | |
| 黑龙江 | 18478 | 1094776 | 38240000 | 7242 | 4303 | 350209 | 0.096421 | 0.216634 | 0.686945 | 1094776 | 580 | 1632 | 67327.5 | 0.01168 | 0.03287 | 1.35592 |
| 辽宁 | 25729 | 1315412 | 42980000 | 19518 | 9615 | 929290 | 0.016565 | 0.257056 | 0.726379 | 1315412 | 1795 | 1616 | 62739.5 | 0.03604 | 0.03245 | 1.25978 |
| 吉林 | 19383 | 818821 | 27300000 | 5251 | 2855 | 174845 | 0.046756 | 0.185125 | 0.768119 | 818821 | 253 | 598 | 39485.0 | 0.00952 | 0.02249 | 1.48491 |
| 中部 | | | | | | | | | | | | | | | | |
| 山西 | 16945 | 1037593 | 33930000 | 3333 | 1992 | 82677 | 0.012041 | 0.287489 | 0.700469 | 1037593 | 1043 | 853 | 30780.5 | 0.02853 | 0.02334 | 0.84205 |
| 安徽 | 12045 | 1019581 | 61180000 | 6070 | 3413 | 264515 | 0.010986 | 0.196856 | 0.792158 | 1019581 | 1054 | 904 | 30206.0 | 0.03116 | 0.02672 | 0.89293 |

续表

| 地区 | 人均GDP | 专业技术人员数 | 总人口数 | 专利申请量 | 专利申请受理量 | 技术市场成交额 | 第一产业专业技术人员数 | 第二产业专业技术人员数 | 第三产业专业技术人员数 | 总专业技术人员数 | 人才外省流入量 | 人才流出外省量 | 人才本省流动量 | 人才外省流入率 | 人才本省流出率 | 人才本省流动率 |
|---|---|---|---|---|---|---|---|---|---|---|---|---|---|---|---|---|
| 单位 | 元 | 人 | 人 | 件 | 件 | 万元 | 千人 | 千人 | 千人 | 千人 | 人 | 人 | 人 | % | % | % |
| 江西 | 12633 | 850344 | 43680000 | 3548 | 2069 | 99533 | 0.019557 | 0.185558 | 0.794885 | 850344 | 375 | 820 | 21883.0 | 0.01326 | 0.029 | 0.77392 |
| 河南 | 16012 | 2060475 | 93600000 | 14916 | 6998 | 261907 | 0.007667 | 0.217452 | 0.774881 | 2060475 | 1193 | 1546 | 43964.0 | 0.01677 | 0.02174 | 0.61812 |
| 湖北 | 16206 | 1472367 | 56990000 | 17376 | 6616 | 522146 | 0.016526 | 0.245315 | 0.738158 | 1472367 | 2334 | 1745 | 31303.5 | 0.04486 | 0.03354 | 0.60169 |
| 湖南 | 14492 | 1273100 | 63550000 | 11233 | 5687 | 460816 | 0.006422 | 0.208398 | 0.78518 | 1273100 | 1062 | 1925 | 46872.0 | 0.02556 | 0.04633 | 1.12801 |
| 西部 | | | | | | | | | | | | | | | | |
| 内蒙古 | 25393 | 732767 | 24050000 | 2015 | 1313 | 109835 | 0.06727 | 0.190767 | 0.741963 | 732767 | 817 | 1314 | 37810.5 | 0.03368 | 0.0542 | 1.55857 |
| 广西 | 12555 | 980525 | 47680000 | 3480 | 1907 | 9970 | 0.024502 | 0.159023 | 0.816475 | 980525 | 1153 | 880 | 39616.0 | 0.04067 | 0.03104 | 1.39742 |
| 重庆 | 14660 | 675008 | 28160000 | 6715 | 4994 | 395658 | 0.011395 | 0.277164 | 0.71144 | 675008 | 948 | 827 | 48517.0 | 0.04314 | 0.03764 | 2.20794 |
| 四川 | 12893 | 1655797 | 81270000 | 19165 | 9935 | 303878 | 0.020082 | 0.251105 | 0.728813 | 1655797 | 1424 | 1535 | 65979.0 | 0.02736 | 0.02949 | 1.26747 |
| 贵州 | 6915 | 666548 | 37620000 | 2759 | 1727 | 6560 | 0.013282 | 0.18783 | 0.798888 | 666548 | 391 | 1337 | 25692.0 | 0.01857 | 0.06351 | 1.22036 |
| 云南 | 10540 | 956788 | 45140000 | 3108 | 2139 | 97496 | 0.045851 | 0.196004 | 0.758145 | 956788 | 725 | 662 | 36767.0 | 0.02797 | 0.02554 | 1.41832 |
| 西藏 | 12109 | 42999 | 2840000 | 97 | 68 | — | 0.013489 | 0.062304 | 0.924208 | 42999 | 98 | 72 | 2839.0 | 0.05181 | 0.03807 | 1.50093 |
| 陕西 | 14607 | 1106467 | 37480000 | 8499 | 3451 | 301710 | 0.019241 | 0.288425 | 0.692334 | 1106467 | 659 | 725 | 29036.0 | 0.01969 | 0.02166 | 0.86734 |
| 甘肃 | 10346 | 553407 | 26170000 | 1608 | 1025 | 262107 | 0.019152 | 0.202216 | 0.778631 | 553407 | 272 | 706 | 25796.0 | 0.01398 | 0.03629 | 1.32613 |
| 青海 | 14257 | 149213 | 5520000 | 387 | 222 | 53016 | 0.048823 | 0.19178 | 0.759398 | 149213 | 92 | 92 | 14488.5 | 0.02129 | 0.02129 | 3.35338 |
| 宁夏 | 14649 | 186027 | 6100000 | 838 | 296 | 6641 | 0.034898 | 0.245491 | 0.719611 | 186027 | 213 | 141 | 9837.5 | 0.03630 | 0.02403 | 1.67673 |
| 新疆 | 16999 | 722603 | 20950000 | 2270 | 1534 | 71724 | 0.098632 | 0.166919 | 0.734449 | 722603 | 944 | 770 | 42604.0 | 0.03851 | 0.03141 | 1.73793 |

# 附录B 三类人才调查问卷表

## B1. 党政人才调查问卷表

**一、下列每个句子用来描述与您工作相关的一些方面，请在与您的看法一致的方框内打“√”。**

| 描述 | | 非常同意 | 同意 | 既不同意也不反对 | 不同意 | 非常不同意 |
|---|---|---|---|---|---|---|
| 1 | 用统一考试的方式来选拔人才更科学 | □ | □ | □ | □ | □ |
| 2 | 目前党政人才选拔面过窄 | □ | □ | □ | □ | □ |
| 3 | 面向社会选拔党政人才是党政人才选拔方式的一种进步 | □ | □ | □ | □ | □ |
| 4 | 外省的党政人才能否来我省，很大程度上取决于我省的文化是否会“排外” | □ | □ | □ | □ | □ |
| 5 | 公正、透明的用人机制有利于党政人才的吸引 | □ | □ | □ | □ | □ |
| 6 | 目前党政人才选拔机制很合理 | □ | □ | □ | □ | □ |
| 7 | 我非常愿意从事现在的工作 | □ | □ | □ | □ | □ |
| 8 | 我舍不得离开我工作的这个集体 | □ | □ | □ | □ | □ |
| 9 | 我和单位同事合作很愉快 | □ | □ | □ | □ | □ |
| 10 | 我认为民众对我们的工作是支持的 | □ | □ | □ | □ | □ |
| 11 | 我完全胜任目前的工作岗位 | □ | □ | □ | □ | □ |
| 12 | 我的工作非常具有挑战性 | □ | □ | □ | □ | □ |
| 13 | 在本单位工作很好地发挥了我的能力 | □ | □ | □ | □ | □ |
| 14 | 我工作很大程度上取决于自己的选择，而不是上级的安排 | □ | □ | □ | □ | □ |
| 15 | 我在单位对工作方式能自主创新 | □ | □ | □ | □ | □ |
| 16 | 我有足够权限处理工作职责范围内的事情 | □ | □ | □ | □ | □ |
| 17 | 我不用花很多精力处理与上下级的关系 | □ | □ | □ | □ | □ |
| 18 | 在机关工作，可以锻炼自己各方面的能力 | □ | □ | □ | □ | □ |
| 19 | 对党政人才来说，在实践中学习比脱产到大学学习重要得多 | □ | □ | □ | □ | □ |
| 20 | 将人才送到经济发达地区挂职锻炼，是培养高素质党政人才的有效途径 | □ | □ | □ | □ | □ |

续表

| | 描　　述 | 非常同意 | 同意 | 既不同意也不反对 | 不同意 | 非常不同意 |
|---|---|---|---|---|---|---|
| 21 | 学习型政府的形成有利于党政人才的成长 | □ | □ | □ | □ | □ |
| 22 | 我单位很重视人才的培养 | □ | □ | □ | □ | □ |
| 23 | 缺乏学习机会是我能力难以进一步提高的主要原因 | □ | □ | □ | □ | □ |
| 24 | 我单位有明确的人才培养计划 | □ | □ | □ | □ | □ |
| 25 | 我单位有良好的学习氛围 | □ | □ | □ | □ | □ |
| 26 | 大多数情况下，我只能通过自学来实现自身能力的提高 | □ | □ | □ | □ | □ |
| 27 | 我单位的绩效考核很公平 | □ | □ | □ | □ | □ |
| 28 | 我单位晋升机制很公平 | □ | □ | □ | □ | □ |
| 29 | 我干得越好，获得的报酬效益越大 | □ | □ | □ | □ | □ |
| 30 | 我所获得的报酬与所付出的代价基本相符 | □ | □ | □ | □ | □ |
| 31 | 党政机关的工作绩效考核标准明确 | □ | □ | □ | □ | □ |
| 32 | 我的工作目标很明确 | □ | □ | □ | □ | □ |
| 33 | 得到领导的理解和信任比增加收入更重要 | □ | □ | □ | □ | □ |
| 34 | 如果党政人才能在全国范围内自由流动，则我省能够留下更多的人才 | □ | □ | □ | □ | □ |
| 35 | 我喜欢当地的人文环境 | □ | □ | □ | □ | □ |
| 36 | 我喜欢当地的自然环境 | □ | □ | □ | □ | □ |
| 37 | 经济发展水平高低是党政机关能否吸引优秀人才的重要因素 | □ | □ | □ | □ | □ |
| 38 | 城市化水平高低对吸引人才有很大影响 | □ | □ | □ | □ | □ |
| 39 | 良好的科技平台对党政机关吸引高素质专业技术人员很重要 | □ | □ | □ | □ | □ |
| 40 | 即使我想离开本单位，也有很多制度方面的限制 | □ | □ | □ | □ | □ |
| 41 | 人才更愿意流向市场化程度高的地区 | □ | □ | □ | □ | □ |
| 42 | 经济水平低下导致大量优秀人才外流 | □ | □ | □ | □ | □ |
| 43 | 我的工作比较稳定 | □ | □ | □ | □ | □ |
| 44 | 只有提高现有人才的待遇，才能吸引更多的人才来我省 | □ | □ | □ | □ | □ |
| 45 | 提高待遇可以留住更多的党政人才 | □ | □ | □ | □ | □ |
| 46 | 我目前的所得在我所在地区是较高的 | □ | □ | □ | □ | □ |
| 47 | 我的工作是令人羡慕的 | □ | □ | □ | □ | □ |
| 48 | 对我来说，离开现在的单位所付出的代价会更高 | □ | □ | □ | □ | □ |
| 49 | 在机关工作，社会地位较高 | □ | □ | □ | □ | □ |
| 50 | 在机关工作，与企业相比福利较好 | □ | □ | □ | □ | □ |
| 51 | 我认为当地官本位文化很浓 | □ | □ | □ | □ | □ |
| 52 | 我认为当地政府服务效率很高 | □ | □ | □ | □ | □ |

## 二、下面是有关您工作方面的一些问题，请你在相应的选项前画圈。

53. 作为党政工作人员，您最关注的是：

A. 国家大政方针

B. 本省本地的政策调整

C. 当地经济的发展动态

D. 公务员政策的调整变化

E. 单位的人事变动

F. 其他（请注明）＿＿＿＿＿＿

54. 作为党政工作人员，您认为工作中最大的困难是：

A. 办事效率不高

B. 不能充分发挥个人的主观能动性

C. 与相关部门的工作协调比较困难

D. 人际关系的处理

E. 无法对下属进行有效的激励与约束

F. 缺乏必要的工作条件

G. 其他（请注明）＿＿＿＿＿＿

55. 就改善人才环境而言，您觉得下列因素中哪一项最为重要

A. 制定一系列吸引、稳定人才的优惠政策，提高人才的待遇

B. 培育、发展好一大批有实力的企业、高校和科研机构，让人才有一个能更好发挥作用的平台

C. 在全社会营造一种尊重知识、尊重人才的良好氛围

D. 制定一套选拔、培养人才的有效机制，让有真才实学的人才能看到自己今后发展的希望前景

E. 其他（请注明）＿＿＿＿＿＿

56. 您认为自己的能力已经发挥了

A. 30%以下　　B. 30%～50%　　C. 50%～80%　　D. 80%～100%

57. 您认为下列因素中的哪一项，最能促使您忘我地工作

A. 为了实现自身的价值　　B. 为了单位的长远发展

C. 单位现在的效益　　D. 为了自身的社会地位

E. 为了对社会多做贡献　　F. 为了保住现在的工作

G. 为了得到更多的晋升机会　　H. 啥都不为，我就愿意努力工作

58. 如果您有机会重新选择工作地点，您会选择

A. 东部省市　　B. 中部省市　　C. 西部省市　　D. 哪都一样

59. 如果您有机会重新选择工作单位，您会更看重下列因素中的哪一些？请将各选项按照重要程度排序（从最重要到最不重要的顺序）

A. 单位的地理位置　　B. 单位的性质（企业、事业、机关等）

C. 单位现在的效益　　D. 单位未来发展的潜力前景

E. 自己的工作岗位　　F. 自己的收入状况

G. 能否发挥好个人的作用，实现自身的价值

H. 能否安置好家庭成员的就业、就学等问题

I. 能否遇到一个开明的领导

J. 是否有一个自己满意的工作团队

最重要________、________、________、________、________、________、________、________、________、________。

60. 您认为我省目前最紧缺的人才是

A. 党政领导人才　　B. 企业经营管理人才　　C. 专业技术领军人才

D. 高技能型人才　　E. 其他

61. 如果您有机会重新选择，您更愿意在以下哪类单位中工作

A. 党政机关　　B. 国有企业　　C. 非国有企业

D. 大专院校　　E. 其他事业单位　　F. 自己创业

**三、下面是有关您本人及您所在单位的一些信息，请您在相应的选项前画圈。**

1. 您的年龄是

A. 25岁及以下　　B. 26~35岁　　C. 36~45岁

D. 46~55岁　　E. 56岁及以上

2. 您的性别是

A. 男　　B. 女

3. 您所在省市属于

A. 东部地区　　B. 中部地区　　C. 西部地区

4. 您的教育程度是

A. 高中及以下　　B. 中专　　C. 大专

D. 本科　　E. 研究生及以上

5. 您的年收入大致在

A. 3万元以下　　B. 3万~6万元　　C. 6万~10万　　D. 10万元以上

6. 您目前的行政级别是

A. 科员　　B. 副科　　C. 正科

D. 副处　　E. 正处　　F. 厅级

7. 您是经过下列哪种途径获得本职位的

A. 大中专院校分配　B. 军队转业安置　C. 公开选拔考试

D. 从其他单位调入　E. 上级委派　F. 干部轮岗交流

G. 其他

8. 您从事党政工作的年限有________年

9. 您所在的单位属于

A. 省政府机关　B. 省委机关　C. 省人大、政协

D. 省群众团体　E. 其他省直单位　F. 市、县政府

G. 市、县委　H. 市、县人大、政协　I. 市、县群众团体

J. 其他市、县直单位

# B2. 经营管理人才调查问卷表

**一、下列每个句子用来描述与您工作相关的一些方面，请在与您的看法一致的方框内打“√”。**

| 描述 | | 非常同意 | 同意 | 既不同意也不反对 | 不同意 | 非常不同意 |
|---|---|---|---|---|---|---|
| 1 | 我觉得企业经营管理人才应在本企业，至少应在本系统内选拔 | □ | □ | □ | □ | □ |
| 2 | 面向社会公开选拔经营管理人才是人才选拔方式的一种进步 | □ | □ | □ | □ | □ |
| 3 | 现代企业制度为更好地选拔企业经营管理人才创造了有利的条件 | □ | □ | □ | □ | □ |
| 4 | 我认为当地政府已经实现了从“管理型”到“服务型”的转变 | □ | □ | □ | □ | □ |
| 5 | 只有引进或留住一批有实力的企业，才能吸引更多的企业经营人才 | □ | □ | □ | □ | □ |
| 6 | 提高现有人才的待遇，能吸引更多的人才来我省 | □ | □ | □ | □ | □ |
| 7 | 基础设施的改善，对企业经营非常有利 | □ | □ | □ | □ | □ |
| 8 | 外省的经营管理人才能否来我省，很大程度上取决于我省的文化是否会“排外” | □ | □ | □ | □ | □ |
| 9 | 地方经济发展水平高低是企业能否吸引经营管理人才的重要因素 | □ | □ | □ | □ | □ |
| 10 | 现在国有企业经营管理人才的选拔不再是少数人说了算 | □ | □ | □ | □ | □ |
| 11 | 良好的科技平台对企业吸引高素质经营管理人才很重要 | □ | □ | □ | □ | □ |
| 12 | 我觉得我完全胜任我这个工作岗位 | □ | □ | □ | □ | □ |
| 13 | 我非常愿意从事现在的工作 | □ | □ | □ | □ | □ |
| 14 | 我舍不得离开我工作的这个集体 | □ | □ | □ | □ | □ |
| 15 | 完善的公司治理结构有利于发挥好自己的作用 | □ | □ | □ | □ | □ |
| 16 | 我现在的工作非常具有挑战性 | □ | □ | □ | □ | □ |
| 17 | 在现有的岗位上，能充分发挥我的能力 | □ | □ | □ | □ | □ |
| 18 | 我不需要把过多精力放在与政府关系的协调上 | □ | □ | □ | □ | □ |
| 19 | 我目前的工作责任和工作权力是对称的 | □ | □ | □ | □ | □ |

续表

| | 描　述 | 非常同意 | 同意 | 既不同意也不反对 | 不同意 | 非常不同意 |
|---|---|---|---|---|---|---|
| 20 | 本地区市场化程度越高，越有利于我经营管理工作的开展 | □ | □ | □ | □ | □ |
| 21 | 在企业经营管理岗位上工作，可以锻炼自己各方面的能力 | □ | □ | □ | □ | □ |
| 22 | 政府大力促进学习型社会的形成对于企业经营管理人才的成长非常重要 | □ | □ | □ | □ | □ |
| 23 | 对企业经营人才来说，在实践中学习比到大学接受培训更重要 | □ | □ | □ | □ | □ |
| 24 | 加强各企业经营管理者之间的沟通和交流可以提高我的工作能力 | □ | □ | □ | □ | □ |
| 25 | 经营人才到经济更发达地区的企业进行交流培训有利于未来企业经营者的成长 | □ | □ | □ | □ | □ |
| 26 | 大多数情况下，我只能通过自学来实现自身能力的提高 | □ | □ | □ | □ | □ |
| 27 | 经理人市场不完善对我省培育企业经营管理人才来说，是一个很大的障碍 | □ | □ | □ | □ | □ |
| 28 | “官本位文化”对企业经营人才的选拔和培养非常不利 | □ | □ | □ | □ | □ |
| 29 | 我非常在意单位绩效考核是否公平 | □ | □ | □ | □ | □ |
| 30 | 我单位的选拔和晋升机制能保证有能力的人得到重用 | □ | □ | □ | □ | □ |
| 31 | 我认为我所获得的报酬与所付出的代价基本相符 | □ | □ | □ | □ | □ |
| 32 | 相对物质奖励，我更看重精神奖励 | □ | □ | □ | □ | □ |
| 33 | 与其他地区相近的经营管理人员相比，我认为我的所得还可以 | □ | □ | □ | □ | □ |
| 34 | 当地政府的“官本位制”过浓 | □ | □ | □ | □ | □ |
| 35 | 我目前所得到的收入大于我承担的风险 | □ | □ | □ | □ | □ |
| 36 | 我在当地有较好的人际关系 | □ | □ | □ | □ | □ |
| 37 | 只要我地区经济发展的势头良好，即使条件艰苦，我也愿意在本地区努力工作 | □ | □ | □ | □ | □ |
| 38 | 如果人才能自由流动，则我省能够留下更多的企业经营管理人才 | □ | □ | □ | □ | □ |
| 39 | 当地的人文、社会环境好 | □ | □ | □ | □ | □ |
| 40 | 我认为社会舆论对我的企业是很支持的 | □ | □ | □ | □ | □ |
| 41 | 在我所在的地区（或系统），外面引进的人才通常享有更高的地位 | □ | □ | □ | □ | □ |

续表

| | 描　述 | 非常同意 | 同意 | 既不同意也不反对 | 不同意 | 非常不同意 |
|---|---|---|---|---|---|---|
| 42 | 我认为当地政府服务效率很高 | □ | □ | □ | □ | □ |
| 43 | 政府有些部门在行政过程中存在的不作为行为，让我们感到经营企业很难 | □ | □ | □ | □ | □ |
| 44 | 如果有机会，我还是想离开现在的企业 | □ | □ | □ | □ | □ |
| 45 | 我常常担心退休后生活水平会大幅下降 | □ | □ | □ | □ | □ |
| 46 | 我没有离开现在企业的主要原因是我离开的代价太高 | □ | □ | □ | □ | □ |

**二、下面是有关您工作方面的一些问题，请您在相应的选项前画圈。**

47. 您所在企业当前面临的最大困难是

A. 市场问题　B. 筹资问题　C. 人才问题　D. 企业负担过重问题

E. 其他（请注明）________

48. 作为一个企业经营者，您平时最担心的问题是：

A. 职工队伍不稳定　B. 生产安全出问题

C. 企业效益滑坡　D. 政府政策多变

E. 其他（请注明）________

49. 就改善我省的人才环境而言，您觉得下列因素中哪一项最为重要

A. 制定一系列吸引、稳定人才的优惠政策，提高人才的待遇

B. 培育、发展好一大批有实力的企业，让人才有一个能更好发挥作用的载体

C. 在全社会营造一种尊重知识、尊重人才的良好氛围

D. 制定一套选拔、培养人才的有效机制，让有真才实学的人才能看到自己今后发展的希望

E. 其他（请注明）________

50. 您认为自己的能力已经发挥了

A. 30%以下　B. 30%～50%　C. 50%～80%　D. 80%～100%

51. 您认为下列因素中的哪一项，最能促使您忘我地工作

A. 为了实现自身的价值　B. 为了企业广大员工的利益

C. 为了自身的经济利益　D. 为了自身的社会地位

E. 为了对社会多做贡献　F. 为了保住现在的工作

G. 为了得到更多的晋升机会　H. 没有其他更好的选择，我必须这样做

52. 您认为企业目前最紧缺的人才是

A. 技术人才　　B. 营销人才　　C. 管理人才　　D. 其他

53. 如果您有机会重新选择，您更愿意在以下哪类企业中从事经营管理工作

A. 国有及国有控股企业　　B. 三资企业　　C. 集体企业

D. 私营企业　　E. 股份公司和有限责任公司

54. 如果您有机会重新选择，您更愿意在以下哪类单位中从事相应的领导、管理或技术工作

A. 党政机关　　B. 社会（群众）团体　　C. 科研院所

D. 大专院校　　E. 其他事业单位　　F. 仍选择企业

G. 自己创业

55. 如果您有机会重新选择工作地点，您会选择

A. 东部省市　　B. 中部省市　　C. 西部省市　　D. 哪都一样

56. 您认为公司投资地点选择是会看中哪些因素？请将各选项按照重要程度排列（从最重要到最不重要的顺序）

A. 本行业在该地区的规模　　B. 当地政府的服务效率

C. 当地的经济发展水平　　D. 当地的劳动力成本

E. 当地政府的优惠政策　　F. 当地人才储备情况

G. 当地的社会治安情况

最重要______、______、______、______、______、______、______。

57. 如果您有机会重新选择，您会更看重下列因素中的哪一些？请将各选项按照重要程度排序（从最重要到最不重要的顺序）

A. 单位的地理位置（东部、中部、西部）

B. 单位的性质（企业、事业、机关等）

C. 单位现在的效益　　D. 单位未来发展前景　　E. 自己的工作岗位

F. 自己的收入状况　　G. 能否发挥好个人的作用，实现自身的价值

H. 能否安置好家庭成员的就业、就学等问题

I. 能否遇到一个开明的领导

J. 是否有一个自己满意的工作团队

最重要________、________、________、________、________、________、________、________、________、________。

**三、下面是有关您本人及您所在单位的一些信息，请您在相应的选项前画圈。**

1. 您所在省市属于

A. 东部地区　B. 中部地区　C. 西部地区

2. 您的年龄是

A. 25 岁及以下　B. 26 ~ 35 岁　C. 36 ~ 45 岁

D. 46 ~ 55 岁　E. 56 岁及以上

3. 您的性别是

A. 男　B. 女

4. 您的教育程度是

A. 高中及以下　B. 中专　C. 大专

D. 本科　E. 研究生及以上

5. 您的年收入大致在

A. 3 万元以下　B. 3 万 ~ 6 万元

C. 6 万 ~ 10 万元　D. 10 万元以上

6. 您的职位是

A. 企业高层管理人员　B. 企业中层管理人员　C. 企业基层管理人员

7. 您是经过下列哪种途径获得本职位的

A. 单位内部提拔　B. 单位内部换岗

C. 上级委派　D. 市场（社会）招聘

E. 其他

8. 您担任高级管理职务的年限有________年

9. 您每天工作的时间大约多少小时

A. 4 小时及以下　B. 5 ~ 8 小时　C. 9 ~ 10 小时

D. 11 ~ 12 小时　E. 13 小时及以上

10. 您所在的企业属于

A. 国有及国有控股企业　B. 三资企业　C. 集体企业

D. 私营企业　E. 股份公司和有限责任公司

11. 您企业的规模属于

A. 大型　B. 中型　C. 小型

12. 您企业所属行业（依据主营业务）是

A. 农林牧渔业　B. 采掘业　C. 制造业

D. 公用事业　E. 建筑业　F. 交通运输仓储业

G. 金融保险业　H. 房地产业　I. 社会服务业

J. IT 业　K. 邮政业　L. 批发零售餐饮业

M. 地质水利业

# B3. 专业技术人才调查问卷表

**一、下列每个句子用来描述与您工作相关的一些方面，请在与您的看法一致的方框内打“√”。**

| | 描　　述 | 非常同意 | 同意 | 既不同意也不反对 | 不同意 | 非常不同意 |
|---|---|---|---|---|---|---|
| 1 | 在我们地区，专业技术人才是受人尊敬的 | □ | □ | □ | □ | □ |
| 2 | 提高现有专业技术人才的待遇，才能吸引更多的人才来我省 | □ | □ | □ | □ | □ |
| 3 | 在我们地区，政府有很好的人才引进政策 | □ | □ | □ | □ | □ |
| 4 | 要想引进人才，我省当务之急是要发展一批有实力的企业、高校和科研机构 | □ | □ | □ | □ | □ |
| 5 | 我们单位对专业技术人才非常重视 | □ | □ | □ | □ | □ |
| 6 | 良好的科技平台对企业吸引高素质经营管理人才很重要 | □ | □ | □ | □ | □ |
| 7 | 我的工作目标很明确，能在工作中找到真正的乐趣 | □ | □ | □ | □ | □ |
| 8 | 我非常愿意从事现在的工作 | □ | □ | □ | □ | □ |
| 9 | 我现在的工作岗位上能实现我的价值 | □ | □ | □ | □ | □ |
| 10 | 我完全胜任我目前的工作岗位，在日常工作中，我能很轻松地完成各项任务 | □ | □ | □ | □ | □ |
| 11 | 我现在的工作具有挑战性 | □ | □ | □ | □ | □ |
| 12 | 我在本单位能充分发挥自身能力 | □ | □ | □ | □ | □ |
| 13 | 单位对我的研究（或开发）工作给予充足的经费支持 | □ | □ | □ | □ | □ |
| 14 | 在我们单位，专业技术人员与管理人员地位平等 | □ | □ | □ | □ | □ |
| 15 | 在单位我不需要花费精力应付日常杂务 | □ | □ | □ | □ | □ |
| 16 | 单位内部的管理服务很到位，使我能专心从事本职工作 | □ | □ | □ | □ | □ |
| 17 | 我的直接上级很关心、支持我的工作 | □ | □ | □ | □ | □ |
| 18 | 我个人在单位的发展前景很明朗 | □ | □ | □ | □ | □ |
| 19 | 我们单位有很好的人才发展规划 | □ | □ | □ | □ | □ |
| 20 | 我单位很重视专业技术人才 | □ | □ | □ | □ | □ |
| 21 | 我单位有明确的人才培养计划 | □ | □ | □ | □ | □ |
| 22 | 我单位有良好的学习、学术氛围 | □ | □ | □ | □ | □ |
| 23 | 对专业技术人才来说，在实践中学习比到大学接受正规培训重要得多 | □ | □ | □ | □ | □ |
| 24 | 将有培养潜力的专业技术人才外送参加业内的经验、技术交流有利于专业技术人才的培养 | □ | □ | □ | □ | □ |

续表

| 描述 | | 非常同意 | 同意 | 既不同意也不反对 | 不同意 | 非常不同意 |
|---|---|---|---|---|---|---|
| 25 | 政府大力促进学习型社会的形成对于专业技术人才的成长非常重要 | □ | □ | □ | □ | □ |
| 26 | 与提供良好的硬件设施相比，单位是否有重视人才的良好氛围对我来说更重要 | □ | □ | □ | □ | □ |
| 27 | 缺乏正规的学习培训机会是我能力难以进一步提高的主要原因 | □ | □ | □ | □ | □ |
| 28 | 我单位人才晋升机制科学合理 | □ | □ | □ | □ | □ |
| 29 | 我单位绩效考核很公平 | □ | □ | □ | □ | □ |
| 30 | 我认为我所获得的报酬与所付出的代价基本相符 | □ | □ | □ | □ | □ |
| 31 | 我的工作是令人尊重的 | □ | □ | □ | □ | □ |
| 32 | 相对物质奖励，我更看重精神上的认可 | □ | □ | □ | □ | □ |
| 33 | 我们单位的激励机制很完善，使我的能力能充分发挥出来 | □ | □ | □ | □ | □ |
| 34 | 与其他相近地区的专业技术人员相比，我认为我的所得还可以 | □ | □ | □ | □ | □ |
| 35 | 我单位有良好的发展前景 | □ | □ | □ | □ | □ |
| 36 | 我喜欢当地的人文环境与自然环境 | □ | □ | □ | □ | □ |
| 37 | 我的工作比较稳定 | □ | □ | □ | □ | □ |
| 38 | 我们单位有很好的人才发展规划 | □ | □ | □ | □ | □ |
| 39 | 如果专业技术人才能自由地流动，则我省或许能够留下更多的专业技术人才 | □ | □ | □ | □ | □ |
| 40 | 我目前工作中的风险很小，但收入相比来说还不错 | □ | □ | □ | □ | □ |
| 41 | 我常常担心退休后生活水平会大幅下降 | □ | □ | □ | □ | □ |
| 42 | 我经常有离开现在单位的念头 | □ | □ | □ | □ | □ |
| 43 | 对我来说，离开现在的单位所付出的成本代价会更高 | □ | □ | □ | □ | □ |
| 44 | 地方经济发展水平高低是企业能否吸引专业技术人才的重要因素 | □ | □ | □ | □ | □ |
| 45 | “官本位”文化对专业技术人才的培养非常不利 | □ | □ | □ | □ | □ |
| 46 | 当地政府的“官本位制”过浓 | □ | □ | □ | □ | □ |
| 47 | 我们单位的“官本位制”过浓 | □ | □ | □ | □ | □ |
| 48 | 我认为当地政府服务效率很高 | □ | □ | □ | □ | □ |

## 二、下面是有关您工作方面的一些问题，请您在相应的选项前画圈。

49. 就改善我省的人才环境而言，您觉得下列因素中哪一项最为重要
    A. 制定一系列吸引、稳定人才的优惠政策，提高人才的待遇
    B. 培育、发展好一大批有实力的企业、高校和科研机构，让人才有一个能更好发挥作用的平台
    C. 在全社会营造一种尊重知识、尊重人才的良好氛围
    D. 制定一套选拔、培养人才的有效机制，让有真才实学的人才能看到自己今后发展的希望前景
    E. 其他（请注明）________
50. 您认为自己的能力已经发挥了
    A. 30%以下　B. 30%~50%　C. 50%~80%　D. 80%~100%
51. 近三年来，您脱产接受业务培训的时间累计有
    A. 1年以上　B. 6个月至1年　C. 3~6个月
    D. 1~3个月　E. 1个月以下　F. 没接受过培训
52. 您认为，您所在单位最紧缺的人才是
    A. 技术人才　B. 管理人才　C. 营销人才　D. 其他
53. 您认为下列因素中的哪一项，最能促使您忘我地工作
    A. 为了实现自身的价值　B. 为了单位的长远发展
    C. 单位现在的效益　D. 为了自身的社会地位
    E. 为了对社会多做贡献　F. 为了保住现在的工作
    G. 为了得到更多的晋升机会　H. 啥都不为，我就愿意努力工作
54. 如果您有机会重新选择工作单位，您更愿意在以下哪类单位中工作
    A. 党政机关　B. 社会（群众）团体　C. 科研机构
    D. 大专院校　E. 其他事业单位　F. 企业
    G. 自己创业
55. 如果您有机会重新选择工作地点，您会选择
    A. 东部省市　B. 中部省市　C. 西部省市　D. 哪都一样
56. 如果您有机会重新选择工作单位，您会更看重下列因素中的哪一些？请将各选项按照重要程度排序（从最重要到最不重要的顺序）
    A. 单位的地理位置（东部、中部、西部）
    B. 单位的性质（企业、事业、机关等）
    C. 单位现在的效益　D. 单位未来发展的潜力前景
    E. 自己的工作岗位　F. 自己的收入状况

G. 能否发挥好个人的作用，实现自身的价值

H. 能否安置好家庭成员的就业、就学等问题

I. 能否遇到一个开明的领导

J. 是否有一个自己满意的工作团队

最重要________、________、________、________、________、________、________、________、________、________。

**三、下面是有关您本人及您所在单位的一些信息，请您在相应的选项前画圈。**

1. 您所在省市属于

A. 东部地区　　B. 中部地区　　C. 西部地区

2. 您的年龄是

A. 25 岁及以下　　B. 26～35 岁　　C. 36～45 岁

D. 46～55 岁　　E. 56 岁及以上

3. 您的性别是

A. 男　　B. 女

4. 您的教育程度是

A. 高中及以下　　B. 中专　　C. 大专

D. 本科　　E. 研究生及以上

5. 您的年收入大致在

A. 3 万元以下　　B. 3 万～6 万元　　C. 6 万～10 万元

D. 10 万元以上

6. 您目前的职称是

A. 高级　　B. 中级　　C. 助理　　D. 其他

7. 您是经过下列哪种途径进入本单位的

A. 学校分配　　B. 军队复员、转业　　C. 系统内工作调动

D. 市场招聘　　E. 其他

8. 您当初是通过哪种渠道获得本单位用人信息的

A. 朋友介绍　　B. 招聘广告　　C. 参加人才交流会

D. 人才交流中心推荐　E. 其他

9. 您在目前的岗位上已工作________年

10. 您所在的单位属于

A. 科研机构　　B. 大中专院校　　C. 中小学

D. 卫生系统　　E. 企业　　F. 其他

11. 如果是企业，那您所在企业属于

A. 国有及国有控股企业　　B. 三资企业
C. 集体企业　　D. 私营企业
E. 股份公司或有限责任公司

# 参考文献

[1] 艾比布拉·胡贾．坚持科学的人才观，加强西部人才队伍建设．中央民族大学学报，2005（3）

[2] 北京市委组织部等．构建新世纪现代人才管理体制．北京：中国人民大学出版社，2004

[3] 毕士杰．发展经济学．北京：高等教育出版社，1999

[4] 边云霞．我国人力资本对经济增长贡献率的实证分析．中南财经政法大学学报，2006（2）

[5] 蔡昉，都阳．地区经济增长的趋同与趋异——对西部开发战略的启示．经济研究，2000（10）

[6] 蔡昉，都阳．区域差距、趋同与西部开发．中国工业经济，2001（2）

[7] 蔡昉、王德文．劳动力市场扭曲对区域差距的影响．中国社会科学，2001（2）

[8] 蔡增正．英国国家教育经济学的历史沿革．教育与经济，2001（2）

[9] 蔡哲人，沈荣华．上海构筑国际人才高地对策研究．中国人力资源开发，2002（9）

[10] 曹阳．区域经济发展的差异性与制度发展的非均衡．经济学家，2009（12）

[11] 陈德．对西部地区人才流失的思考．当代经济，2007（2）

[12] 陈芳，程贤文．中部崛起的人才战略思考．管理世界，2007（11）

[13] 陈国阶．我国东、中、西部发展差异原因分析．地理科学，1997（1）

[14] 陈浩．人力资本对经济增长影响的结构分析．数量经济与技术经济研究，2007（8）

[15] 陈计旺．中西部地区经济发展落后的原因透视．延边大学学报，1997（2）

[16] 陈洁莲．广西人才资本与经济增长的关系．学术论坛，2007（12）

[17] 陈力．西部人才结构与调整．中国人才，2002（2）

[18] 陈洛．西部地区人才资源向人才资本转化论析．改革与战略，2006（1）

[19] 陈文新，田静．西部人才流失问题分析．中国市场，2006（10）

[20] 陈雪岭，王少雨．“中部崛起”中的人才机制创新研究．科技进步与对策，2006（7）

[21] 陈颖．青海省人口、资源、环境与经济、社会的协调发展研究．西北人口，2007（5）

[22] 程芳．中国人才资本积累与经济增长的相关性研究．南京工业大学硕士学位论文，2002

[23] 程桢．人才聚集环境效应与中西部人才聚集环境的优化．管理现代化，2003（4）

[24] 狄成杰，朱镇斌．中部地区人力资源建设与创新人才培养．经济纵横，2007（7）

[25] 丁兆罡．基于 EIVIEWS 的人力资本对安徽省经济增长的贡献分析．安徽工业大学学报，2009（9）

[26] 董君舒，等．构筑新世纪江西人才高地．北京：中国人事出版社，2004

[27] 董晓惠，李晓文．西部开发战略中可持续发展的人才观刍议．江南大学学报，2006（4）

[28] 段尔煜．“人才”定义辨析．行政人事管理，1999（5）

[29] 范剑勇．要素集聚与地区差距：来自中国的证据．中国社会科学评论，2004（3）

[30] 樊霞，朱桂龙．基于适合度景观的企业技术创新绩效管理．科学与科学技术管理，2007（10）

[31] 冯德显．中部地区人才的资源化开发及机制创新研究．地域研究与开发，2007（6）

[32] 高桂珍．抓住中部崛起机遇 实现人才资源开发合作．探索与研究，2005（11）

[33] 高金浩．经济与人才系统协调性评判模型．中国人力资源开发，2003（2）

[34] 管卫华，林振山等．中国区域经济发展差异及其原因的多尺度分析．经济研究，2006（7）

[35] 桂昭明．人才资本论纲．中国人才，2003（9）

[36] 郭金龙，王宏伟．中国区域间资本流动与区域经济差距研究．管理世界，2003（7）

[37] 郭金龙．论中西部地区的人才开发问题．中国人才，2000（4）

[38] 郭玉清，杨栋．人力资本门槛、创新互动能力与低发展陷阱——对

1990年以来中国地区经济差距的实证检验．财经研究，2007（6）

［39］韩朝晨．经济欠发达地区实施人才战略的思考．组织人事学研究，2002（3）

［40］郝婷，张丽萍，郭向平．西部地区以创新思路实施人才战略研究．西北农林科技大学学报，2006（1）

［41］郝婷，范秀荣．对西部地区人才开发利用的思考．西北农林科技大学学报，2004（7）

［42］贺灿飞，梁进社．中国区域经济差异的时空变化：市场化、全球化与城市化．管理世界，2004（8）

［43］胡鞍钢．欠发达地区发展问题研究．改革，1994（3）

［44］胡大立．中国区域经济发展差距与民营经济发展差距的相关性分析．上海经济研究，2006（2）

［45］胡书东，刘书林．地区经济发展差距成因新论．社会科学战线，2000（3）

［46］胡旭红，曲则凯．西部欠发达地区实施人才战略的思考．科技与经济，2006（11）

［47］胡永远．中国居民人力资本投资研究．长沙：湖南人民出版社，2003

［48］湖南省人事厅课程组．区域人才开发与中部崛起．中国人才，2006（1）

［49］华才．发挥人才优势促进中部崛起．中国人才，2007（1）

［50］李春平．江苏人才结构与经济发展协调性分析．南京财经大学硕士学位论文，2006

［51］李国平，范红忠．生产集中、人口分布与地区经济差异．经济研究，2003（11）

［52］李建民等．人才资源在经济增长中的作用研究．人口与经济，1999（5）

［53］李京文等．现代人力资源经济分析——理论·模型·应用．北京：社会科学文献出版社，1997

［54］李文陆．我国东、中、西部地区经济“S形”发展差距态势的实证分析．技术经济，2007（3）

［55］李艳华．人力资本与经济增长研究——基于甘肃的实证分析．经济经纬，2009（5）

［56］李燕萍．区域人力资源开发程度的测定指标体系构建．统计研究，2001（7）

［57］李志江．对中西部地区实施人才战略的思考．山西财经大学学报，2003（10）

［58］林毅夫，张鹏飞．后发优势、技术引进和落后国家的经济增长．经济

学（季刊），2005（04）

［59］林毅夫．中国的经济发展战略与地区收入差距．经济研究，2003（3）

［60］林毅夫等．中国经济转型时期的地区差距分析．经济研究，1998

［61］刘爱军．凸显“人才主权”——中西部地区优化人才汇聚机制的关键．人才资源开发，2005（1）

［62］刘爱玉．政策结构与人力资本对地区经济差距的成因分析．宁夏社会科学，2002（7）

［63］刘兵，李劲松．基于模糊综合评判的经济与人才系统的协调性判定．河北工业大学学报，2002（5）

［64］刘恩华，龚志平．加快西部地区非公有制经济发展　缩小与东部发达地区之间的差距．区域经济，2007（5）

［65］刘胜强，周兵．中国区域经济发展差距研究综述．经济问题，2008（1）

［66］刘树成等．中国地区经济发展研究．北京：中国统计出版社，1994

［67］刘雯，唐绍欣．西方人力资本理论的新发展述评．经济科学，1998（4）

［68］卢丽春，李延国．中国区域经济发展差距研究综述．上海财经大学学报，2006（4）

［69］罗洪铁．“人才”含义之商榷．人才开发，2000（7）

［70］毛大立．发展之路：上海人才管理制度改革新思考．上海：上海社会科学院出版社，2010

［71］马建会，李萍．广东经济增长过程中人力资本贡献率差异分析．改革与战略，2008（10）

［72］覃成林等．中国区域经济差异研究．北京：中国经济出版社，1997

［73］荣志远．西北地区人才资源开发与经济增长——面板数据的实证分析．西北师大学报，2007（5）

［74］荣志远．区域人才资源开发与经济增长关系的实证研究．兰州大学博士学位论文，2007

［75］山青．人才：支撑中部崛起．中国人才，2004（12）

［76］沈坤荣，马俊．中国经济增长的“俱乐部收敛”特征及其成因研究．经济研究，2002（1）

［77］沈利生，朱运法．人力资本与经济增长分析．北京：社会科学文献出版社，1999

［78］盛乐．人力资本投资与经济增长关系的实证研究．经济问题探索，2000（6）

[79] 苏方林等．中国省际区域经济发展差异的实证分析．北方经济，2004（11）

[80] 舒元，谢识予，孔爱国，李翔．现代经济增长模型．上海：复旦大学出版社，1998

[81] 孙健，孙启文，孙嘉琦．中国不同地区人才集聚模式研究．人口与经济，2007（3）

[82] 滕采模，陈智，江德芳，魏翰．人才统计标准的界定．中国统计，2005（1）

[83] 王必达．关于后发展区域经济制度变迁问题的理论探讨．经济学家，2003（6）

[84] 王德劲．我国经济增长要素贡献实证分析：不同人力资本指标比较．商业经济与管理，2009（7）

[85] 王宏源．中部崛起人才开发一体化的政策建议．人力资源开发，2006（2）

[86] 王金营．人力资本与经济增长——理论与实证．北京：中国财政经济出版社，2001

[87] 王荣科，段华洽，吴元其．安徽人才环境建设的调查与思考．安徽大学学报，2003（5）

[88] 王善迈．教育投入与产出研究．石家庄：河北教育出版社，1996

[89] 王少雨等．论“中部崛起”中的人才机制创新．科技管理研究，2007（5）

[90] 王小鲁，樊纲．中国地区差距的变动趋势和影响因素．经济研究，2004（1）

[91] 王岩．对西部地区人才资源开发存在问题的思考．科技与管理，2004（1）

[92] 王志新．整体性开发人才资源是中部崛起的战略选择．人才资源开发，2005（10）

[93] 魏风劲，易浪波．中部崛起之人力资源开发．统计与决策，2005（7）

[94] 魏后凯．跨世纪我国区域经济发展与制度创新．财经问题研究，1998（12）

[95] 魏后凯．论我国区际收入差异的变动格局．经济研究，1992（4）

[96] 魏后凯．中国地区间居民收入差异及其分解．经济研究，1996（11）

[97] 文兴吾．人力资源能力建设的理论创新．理论前沿，2004（3）

[98] 吴殿廷．中国三大地带经济增长差异的系统分析．地域研究与开发，2001（2）

[99] 谢勇，徐乔．南京市人才资本投入对经济增长的贡献率．南京人口管理干部学院学报，2006（7）

[100] 邢燕芬．积极开展交流合作提升中部地区人才集聚竞争力．中国人才，2007（2）

[101] 邢燕芬．建立中部人才合作开发机制的思考．人力资源开发，2005（10）

[102] 阎世平．对西部人才开发与管理的几点思考．经济问题探索，2005（1）

[103] 燕补林．西部人才流失原因及对策．人才开发，2004（2）

[104] 杨建芳等．人力资本形成机器对经济增长的影响——一个包含教育和健康投入的内生增长模型及其检验．管理世界，2006（5）

[105] 杨伟民．地区间收入差距变动的实证分析．经济研究，1992（1）

[106] 杨文举．我国产业结构与区域经济发展差距关系的实证分析．生产力研究，2005（3）

[107] 杨益民．人才结构与经济发展协调性分析的指标及应用．安徽大学学报，2007（9）

[108] 杨玉萍，孙玉瑗，杨华．西部人才流失的现状、原因及对策．西北农林科技大学学报，2002（7）

[109] 叶飞文．要素投入与经济增长．北京：北京大学出版社，2004

[110] 叶仁荪，胡雪梅，蒋晓光等．江西崛起中的人才问题．北京：中国人事出版社，2005

[111] 叶忠海．人才学概论．长沙：湖南人民出版社，1985

[112] 余鹏翼，夏振坤．影响中国区域经济发展差异的非制度因素分析．江西财经大学学报，2002（1）

[113] 云南人才战略研究课题组．云南人才战略研究．北京：科学出版社，2003

[114] 袁志筱．经济欠发达地区人才战略刍议．人力资源开发，2006（1）

[115] 翟小明．西部大开发与人力资源开发与管理．新疆大学学报，2002（6）

[116] 张爱琴．西部地区人才结构调整的对策研究．兰州交通大学学报，2008（10）

[117] 张鸿武．趋同与中国地区经济差距实证研究．华中科技大学博士学位论文，2006

[118] 张胜冰，吉宇．中部现有人才结构与产业结构调整的矛盾及策略分析．经济问题探索，2008（4）

［119］张体勋，冯冬燕，孙晓华．西部地区人才战略探讨．人口与经济，2003（1）

［120］张文宣，张伦伦．我国地区经济发展差距影响因素研究综述．经济纵横，2001（4）

［121］张向前，刘明杞，张怡曼，张海娇，林晓敏．人才战略与中国区域经济发展研究．经济问题探索，2006（4）

［122］张一力．人力资本与区域经济增长——温州、苏州实证研究．厦门大学博士学位论文，2004

［123］赵达薇．人力资源在经济增长中贡献率的测算方法．经济科学，1998（2）

［124］赵光辉．区域人才结构与产业结构互动战略的制定——以中部六省为实证．科技与经济，2005（4）

［125］曾志浩．西部人力资源开发问题剖析及对策探讨．云南财贸学院学报，2001（12）

［126］中国人事科学院．2005 年中国人才报告——构建和谐社会历史进程中的人才开发．北京：人民出版社，2005

［127］周爱军．基于经济增长的人才开发模式选择——以河北省为例．经济论坛，2008（11）

［128］周崇堂．推进人才一体化建设，全力打造“中部人才圈”．人才资源开发，2005（10）

［129］周桂荣，杜卓．我国科技人才区域分布存在的问题及对策．天津师范大学学报，2005（6）

［130］周玉翠．近 10 年中国省际经济差异动态变化特征．地理研究，2002（6）

［131］周志梁，廖加固．人力资本对经济增长贡献的动态效应研究——基于武汉数据的分析．中南财经政法大学研究生学报，2006（6）

［132］朱洪波．论西部地区人才环境的优化．贵州社会科学，2006（7）

［133］朱诩敏．广东省经济增长中人力资本贡献的实证分析．中国工业经济，2002（12）

［134］邹东涛，乔根平．为西部大开发创造宽松的人才环境——关于西部人才问题的对话．中国人才，2000（12）

［135］Allen P. M，M. Sanglier，G. Engelen，F. Boon. Towards A New Synthesis in the Modeling of Evolving Complex Systems . Environment and Planning B：Planing and Design，1985（12）

［136］Barro，R. & Sala-i-Marti. Regional Drowth and Migration：A

Japan – United States Comparison. Journal of the Japanese and International Economies, 1995 (6)

[137] Castello, A. & Domennech, R. Human Capital Inequality and Economic Growth: Some New Evidence. The Economic Journal, 2002, 112 (2)

[138] Gary S. Becker, Edward L. Glaeser, Kevin Murphy. Population and Economic Growth. American Economic Review, 1999

[139] James E. Payne, Bradley T Ewing. Population and Economic Growth: A Cointegration Analysis of Lesser Developed Countries. Applied Economics Letters, 1997 (4)

[140] John Thornton. Population Growth and Economic Growth : Long-Run Evidence From Latin America. Southern Economic Journal, 2001, 68 (2)

[141] Kauffman S. A. At Home in the Universe. Oxford University Press, New York, 1995

[142] Kauffman S. A. The Origins of Order: Self – Organization and Selection in Evolution. Oxford University Press, New York, 1933

[143] Large-Scale Socioeconomic, Political, and Cultural Influences on Giftedness and Talent. International Handbook on Giftedness. Part IX, 2009

[144] MacLeans A. Geo-Jaja, Garth Mangum. Economic Adjustment, Education and Human Resource Development in Africa: The Case of Nigeria. International Review of Education / Internationale Zeitschrift fr Erziehungswissenschaft/Revue inter, 2003, 49 (3 – 4)

[145] Philippe Carette. Modeling Hierarchical Systems by A Continuous-time Homogeneous Markov Chain Using Two-Wave Panel Data . Journal of Applied Probability, 1999, 36 (3)

[146] Shuming BAO, Gene Hsin CHANG, Jeff rey D. SACHS, Wing Thye WOO. Geographic Factors and China's Regional Development Under Market Reforms, 1978 – 1998. China Economic Review, 2002, 13

[147] Tianlun Jian, Jeffrey D. Sachs, Andrew M Warner. Trends in Regional Inequality in China. China Economic Review, 1996, 7 (1)

[148] Wen-Yuan Niu, Jonathan J. Lu, Abdullah A. Khan. Spatial Systems Approach to Sustainable Development: A Conceptual Framework. Environmental Management, 1993, 17 (2)

[149] Wright, S. The Roles of Mutation. Inbreeding, Crossbreeding and Selection in Evolution, in Proceedings of the Sixth International Congress on Genetics, 1932

# 后　　记

在本书即将画上最后一个句号的时候，我首先要感谢全国哲学社会科学规划办公室，感谢他们对学校和我本人的信任，将这一重要的研究课题委托给我们！还要感谢他们对我们这些基层研究人员给予的关心与鼓励！春节期间，我和我所在的单位均非常惊喜地收到了来自国家社科规划办的贺信，他们对本课题成果获得优秀等级鉴定表示祝贺，并向我们致以新春佳节的问候！贺信虽短，但情真意切！我想，我们只有将上级主管部门领导对我们的信任与鼓励化作自己工作和学习的动力，将研究工作继续引向深入，才能真正对得起国家对社会科学研究的高度重视与期望，才能对得起规划办领导的良苦用心！

还要感谢中共江西省委组织部、省社联、省人力资源与社会保障厅对课题研究提供的帮助！感谢江西省委组织部副部长、省人力资源与社会保障厅厅长揭赣元，省委组织部副部长刘三秋，省社联副巡视员王玉宝，南昌大学中国中部经济研究中心常务副主任、教授付春等领导和专家在研究过程中给予的悉心指导！感谢江西省社科规划办公室副主任魏蔚、李小华及吴峰等人在研究中给予的热情帮助！感谢甘肃、四川、云南、广西、湖北、湖南等省市区人才工作部门、企事业单位以及本校各地校友分会在课题调研过程中给予的帮助！感谢学校班子成员、党办校办、科技处、经济管理学院及西校区等领导及参与调研的广大学生在我课题申报、研究以及调研过程中给予的支持！

本课题能成功获得国家社科基金资助，在规定期限内顺利完成，并且得到课题评审专家的高度评价，还要感谢曾经与我共事的研究集体，这个集体的成员有：华东交通大学蒋晓光教授、黎毅教授、陶裕春教授、王光栋教授、刘平教授、林井萍副教授、周学军副教授、易蓉讲师、罗瑞荣讲师以及中共江西省委组织部人才工作处处长胡雪梅、江西省社联研究员汤乐毅、江西省劳动人事争议仲裁院书记郭建平。由于有了这个集体，我才成功申请到了 2004 年江西省经济社会发展重大招标课题“江西崛起与人才问题”。正是主持这个课题的研究，才使我开始对中西部地区经济发展中的人才问题产生了浓厚的兴趣。也正是因为以这个课题的研究成果——《江西崛起中的人才问题》（中国人事出版社，2005 年）为基础，才使今天这项研究得以在一个更高的起点上进行！

2007 年 3 月，由于工作关系，我离开了华东交通大学，来到江西理工大学

（原南方冶金学院）工作。这是一所办学历史较长、学术底蕴深厚、学科特色鲜明、在我国有色金属和钢铁行业有着重要影响的工科大学。由于我脱离了原单位的学术团队，要在新的单位重新组织团队去申请国家社科基金课题，并且还要按时、保质完成，这其中的困难可想而知！好在学校经济管理学院有一定的研究基础，在经过一段时间的组织、磨合之后，一个经得起考验的新的研究集体得以诞生！我要感谢这个集体，感谢这个集体中的每一位成员，感谢大家的支持和理解！感谢胡雪梅、徐忠、唐春勇、史百战、王光栋等合作单位朋友们的密切配合！感谢经济管理学院院长谢英亮教授为我推荐了黄顺春博士！感谢黄顺春博士，不仅为我组织了这个新的集体，而且还帮助我完成了研究中涉及的许多具体工作。没有大家的支持与理解，没有大家的努力与坚持，这个课题是不可能这样顺利完成的！

当然，为本课题完成和本书出版作出贡献的人，还有我们这个集体成员的家人。他们不仅为本研究工作作出了很大的牺牲，而且还在力所能及的范围内帮助我们，我要对他们表示由衷的谢意！

在本书出版之际，我还要特别感谢经济管理出版社总编辑沈志渔研究员、杜非编辑等对本书出版所付出的辛勤劳动，尤其是编辑、校对在工作中所表现出来的高度责任感令我十分敬佩！我要向他们学习、致敬！

这一研究成果是课题组集体智慧的结晶。该课题研究方案由本人制定。整个课题分为六个子课题：第一子课题研究中西部地区经济发展与人才资源状况，由黄顺春、唐春勇、史百战负责，宁敏静参加；第二子课题研究中西部地区经济增长过程中的人才贡献，由边俊杰负责；第三子课题研究中西部地区经济发展相对落后的成因，由潘建华负责，郑延智参加；第四子课题研究中西部地区经济发展与人才发展的协调性，由章征文负责，胡鹏参加；第五子课题是对中西部地区人才资源开发与利用状况的调查分析，由黄顺春、郑延智、胡雪梅、刘亦晴负责，周宇亮、黎志明参加；第六子课题研究加快中西部地区经济发展的人才对策建议，由徐忠、王光栋负责。全书最后由本人与黄顺春一起负责修改、总纂，陈国泳同学协助做了文字整理工作。

作为课题研究和本书的编写，在这里我们要画上最后一个句号，但作为对人才问题的研究探索，我想我们的工作只能说是刚刚开始。如果本书的出版能对中西部地区经济的可持续发展和我国人才学科建设作出一点贡献，能给读者带来一些启发的话，我们将感到无比欣慰。同时，我们更期望听到读者的批评和意见（E-mail:yers65@yahoo.com.cn），以使我们更好地改进教学和科研工作，更好地为祖国现代化建设事业服务。

叶仁荪<br>2011年4月5日<br>于江西理工大学经济管理学院